A ARCA DE DEUS

O INCRÍVEL PODER DA ARCA DA ALIANÇA

David Hatcher Childress

A ARCA DE DEUS

O INCRÍVEL PODER DA ARCA DA ALIANÇA

Tradução:
Marcelo Albuquerque

Publicado originalmente em inglês sob o título *Ark of God - The Incredible Power of the Ark of the Covenant*, por Adventures Unlimited Press.
©2015, David Hatcher Childress.
Direitos de edição e tradução para todos os países de língua portuguesa.
Tradução autorizada do inglês.

© 2019, Madras Editora Ltda.

Editor:
Wagner Veneziani Costa

Produção e Capa:
Equipe Técnica Madras

Tradução:
Marcelo Albuquerque

Revisão da Tradução:
Marcos Malvezzi

Revisão:
Ana Paula Luccisano
Arlete Genari

Dados Internacionais de Catalogação na Publicação (CIP)
(Câmara Brasileira do Livro, SP, Brasil)

Childress, David Hatcher
A arca de Deus : o incrível poder da Arca da Aliança / David Hatcher Childress ; tradução Marcelo Alburqueque. -- São Paulo : Madras, 2019.
Título original: Ark of God : the incredible power of the ark of the covenant.
ISBN 978-85-370-1205-5
1. Arca da Aliança 2. Arca da Aliança - Miscelânea 3. Hermetismo 4. Templários - História 5. Templários - Miscelânea I. Título.
19-27527   CDD-296.493

Índices para catálogo sistemático:
1. Arca da Aliança : Segredos perdidos : História 296.493
Maria Alice Ferreira - Bibliotecária - CRB-8/7964

É proibida a reprodução total ou parcial desta obra, de qualquer forma ou por qualquer meio eletrônico, mecânico, inclusive por meio de processos xerográficos, incluindo ainda o uso da internet, sem a permissão expressa da Madras Editora, na pessoa de seu editor (Lei nº 9.610, de 19/2/1998).

Todos os direitos desta edição, em língua portuguesa, reservados pela

MADRAS EDITORA LTDA.
Rua Paulo Gonçalves, 88 – Santana
CEP: 02403-020 – São Paulo/SP
Caixa Postal: 12183 – CEP: 02013-970
Tel.: (11) 2281-5555 – Fax: (11) 2959-3090
www.madras.com.br

Agradeço a todas as pessoas que me ajudaram na pesquisa e na conclusão deste livro, incluindo Jennifer Bolm, Chas Berlin, Graham Hancock, Ann Madden Jones e muitas outras.

Uma concepção artística do Templo de Salomão com a Arca da Aliança.

ÍNDICE

1. Os Caçadores da Arca Perdida...11
2. A História em Torno da Arca..21
3. Relatos da Bíblia..41
4. Uma Arma Assustadora..63
5. A Máquina Voadora..93
6. Eletricidade Antiga e a Arca da Aliança................................127
7. Os Navios do rei Salomão, Axum e a Região de Ofir...........157
8. Preste João e as Três Índias..211
9. A Arca da Aliança Está na Etiópia?...237
10. Os Esconderijos da Arca...257

CAPÍTULO 1

Os Caçadores da Arca Perdida

"Jones, arqueologia é como uma religião,
mas eu e você perdemos a verdadeira fé."
– O arqueólogo francês Belloq diz a Indiana Jones
em *Os Caçadores da Arca Perdida*

O *World Explorers Club*, do qual sou o fundador, viajou para a Etiópia e, durante as duas semanas em que o nosso grupo esteve nesse país, tivemos a oportunidade de visitar, no norte, a cidade de Axum, na província de Tigray. É nesse local, em uma pequena igreja protegida por uma pesada cerca de ferro, que os etíopes acreditam que está a bíblica Arca da Aliança.

Quando voltei para os Estados Unidos depois daquela viagem, no início de novembro de 2014, fiquei surpreendido ao receber uma mensagem de um amigo, que estava relacionada ao seguinte artigo no website worldnewsdailyreport.com. O título dizia: "Etiópia: foi participado o furto da Arca da Aliança pelas autoridades da Igreja" (o meu amigo, sabendo que eu acabara de voltar da Etiópia, perguntou, jocosamente, se eu tinha alguma coisa a ver com o estranho roubo):

Axum: O patriarca da Igreja Ortodoxa Etíope Tewahedo, Sua Santidade Abune Mathias, anunciou, esta manhã, que o tesouro bíblico mais apreciado no mundo, a Arca da Aliança, foi roubado ontem à noite das catacumbas da Igreja de Santa Maria de Sião. Os guardiões do artefato ficaram inconscientes em virtude da utilização de armas químicas antes de os ladrões entrarem na cripta e roubarem o precioso objeto sagrado.

A operação criminosa foi supostamente realizada por um grupo de 12 a 16 profissionais altamente treinados que viajaram a bordo de dois helicópteros militares pretos. Eles aterrissaram a menos de 500 metros de distância de seu objetivo depois de chegarem pelo leste. Os homens trajavam uniformes militares pretos e pareciam funcionar tão bem como uma unidade coordenada do exército. Eles portavam equipamentos para visão noturna e armas de alto calibre, o que lhes proporcionava uma vantagem incrível sobre as forças de segurança locais.

A proteção da Arca era responsabilidade de um grupo de voluntários inexperientes que portavam armas AK-47. A Igreja não via necessidade para mais segurança, pois se esperava que a própria Arca se protegesse de pessoas com intenções pecaminosas.

Os 11 guardas e os voluntários armados presentes no sítio para proteger a Arca foram neutralizados pelos ladrões, que utilizaram algumas granadas de alta tecnologia que liberavam um gás soporífico contendo uma base de ópio. Os ladrões, então, começaram o árduo trabalho, utilizando britadeiras e explosivos para ampliar os corredores em vários locais dentro das catacumbas, que levavam à Arca, para conseguir remover o grande baú de sua catacumba subterrânea.

A operação completa terminou em menos de uma hora, incrivelmente muito pouco tempo, considerando o número de obstáculos que tinham de ser ultrapassados. Essa eficiência impressionante sugere que os ladrões repetiram a operação e prepararam seu crime com cuidado.

Poucos sinais do crime mantiveram-se visíveis de manhã, no sítio, mas muitos prejuízos foram relatados dentro das catacumbas que ficam abaixo do edifício.

A Igreja Ortodoxa Etíope afirma manter a Arca da Aliança em uma capela na pequena cidade de Axum, nas regiões montanhosas do norte de seu país. Ela chegou por volta de 3 mil anos atrás, eles dizem, e tem sido protegida por uma sucessão de monges virgens que, uma vez ungidos, ficam proibidos de sair do terreno da capela até morrerem. Ninguém, salvo os guardiões, tem permissão para ver a Arca, nem mesmo o patriarca da Igreja.

A história é contada no *Kebra Nagast* (no idioma Ge'ez, *Glória dos Reinos*), a crônica da linhagem real da Etiópia: a rainha de Sabá, uma dentre seus primeiros governantes, viajou a Jerusalém para usufruir da sabedoria do rei Salomão; no caminho de volta para casa, ela trouxe consigo o filho de Salomão, Menelique. Alguns anos mais tarde, Menelique foi visitar o pai e, na viagem de volta, foi acompanhado pelos filhos primogênitos de alguns nobres israelitas – que, sem seu conhecimento, roubaram a Arca e a levaram para a Etiópia.

Quando Menelique soube do roubo, pensou que uma vez que os poderes assustadores da Arca não tinham destruído sua comitiva, devia ser desejo de Deus que ela permanecesse com ele. Então ela foi, presumivelmente, mantida nas ilhas do Lago Tana por cerca de 400 anos e, por fim, levada para Axum, onde foi mantida em segurança por mais de 2 mil anos.

O desaparecimento da Arca é, sem dúvida, uma notícia dramática para a Igreja Ortodoxa Etíope, já que muito de seu prestígio vem da posse dessa relíquia e muitos de seus rituais eram centrados nela. Sua Santidade, Abune Mathias, estava visivelmente emocionado quando fez o comunicado [e] muitos dos jornalistas e fiéis presentes para a conferência de imprensa caíram em prantos quando ouviram a notícia.

Tratava-se de uma história fascinante, mas como eu acabara de visitar essa igreja, não conseguia imaginar que fosse verdade. Alguns detalhes, como o gás para dormir com base de ópio e o amplo ataque militar na igreja, simplesmente não soavam verdadeiros. E, de fato, parece que o worldnewsdailyreport é, na verdade, um website de notícias falsas, semelhante ao website de humor *The Onion*. As histórias bastante fantásticas do worldnewsdailyreport são escritas de forma a parecerem plausíveis, e seu humor sutil não é percebido por muitas pessoas que pensam que os relatos são artigos de notícias genuínas.

Muitas histórias inacreditáveis são publicadas diariamente por meios de comunicação autênticos; a única coisa inventada nessa história impressionante é que uma equipe de ladrões invadiu a igreja de Axum e roubou a Arca. A Igreja Etíope realmente afirma que a famosa Arca da Aliança da Bíblia é mantida naquela pequena igreja – a qual possui um único sacerdote como seu cuidador. Uma cerca alta e pesada de ferro circunda a igreja e outros sacerdotes ocupam várias igrejas maiores nas proximidades. Ninguém, nem mesmo o primeiro-ministro da Etiópia, pode entrar no local. Todos os etíopes sabem da existência dessa igreja e de sua importância.

Pelo fato de a Arca da Aliança ser mantida nessa pequena igreja em Axum, o prefeito não permite que nenhuma mesquita seja construída dentro dos limites da cidade. A construção de mesquitas é uma atividade relativamente nova nessa parte do norte da província de Tigray, e algumas foram recentemente construídas em cidades próximas. Quando inquirido sobre essa proibição, o prefeito de Axum declarou: "Quando nos permitirem erguer uma igreja cristã em Meca, nós permitiremos que eles construam uma mesquita aqui".

A Etiópia é um país robusto, fértil e montanhoso, com uma história rica e misteriosa que inclui a crença de que ele possui a relíquia bíblica. Afinal, como ela chegou à Etiópia? Mas antes disso, o que é a Arca da Aliança?

Indiana Jones e a Arca da Aliança

Recentemente, foi revelado que o ator mais relembrado é Harrison Ford, e que o filme mais revisto é *Os Caçadores da Arca Perdida*. Esse filme, um dos mais conhecidos já produzidos, é sobre um arqueólogo, Indiana Jones, alistado pelo governo dos Estados Unidos imediatamente antes da Segunda Guerra Mundial para encontrar a

Arca da Aliança. Ela seria encontrada dentro de um templo egípcio na cidade perdida de Tânis, no delta do Nilo. Após muitas aventuras, Indiana Jones e seus amigos descobrem o lugar de repouso da Arca, mas os nazistas, que também estão em busca dela, retiram-na deles.

Indiana consegue a Arca de volta e tenta levá-la de navio para os Estados Unidos, mas o navio é capturado pelos nazistas e a Arca é levada para uma ilha no Mediterrâneo, onde é aberta após um ritual cabalístico. A abertura da Arca liberta um poder profano que destrói todos que o vislumbram – e então a Arca se fecha sozinha. No final do filme, a Arca é levada para um galpão gigante na cidade de Washington, onde é encaixotada e guardada no Instituto Smithsoniano – presumivelmente perdida para sempre em um galpão secreto. Indiana Jones redescobre esse caixote perdido no início do 4º filme, *Indiana Jones e o Reino da Caveira de Cristal*.

Uma cena que apresenta a Arca no filme *Os Caçadores da Arca Perdida*.

O que era, enfim, a Arca da Aliança? A Arca da Aliança surge, pela primeira vez, na história do Êxodo do Antigo Testamento. Esse livro diz que após cerca de um ano vagando pelo deserto do Sinai, Javé (sob a forma de uma nuvem espessa) se comunicou com Moisés, no Monte Sinai, durante sua permanência de 40 dias na montanha (Êxodo 19:20; 24:18). Javé teria mostrado a Moisés o modelo para o tabernáculo, uma espécie de templo móvel que as pessoas utilizariam para rezar no deserto. Também lhe deu instruções detalhadas para a construção da Arca da Aliança: deveria ser feita de madeira de shittim (acácia) para abrigar as Tábuas de Pedra onde foram escritos os Dez Mandamentos.

O livro do Êxodo diz que a Arca de madeira deve possuir dois cúbitos e meio de comprimento, um cúbito e meio de largura e um cúbito e meio de altura (aproximadamente 1,32 m x 0,78 m x 0,78 m). Ela deve ser inteiramente folhada a ouro, e uma coroa ou molde de ouro deve ser colocado à volta da Arca. Quatro anéis de ouro deverão ser presos em seus quatro pés e, por entre os pés, dois bastões de madeira de shittim revestidos de ouro deverão ser inseridos para o transporte – um em cada lado – e eles não podem ser removidos. A caixa que se tornou a Arca é composta, portanto, de três caixas unidas. Uma caixa interior de ouro, a caixa do meio de madeira e a caixa exterior também feita de ouro.

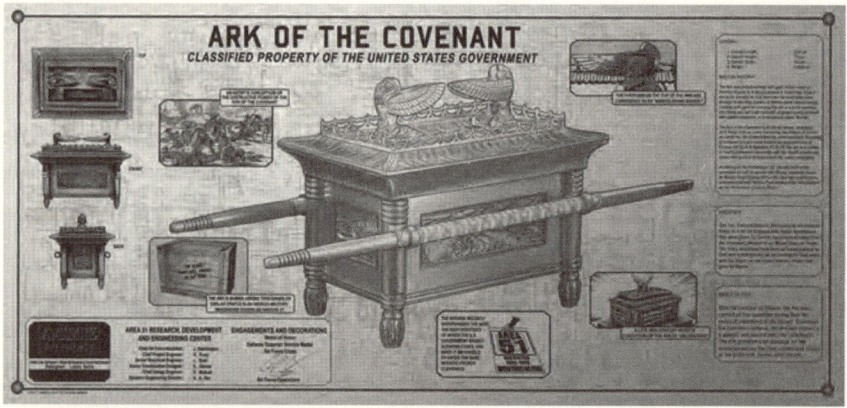

Um pôster para a promoção dos produtos de *Os Caçadores da Arca Perdida*.

Por cima da caixa de ouro e madeira deve ser colocada uma grande estátua de ouro denominada de kapporet (tradicionalmente conhecida como "Propiciatório" nas traduções cristãs). Essa estátua de ouro deve ser de dois anjos – querubins – voltados um para o outro e segurando um recipiente dourado raso no centro da tampa. Sobre esse recipiente dourado residiria uma nuvem de luz conhecida como a Glória de Shekinah. O conjunto completo formado pela caixa de ouro e as estátuas dos querubins deve, por fim, ser colocado detrás de um véu (Parochet), no tabernáculo – uma série de tendas que formam uma parede delimita a área sacerdotal em volta da qual a imensa comunidade israelita, composta por dezenas de milhares, está acampada – uma descrição completa dela é oferecida em Êxodo 26.

Quando transportada, a Arca também era escondida por baixo de um grande véu feito de peles e tecido azul, sempre cuidadosamente oculta mesmo dos olhos dos sacerdotes que a carregavam. A Arca velada era transportada por cerca de 2 mil cúbitos, antecedendo o maior grupo de sacerdotes levitas, quando as pessoas viajavam. Em todo esse percurso, Moisés passou a usar o véu para cobrir o rosto, que ficara estranhamente iluminado após seu encontro com Javé no Monte Sinai.

Durante os primeiros períodos com a Arca, ela levita e voa; mata centenas de pessoas; provoca uma doença de pele em uma das esposas de Aarão; separa rios... A Arca faz muitas coisas – algumas credíveis, outras não.

Números 16 contam-nos o estranho relato de um grupo de 250 filhos de nobres israelitas, de diversas tribos, que decidiram se rebelar contra Moisés e seu irmão Aarão, bem como sua longa e árdua peregrinação à Terra Prometida.

Moisés e Aarão reuniram esses líderes tribais rebeldes e disseram-lhes que deveriam deixar a sagrada Arca da Aliança decidir quem deveria comandar o grande grupo de israelitas. Os 250 jovens líderes rebeldes concordaram, e Moisés e Aarão conduziram-nos ao interior da tenda do Santo dos Santos,[1] que fica dentro do imenso recinto do tabernáculo.

Cada pessoa segurava um incensário de bronze, e o grupo penetrou no Santo dos Santos (Números 16:17-18). Javé diz a Moisés e Aarão que se separem do resto do grupo, eles seguem a ordem e, em seguida, prostram-se sobre seus rostos. Todos os outros que estavam na tenda foram consumidos pelo fogo da Arca da Aliança e morreram. Mais tarde, Moisés diz a seus pais e aos anciãos de Israel: "Não toquem em nada que pertencia a eles, pois vocês serão consumidos por todos os pecados deles" (Números 16:26).

Após a morte de Moisés, Josué conduz os israelitas ao Rio Jordão. Quando a Arca foi transportada pelos sacerdotes levitas até o leito do Rio Jordão, as águas se apartaram e Deus separou as águas do

---

1. N.T.: Em algumas traduções da Bíblia, o termo usado é *Tenda da Reunião* ou, ainda, *Tenda do Encontro*.

Mar Vermelho, abrindo um caminho para que todo o grupo pudesse passar (Josué 3:15-16; 4:7-18).

Josué, então, direciona os israelitas para Canaã, onde fazem um cerco à cidade de Jericó. Ali, Josué diz que Deus falou com ele e disse-lhe para caminhar à volta da cidade, uma vez por dia, durante seis dias, com sete sacerdotes carregando chifres de carneiros à frente da Arca da Aliança. No sétimo dia, Josué disse-lhes para caminhar à volta da cidade sete vezes e, em seguida, os sacerdotes deveriam soar os chifres. Nesse momento, Josué manda o povo gritar, e as paredes da cidade desmoronam para que os israelitas possam correr diretamente para o centro. A cidade foi totalmente destruída, e cada adulto, criança ou animal que vivia nela foram mortos pelo exército de Josué. Apenas uma mulher, chamada Raabe, e sua família foram poupadas; isso porque ela havia escondido, em sua casa, dois espiões enviados por Josué. Depois, Josué mandou que as ruínas da cidade fossem queimadas e amaldiçoou qualquer homem que reconstruísse Jericó, se o fizesse, seria ao custo da vida de seu filho primogênito (Josué 6:4-20).

Uma gravura antiga dos israelitas transportando a Arca da Aliança.

Depois disso, a Arca foi levada para uma antiga cidade chamada Shiloh. Shiloh, a norte de Jerusalém, tornou-se a primeira capital de Israel e abrigou a Arca até que o Primeiro Templo fosse construído em Jerusalém, pelo rei Salomão. Em seguida, a Arca foi mantida em um espaço especial no tabernáculo do templo conhecido como Santo dos Santos, semelhante a uma sala do trono, onde se ficava diante da presença divina de Deus. O Santo dos Santos localizava-se na extremidade mais ocidental do edifício do templo, e era um cubo perfeito: 20 cúbitos por 20 cúbitos por 20 cúbitos. O interior era mantido em total escuridão e continha a Arca da Aliança, na qual ficavam as Tábuas da Aliança. De acordo com Hebreus 9:4, no Novo Testamento, o bastão de Aarão e um vaso com o maná também foram guardados dentro da Arca.

Teoricamente, a Arca permaneceu no Santo dos Santos, dentro do tabernáculo em Jerusalém, por volta de 350 anos, até 586 a.C., quando o enorme exército babilônico de Nabucodonosor atacou a cidade. Os babilônios tinham inveja da riqueza e do poder de Israel e tentaram, durante muitas gerações, destruir o país, que ficava na interseção entre as maiores rotas comerciais da época, com portos no Mar Mediterrâneo e no Mar Vermelho.

Jerusalém não conseguiu resistir ao cerco e, por fim, a cidade caiu. O templo foi saqueado e destruído, e os israelitas foram levados para o cativeiro, na Babilônia. Entretanto, onde estava a Arca? Ela foi destruída ou levada de volta para a Babilônia? Isso parece improvável, pois um artefato tão importante como a Arca teria sido mencionado como parte do espólio, o que não aconteceu. Em Jeremias 52, os espólios retirados do templo em Jerusalém foram enumerados, mas a Arca da Aliança não constava da lista. Um objeto tão importante teria sido mencionado se os babilônios estivessem de posse da Arca e das estátuas douradas de sua tampa.

Aparentemente, a Arca da Aliança não estava no templo na época em que os babilônios o saquearam. Ela foi removida para uma caverna secreta abaixo do templo ou para algum outro lugar fora de Jerusalém? Talvez tenha desaparecido do Santo dos Santos em algum momento entre 950 a.C. e 600 a.C. O livro etíope *Kebra Nagast* faz essa afirmação, e também existe a teoria de que a Arca fora levada para a Irlanda e Escócia por Scota, a rainha egípcia judia. Essas duas histórias serão cuidadosamente analisadas em capítulos posteriores.

Então, o que aconteceu com a Arca? Quando ela realmente desapareceu do templo? Foi destruída ou levada para um local secreto que ainda deve ser encontrado? O que era esse objeto e, afinal, por que ele era tão importante? Talvez, toda a história da Arca seja apenas um mito; afinal, como esses eventos poderiam ter acontecido conforme descritos na Bíblia?

Apesar de todos os relatos bíblicos, filmes e aventuras estranhas em busca do lendário objeto, nós ainda ficamos a ponderar: o que é exatamente a Arca da Aliança? Que poder estranho – um poder do deus Javé – o dispositivo de madeira e metal possui? Como a Arca podia voar pelo ar? Havia alguma outra máquina que fazia parte da Arca? Nos próximos capítulos, analisaremos as histórias e o poder da Arca da Aliança.

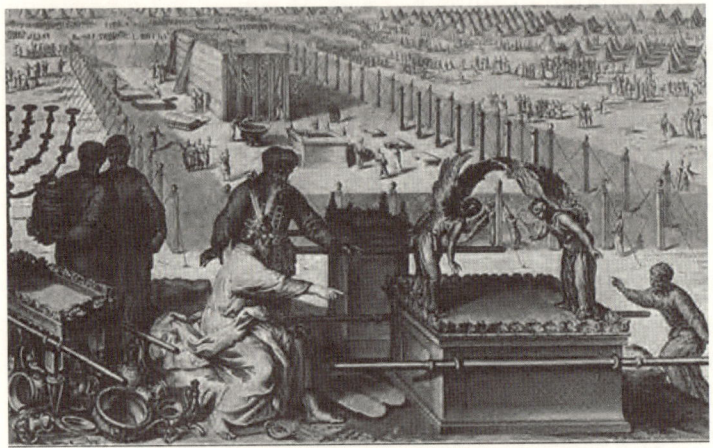

A Arca da Aliança com o tabernáculo no deserto.

Uma concepção artística da Arca da Aliança.

CAPÍTULO 2

A História em Torno da Arca

"Qualquer tecnologia avançada o suficiente é indistinguível da magia."
– *Arthur C. Clarke*

O Santo dos Santos e o Tabernáculo

Há dois tabernáculos diferentes mencionados no Antigo Testamento. Um deles é o tabernáculo do Templo do rei Salomão, que é feito de pedra com uma sala especial para abrigar a Arca da Aliança. Antes disso, quando a Arca estava em movimento, ela era mantida em uma espécie de barraca cujas paredes eram compostas por tendas e tecidos, e era conhecida como o Tabernáculo do Deserto.

O Santo dos Santos era o santuário privado que ficava dentro do tabernáculo do Templo de Jerusalém, onde se guardava a Arca da Aliança. O Santo dos Santos localizava-se na extremidade mais ocidental do edifício do templo, e veremos adiante neste capítulo que se tratava de lugar bonito e interessante. O interior ficava em total escuridão e continha a Arca da Aliança, onde eram guardadas as

Tábuas da Aliança, também conhecidas como Os Dez Mandamentos, além do bastão de Aarão e do vaso com o maná. O Propiciatório era o local onde a Presença Divina se manifestaria. Às vezes, a Presença Divina falava com Moisés, em outras liberava uma energia poderosa que literalmente fulminava as pessoas em torno da Arca.

O Santo dos Santos era adentrado uma vez por ano, pelo sumo sacerdote, no Dia do Perdão (Yom Kipur), para aspergir o sangue dos animais sacrificados – um touro oferecido como perdão para o sacerdote e sua família, e uma cabra oferecida como perdão para o povo. E o sacerdote também oferecia incenso sobre a Arca da Aliança e o Propiciatório, que ficava no topo da Arca, no Primeiro Templo. O Segundo Templo não possuía arca e o sangue era espargido por onde a arca estaria, enquanto o incenso era deixado sobre a Pedra Fundamental. O animal era sacrificado no Altar de Bronze e o sangue levado para o local mais sagrado. Incensários dourados também eram vistos no local mais sagrado.

Uma concepção artística da coluna de fumaça e fogo.

Os visitantes entravam no tabernáculo pela Sala Oriental. Essa sala não possuía janelas e era iluminada apenas pela luz criada por aquilo que se chamava Castiçal Dourado. O castiçal, também conhecido como menorá, possuía seis braços e uma haste central, e nele ficavam sete lamparinas. Utilizava-se o mais puro azeite nas lamparinas, e elas ardiam continuamente.

Dentro da Sala Oriental, à direita, ficava uma mesa sobre a qual eram dispostos 12 filões do pão da proposição. Havia dois pilares, cada um deles contendo seis filões de pão sem levedura. O pão era representativo do serviço da humanidade, que culminava no plantio e colheita do grão, e simbolizava as 12 tribos de Israel.

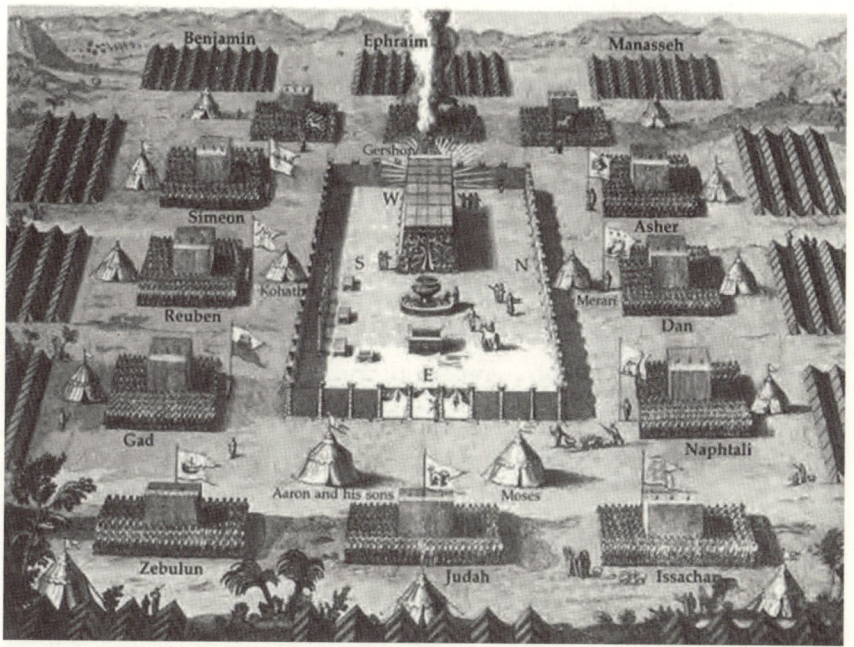
Uma gravura antiga das 12 tribos de israelitas em seu campo, em torno do tabernáculo.

O tabernáculo deveria conter:
1) uma Arca de madeira, dourada por dentro e por fora, para as Tábuas da Aliança, com uma capa de ouro puro como Propiciatório para a Presença Divina;
2) uma mesa dourada para o pão da proposição;
3) uma menorá dourada, um castiçal com sete lamparinas para que a luz nunca se apagasse;
4) a moradia deveria incluir cortinas para o teto, as paredes feitas de tábuas com pés dourados e presas com ferrolhos

de madeira, a cortina púrpura cobrindo o Santo dos Santos, além de uma cortina exterior;

5) um altar de sacrifício feito de placas bronzeadas para o korban;

6) o átrio exterior formado por pilares assentes em pedestais de bronze e ligados por um gancho e traves de prata, com cortinas bordadas.

7) a receita para a preparação do óleo para o castiçal.

Urim e Tumim e o Segundo Templo

Em 586 a.C., os babilônios atacaram Jerusalém e destruíram o Templo de Salomão. Uma grande parte dos habitantes de Jerusalém e dos arredores foi levada para o cativeiro na Babilônia. Eles foram libertados alguns anos mais tarde e retornaram para Jerusalém por volta de 536 a.C. Entretanto, não há nenhum registro do que aconteceu com a Arca nos livros bíblicos dos Reis e Crônicas.

O Segundo Templo foi construído por volta de 516 a.C. e perdurou até cerca de 70 d.C., quando foi quase totalmente destruído pelos romanos. Uma vez que alguns dos artefatos originais se perderam após a destruição do Primeiro Templo, o Segundo Templo carecia das seguintes relíquias sagradas: a Arca da Aliança contendo as Tábuas de Pedra, o Urim e o Tumim (objetos de adivinhação contidos no peitoral do sumo sacerdote, ou Hoshen), o óleo santo e o fogo sagrado. Os incensários talvez tenham sido substituídos; o sangue do sacrifício era espargido onde a Arca estaria e o incenso fora deixado sobre a Pedra Fundamental.

Um sumo sacerdote trajando as vestimentas especiais com fios dourados e pedras preciosas.

Os misteriosos Urim e Tumim não são bem descritos na Bíblia, e há muita especulação sobre o que seriam exatamente. Pelo contexto em que são mencionados, conclui-se que consistem em objetos utilizados em um jogo de profecia de sim ou não. A *Enciclopédia Judaica* descreve-os como:

> Objetos ligados pelo peitoral do sumo sacerdote e utilizados como um tipo de oráculo divino. [...] Chama-se "peitoral do julgamento" ("hoshen ha-mishpat"); consiste em dois quadrados; e as 12 pedras não eram colocadas dentro do hoshen, mas por fora dele. Tem relação com Lev. 8:7-8 e, de acordo com o comando em Ex. 29:1-37, Moisés consagrou Aarão e seus filhos como sacerdotes, "Ele [Moisés] colocou sobre ele [Aarão] o manto, e o cingiu com o cinto, e vestiu-lhe a túnica e colocou o éfode sobre ele e prendeu-lhe o mitra habilmente tecido [V. A. "cinto curioso"] do éfode, atando-o. E ele vestiu o peitoral nele: e no peitoral ele colocou o Urim e o Tumim". Deut. 23:8 (V. R.), com a bênção de Moisés, diz: "E de Levi ele disse: teu Tumim e teu Urim estão como teu divino, que provaste em Massá, com quem lutaste nas águas de Meribá".

Considera-se amplamente que o Tumim significa inocente, e Urim deriva de uma palavra raiz que significa luzes, por isso, pode-se deduzir algum tipo de referência a "revelação e verdade". A *Wikipédia* diz que muitos dos rabinos talmúdicos, e o historiador judaico-romano Josefo, seguem a crença de que a adivinhação feita por Urim e Tumim envolve questões respondidas por grandes raios de luz que brilham em certas joias do peitoral. Alguns até acreditavam que as 12 pedras, gravadas com os nomes das 12 tribos de Israel, representavam algumas letras, e palavras poderiam ser formadas pela sucessão de luzes apresentadas. A maioria das pessoas acredita que se tratava de algo mais simples e, como indicado anteriormente, era uma proposição com resposta sim ou não. Nesse sentido, acredita-se que o Tumim por trás do peitoral significava inocente, e o Urim, culpado. Ou um significava sim e o outro, não.

O Urim e o Tumim eram guardados dentro do peitoral, por isso alguns acadêmicos creem que eram objetos relativamente pequenos.

Sou inclinado a crer que eles poderiam ter um tamanho considerável e eram, provavelmente, pedaços de cristal. 1 Samuel 28:6 diz: "Ele perguntou ao Senhor, porém o Senhor não lhe respondeu por sonhos, pelo Urim ou pelos profetas". Isso foi amplamente interpretado como uma indicação de que havia três formas específicas que o Senhor utilizava para se comunicar com o povo – sonhos, profetas e o Urim e o Tumim. Os cristais são bem conhecidos por suas propriedades elétricas e óticas e são muito utilizados, atualmente, em dispositivos de comunicação. Talvez os altos sacerdotes tivessem um verdadeiro dispositivo de comunicação para saber os desígnios de Deus.

Todo o tema das vestes dos sacerdotes, detalhado na Bíblia, é interessante. Como referenciado na citação anterior da *Enciclopédia Judaica*, Moisés tinha instruções minuciosas sobre como vestir os sacerdotes. As vestimentas sacerdotais tinham oito componentes: calça de linho, túnica de linho, um cinto ou faixa complexo (chamado, nas primeiras traduções da Bíblia, de "cinto curioso"), um manto, um avental chamado éfode, o peitoral, um turbante e uma fita de metal atada ao turbante por uma faixa azul.

Mencionamos o assunto e veremos com maiores detalhes, em breve, que a Arca tinha o hábito lamentável de prejudicar as pessoas à sua volta. Os trajes especiais que os sacerdotes deveriam usar seriam algum tipo de equipamento de proteção? Sabemos, por Ezequiel 44:17-19, que os sacerdotes deveriam usar apenas vestimentas de linho no átrio interno e no templo, nada de lã, já que "eles não deveriam vestir nada que os fizesse transpirar". Quando deixam o santuário interno e vão para o átrio externo, onde estão as pessoas, eles devem mudar de roupa e deixar aquelas que trajavam no interior, "para que as pessoas não sejam consagradas pelo contato com as vestimentas". Por "consagrados" eles querem dizer "contaminados"? A Arca emite algum tipo de radiação?

Certamente, algo acontecia. Lemos em Êxodo 28:33-35:

> Faça romãs com fios azuis, púrpuras e escarlates à volta da barra do manto, com sinos dourados entre elas. Os sinos dourados e as romãs devem ser alternados na barra do manto. Aarão deve usá-lo quando ministrar. O som dos sinos

será ouvido quando ele penetrar o Santo dos Santos antes do Senhor e quando ele sair, para que ele não morra.

Êxodo 28:42-43 instrui:

> Façam roupas interiores de linho para cobrir o corpo, que vão da cintura à coxa. Aarão e seus filhos devem usá-las sempre que entrarem na tenda de reuniões ou se aproximarem do altar para ministrar no Santo dos Santos, para que não incorram em culpa ou morram.

O que há de tão perigoso ao penetrar o local sagrado da Arca que torna a função de sacerdote uma profissão mortal? Exploraremos uma teoria muito interessante sobre o tema no capítulo seis. Quanto a essa questão, será importante notar que muitas das vestimentas exteriores deviam ser costuradas com linha metálica dourada. A faixa de metal atada ao turbante deveria ser uma lâmina de ouro presa na testa do sacerdote. Esses metais tinham um propósito?

História posterior

O Reino Asmoneu da Judeia conquistou o poder governando a partir de Jerusalém por volta de 140 a.C., até ser conquistado pelos romanos em 63 d.C. Salomé Alexandra, rainha da Dinastia Asmoneia, denominou seu filho mais velho, Hircano II, como seu herdeiro, mas seu filho mais novo, Aristóbulo II, estava determinado a receber o trono. Quando a rainha Salomé Alexandra morreu, o irmão mais novo apoderou-se do trono enquanto seu irmão estava fora da cidade e, assim, começou uma guerra civil.

Uma cena do Arco de Tito em Roma que mostra a pilhagem ao Segundo Templo.

Em 63 a.C., os romanos travavam a Terceira Guerra Mitridática. O general romano Pompeu estava no norte da Síria lutando contra os armênios quando enviou um tenente para investigar o conflito na Judeia.

Hircano e Aristóbulo pediram, ao mesmo tempo, o apoio do general romano. O general Pompeu retornou à sua tenda por alguns dias e iniciou a marcha para Jerusalém. Aristóbulo cansou-se de esperar e retirou seu pequeno exército para retornar a Jerusalém, que era controlada por suas forças. Ele foi perseguido por Pompeu e pelo superior exército romano e, portanto, rendeu-se. Os seguidores de Aristóbulo bloquearam Jerusalém para as forças de Pompeu.

Os romanos cercaram a cidade e, então, invadiram-na em 63 a.C., transformando Jerusalém e a própria Judeia, Samária e Idumeia (a bíblica Edom) na província romana da Judeia. A nomeação de Herodes, o Grande (um edomita), como rei ocorreu em 37 a.C., e fez de Israel um estado romano cliente, marcando o fim da Dinastia Asmoneia.

Os sacerdotes continuaram com suas práticas religiosas no interior do templo durante o cerco. O templo não foi saqueado ou danificado pelos romanos. O próprio Pompeu entrou no Santo dos Santos e, no dia seguinte, ordenou que os sacerdotes repurificassem o templo e retomassem as práticas religiosas. Enquanto isso, o rei Herodes iniciou a expansão e a restauração do Segundo Templo. A veneração religiosa continuou como no passado.

No livro de Flávio Josefo, *A Guerra dos Judeus*, sabemos que quando o imperador Calígula planejou colocar sua estátua dentro do templo, o filho de Herodes, Agripa I, conseguiu intervir e convencê-lo a não fazer isso.

Em virtude de uma rebelião judaica contra Roma em 66 d.C., o general Tito e suas legiões retomaram a cidade em 70 d.C. (74 anos após a morte de Herodes) e destruíram muito do Segundo Templo, então chamado de Templo de Herodes pelos historiadores.

Muitos dos tesouros do Segundo Templo, incluindo um imenso candelabro menorá, foram levados para Roma e utilizados para financiar o edifício do Coliseu e o Arco de Tito. O Arco de Tito é, hoje, um monumento famoso e exibe uma procissão da vitória romana com soldados carregando os espólios do templo, incluindo a grande menorá.

Embora fosse permitido aos judeus habitar a cidade destruída após 70 d.C., Jerusalém e as ruínas do Segundo Templo foram desmanteladas pelo imperador romano Adriano, no final da Revolta de Barcobetas, em 135 d.C. Nesse momento, ele estabeleceu uma nova cidade que chamou de Élia Capitolina, e os judeus foram banidos de viver nela. Um templo romano pagão foi estabelecido no sítio inicial do Segundo Templo, conhecido como Templo de Herodes.

O Templo de Herodes e a Pedra do Muro Ocidental

Conforme a influência muçulmana crescia na região, uma pequena casa de orações foi construída no sítio do templo pelo califa ortodoxo Omar, mas a primeira Mesquita de Al-Aqsa era uma estrutura ampla iniciada pelo califa omíada Abdal Malique ibne Maruane e completada por seu filho Ualide em 705 d.C. Em 746 d.C., um terremoto destruiu a mesquita, e ela foi reconstruída pelo califa abássida Almançor em 754 d.C. Outro terremoto destruiu grande parte da Mesquita de Al-Aqsa em 1033, mas dois anos mais tarde uma nova mesquita foi construída pelo califa fatímida Ali Azair. Basicamente, essa é a mesquita que ficou no Monte do Templo de Salomão até os dias de hoje.

No momento, conjetura-se que o lugar santificado, uma vez conhecido como Santo dos Santos, está localizado por baixo do santuário da Cúpula da Rocha, em Jerusalém. Hoje, a maioria dos judeus ortodoxos esquiva-se completamente de subir o Monte do Templo, para evitar pisar acidentalmente no mais santo dos locais ou qualquer área santificada. Alguns caçadores da Arca acreditam que a Arca da Aliança esteja escondida em um túnel secreto, em alguma parte da Cúpula da Rocha ou no Muro (Ocidental) das Lamentações do templo, um local de devoção judaica.

Nesse Muro Ocidental do Segundo Templo fica uma das maiores pedras de construção monolíticas jamais utilizadas, a gigantesca Pedra do Muro Ocidental. Esse Muro Ocidental é um bloco de granito monolítico que faz parte de um nível inferior do Muro Ocidental, de Jerusalém. Para vê-lo, os visitantes precisam entrar em um túnel ao longo do lado noroeste do Muro Ocidental, em uma visita guiada.

O gigantesco Muro Ocidental na base no Templo de Salomão (*Wikipédia*).

A *Wikipédia* diz:

Essa pedra maior no Muro Ocidental é visível dentro do túnel do muro e classificada como um dos objetos mais pesados já levantados por seres humanos sem a utilização de máquinas.

Ela é classificada como a quinta maior pedra extraída e movida, segundo a *Wikipédia*. Seu peso é estimado em 517 quilos, o que a faz menor do que as gigantescas pedras de Balbeque (entre 544 a 907 quilos) e ligeiramente maior que a Grande Estela de Axum (de 471 a 489 quilos). A pedra mede 13,6 metros de comprimento, 3 metros de altura e tem uma largura estimada em 3,3 metros.

A Arca de Wilson é o nome moderno para um arco de pedra antiga, cujo topo é visível hoje pelo canto noroeste do Muro Ocidental. Houve uma época em que o arco se estendia por quase 12 metros, e sustentava uma estrada e um aqueduto que continuavam por quase 23 metros e permitiam o acesso a um portão que se encontrava ao nível da superfície do Monte do Templo. Ela foi identificada pela primeira vez em 1864 por Charles William Wilson, e hoje recebe seu nome. Wilson alistara-se na *British Ordnance Survey* de Jerusalém em 1864 e, em seguida, ao projeto de levantamento topográfico para aprimorar o sistema hídrico da cidade.

O que nos interessa aqui é o gigantesco bloco de pedra, tão grande e importante que recebeu um nome, um misterioso bloco de pedra que é desconcertante para arqueólogos de todos os vieses e, talvez, seja o objeto mais controverso no Monte do Templo. Quem teria extraído esse bloco maciço de pedra e colocado ali, no canto noroeste das pedras fundamentais do Monte do Templo? Arqueólogos convencionais atualmente atribuem a Herodes e seus engenheiros romanos (que trabalharam principalmente após sua morte) a elevação dessa pedra gigantesca e lisa, assim como de todos os outros blocos de pedra menores à sua volta.

Parece que os arqueólogos incorrem no mesmo erro no Monte do Templo, em Jerusalém, quando se defrontam com os blocos ainda maiores em Balbeque, no Líbano. Os dois sítios possuem blocos gigantes semelhantes no nível inferior que foram alvo dos esforços de reconstrução romanos dos templos megalíticos antigos. Balbeque é uma misteriosa plataforma megalítica pré-histórica que possui um templo romano dedicado a Júpiter em seu cume. A construção romana é em si impressionante, mas alguns dos blocos gigantescos, incluindo os que ainda estão em uma pedreira próxima, parecem ter sido impossíveis de remover, não apenas pelos romanos, mas até por máquinas modernas.

Foram de fato os romanos que cortaram e ergueram as pedras maiores em Balbeque? Provavelmente não – e o mesmo aconteceu com o Muro Ocidental. É possível que esses blocos pertençam a um período anterior, talvez por volta de 1000 a.C. ou antes. Aparentemente, o Muro Ocidental é como os silhares em Balbeque, sobras de alguma plataforma gigantesca de pedra que fazia parte de alguma estrutura desconhecida que desapareceu quase em sua totalidade – pedras que não podiam ser deslocadas pelos romanos, ou mesmo pelo rei Salomão, em seus esforços para criar uma nova estrutura com blocos de uma estrutura anterior.

Os arqueólogos modernos já devem perceber que o Muro Ocidental, e muito da parte inferior dele, precede qualquer tentativa romana de expandir e reconstruir o Segundo Templo. Em minha opinião, está claro que o Muro Ocidental é muito antigo e faz parte da fase inicial de algum edifício do Monte do Templo, antecedendo até o rei David e o rei Salomão. Parece possível que o rei Salomão, quando possuía a Arca da Aliança na época, seria capaz de levitar – ou mesmo mover – essa pedra de 517 quilos, porém é mais plausível que esse bloco, e outros por baixo dele, sejam trabalho dos nefilins, que os israelitas consideravam gigantes.

Quando observo uma fotografia do Muro Ocidental e dos blocos a seu redor, numerosas coisas me parecem importantes. Primeiro, os blocos quadrados e retangulares menores acima do Muro Ocidental não são as pedras originais que deveriam estar interligadas a esse bloco gigante e devem, portanto, ser o trabalho de engenheiros romanos.

Segundo, o Muro Ocidental é muito liso e altamente articulado, assim como as pedras por baixo dele. Todas essas pedras foram muito bem cortadas e se encaixam perfeitamente. Há, pelo menos, oito pedras menores por baixo do Muro Ocidental, e não podemos ver nenhuma de suas extremidades.

Terceiro, há um grande entalhe no cume do Muro Ocidental. Esse entalhe devia ter a função original de suportar outro megálito, com um entalhe semelhante, encaixado sobre o Muro Ocidental, iniciando um padrão que provavelmente era repetido. Essa cantaria megalítica consistiria em blocos finos que eram presos entre si com entalhes ocasionais e, até mesmo, um padrão de quebra-cabeças.

Talvez existissem cortes basilares e grampos de metal em alguns desses muros, mas nada disso é visível. Talvez a visão de uma arquitetura tão imponente – blocos gigantescos de construção, como em Balbeque – tenha convencido os israelitas, assim como os gregos e sua construção "ciclópica", de que tudo isso só podia ser atribuído a homens com estatura de gigantes e, portanto, capazes de erguer pedras tão pesadas. O corte, a articulação e o polimento dessas grandes proezas da construção são, sem dúvida, impressionantes, porém o mais incrível é o deslocamento de blocos tão grandes. Por que alguém desejaria cortar e mover um bloco de pedra tão grande? Queria realizar a mais difícil das proezas?

Em resumo, o local que guardava a Arca da Aliança no Primeiro Templo está em algum lugar próximo da construção megalítica, que é o Muro Ocidental e as pedras por baixo dele. Os entalhes com formato de caixa que vemos no Muro Ocidental, e algumas das pedras por baixo dele, podem ter sido partes do original – provavelmente não. Eles parecem pertencer a um período posterior, talvez do rei Salomão, quando instrumentos de ferro eram utilizados para criar esses entalhes, permitindo o encaixe de vigas de madeira e a criação de vigas de teto e de chão. Ou, ainda mais intrigante, talvez algum tipo de máquina grande fosse acoplada a eles em um passado distante.

Os sacerdotes etíopes acreditam que a Arca da Aliança era utilizada para mover pedras grandes como os obeliscos de Axum. Teria a Arca levitado um bloco de 517 quilos conhecido como o Muro Ocidental? O Santo dos Santos, o Muro Ocidental e toda a área do Monte do Templo têm uma história bizarra que remonta a muitos milhares de anos atrás. Como exploraremos mais adiante, essa porção do Monte do Templo é provavelmente a área escavada pela Ordem dos Templários.

A lenda de Buraque e a Viagem Noturna

O Monte do Templo é um local de muitos mistérios e de grande misticismo. Ele abriga os misteriosos blocos megalíticos, semelhantes àqueles de Balbeque e aos muros megalíticos ainda maiores, no Peru e na Bolívia. Esse sítio também foi cenário de um dos mais curiosos episódios do Alcorão: a muito discutida Viagem Noturna de Maomé.

O Alcorão e ainda mais o Hadith (escritos após a morte de Maomé) fornecem uma história fragmentada e incrível que diz que Maomé saiu para um passeio noturno entre a casa de seu primo e a Caaba, em Meca, mais ou menos dez anos depois de ele ter conquistado Meca e Medina, por volta de 621 d.C. De repente, ele encontra o arcanjo Gabriel, que o leva em uma máquina voadora – o Buraque, que dizem ser um tipo de cavalo alado – até "à mesquita no local mais distante", a qual presume ser a Mesquita de Al-Aqsa, em Jerusalém. Após a oração, Maomé monta novamente no Buraque e é levado por Gabriel aos vários céus para conhecer os profetas anteriores e, em seguida, Deus (Alá). Maomé foi instruído a dizer a seus seguidores que eles deveriam oferecer orações 50 vezes por dia. No entanto, com o incentivo de Moisés (Musa), Maomé retorna a Deus, e por fim, as orações são reduzidas a dez e, em seguida, a cinco vezes por dia. Então, o Buraque transporta Maomé de volta a Meca, e assim termina a longa noite.

Concepção artística do cavalo alado Buraque.

Trata-se de uma história curiosa que faz com que alguns duvidem de sua autenticidade. Como poderia ser verdade? Há realmente cavalos alados? Ou o Buraque é, de fato, algum tipo de vimana, um veículo voador de tanto destaque nos épicos da Índia antiga e no *Kebra Nagast* etíope?

Parece que o Alcorão e o Hadith falam de algum tipo de máquina voadora, que em tempos longevos era, com frequência, representada como um cavalo alado, uma carruagem voadora ou um tapete voador. Na Índia antiga, os voos eram, em geral, representados por uma carruagem sendo levada pelo ar por cisnes ou outros pássaros grandes. No entanto, no Tibete, na Mongólia e pela Ásia Central, veículos voadores costumavam ser representados como cavalos alados. Até os dias de hoje, as bandeiras tibetanas retratam o cavalo de vento que voa pelo céu e leva uma caixa ou arca em seu lombo.

Na verdade, o Alcorão não nos fornece muita informação sobre a Viagem Noturna, mas ela é mencionada na 17ª sura. O estranho veículo voador chamado Buraque nunca é mencionado no Alcorão, mas surge em uma longa discussão no Hadith. Aqui, diz-se que Maomé montou no Buraque e, na companhia de Gabriel, viajou até a "mesquita mais distante".

É difícil encontrar boas definições do Buraque, e a melhor fonte parece ser a *Wikipédia*:

> O Buraque era um animal voador místico, semelhante ao cavalo alado grego chamado Pégaso e aos cavalos alados da literatura persa zoroastriana. Enquanto o Buraque é quase sempre representado com um rosto humano na arte persa e do Extremo Oriente, nada no Hadith ou em outras referências islâmicas anteriores alude a ele como possuindo rosto humanoide. Esse rosto humano no cavalo alado pode ter sido influenciado por uma deturpação ou tradução do árabe para o persa de textos e histórias que descrevem o corcel alado como uma "[...] bela criatura com rosto humano."

Com um único passo, o Buraque podia cobrir toda a distância que era capaz de vislumbrar, percorrendo, desse modo, grandes extensões de terra em poucas horas. A *Wikipédia* nos fornece este trecho de uma tradução do *Sahih al-Bukhari* que descreve o Buraque:

> E então, um animal branco que era menor que uma mula e maior que um asno foi trazido a mim. [...] O passo do animal (era tão largo que) alcançava o ponto mais distante do alcance de sua visão.
>
> – Muhammad al-Bukhari, *Sahih al-Bukhari*

Outra descrição na *Wikipédia* é este hadith islâmico:

> E então ele [Gabriel] trouxe o Buraque, com um belo rosto e rédeas, um animal branco e alto, maior que um asno e menor que uma mula. Ele conseguia pousar os cascos no limite mais distante de seu olhar. Tinha longas orelhas. Sempre que avistava uma montanha, suas pernas traseiras se estendiam, e sempre que descia, suas pernas dianteiras se estendiam. Ele tinha duas asas nas coxas que davam força às suas pernas.

A *Wikipédia* afirma que segundo outras lendas o Buraque foi o transporte do profeta Abraão (Ibrahim) quando ele visitou sua esposa, Hajera ou Agar, e o filho Ismael, em Meca. De acordo com a tradição, Abraão viveu com sua esposa, Sara, na Síria (Haran), mas o Buraque o levava de manhã para Meca para ali visitar sua outra família e, de noite, transportava-o de volta à Síria.

Uma tradição islâmica claramente relacionada é a do anjo Gabriel, que possui um cavalo alado chamado Haizum. Haizum é um cavalo branco, flamejante e espiritual que tem um par de asas como o Pégaso e pode viajar de um plano cósmico a outro em um segundo. Na tradição islâmica, Haizum foi um presente oferecido a Gabriel por Deus (Alá), por tê-lo agradado.

Parece que Buraque-Haizum era um tipo de máquina voadora, descrita como um cavalo alado. O *Kebra Nagast*, como veremos em capítulos posteriores, também faz referência a viagens pelo ar em carruagens, e esse texto antigo era bem conhecido na Arábia, Núbia e Etiópia. A filha de Maomé se refugiou no reino cristão copta da Etiópia durante alguns anos, e o Alcorão cita, de forma positiva, "os etíopes inocentes." Portanto, Maomé poderia estar familiarizado com as histórias do veículo voador dos épicos etíopes. O verso principal no Alcorão é a 17ª sura:

Exaltado é Ele [o Buraque] que levou Seu Servo [Maomé], durante a noite, desde a Mesquita al-Haram até a Mesquita al-Aqsa [a mesquita mais distante], cujos arredores Nós abençoamos para mostrar a ele os Nossos sinais. Ele é aquele que Vê, aquele que Ouve.

Quais eram os sinais – os "Nossos sinais" – aos quais o Alcorão se refere? Talvez um dos sinais referidos seja o Muro Ocidental, parte do Primeiro Templo e também parte do Segundo Templo – ou qualquer outro templo que surgisse? O sinal que Maomé viu era esse muro de blocos de pedras colossais, talvez marca dos nefilins, sinal dos deuses que moviam pedras e voavam pelos céus.

Parece que o Buraque era uma máquina voadora pequena, um veículo que transportava duas pessoas: Maomé e Gabriel. Ambos deixaram Meca tarde da noite e, então, voaram para o Monte do Templo, em Jerusalém, que na época era um aterro de lixo. Nenhuma mesquita ou sala de oração existia ali. Havia os blocos gigantes do Muro Ocidental e, talvez, tenha sido isso que eles avistaram.

Em seguida, Gabriel e Maomé voaram no Buraque – a máquina voadora branca –, subiram aos céus para vislumbrar a Terra como uma bola no espaço e vivenciar o fascínio que tal visão causa em qualquer observador. Talvez Maomé tenha sido levado para alguma região de imortais ou ao sétimo céu, onde Moisés, Abraão e os outros profetas (incluindo Jesus) conversaram com ele. Ou quiçá essa parte da história seja realmente ficção – mas de qualquer forma, eles retornaram a Meca onde Maomé é deixado próximo do Caaba, e Gabriel parte com a máquina voadora chamada Buraque. Muçulmanos por todo o mundo acreditam que algo assim de fato aconteceu; ou seria um sonho longo que foi imortalizado, como acreditam alguns acadêmicos islâmicos.

De qualquer forma, essa é uma história estranha com pontos importantes que afetam todos os muçulmanos até os dias de hoje. Diz-se que Maomé costumava rezar voltado na direção de Jerusalém, mas durante a Viagem Noturna, foi-lhe dito para rezar voltado para Meca, e todos os muçulmanos, hoje, rezam voltados na direção de Meca em vez de Jerusalém.

Durante a Viagem Noturna também foi dito a Maomé que rezar cinco vezes por dia seria suficiente, já que a oração constante é uma parte importante do Islã. Foi salientado que os sabeus do sul da Arábia tinham o costume de rezar cinco vezes ao dia, o que teria influenciado Maomé.

Um problema referente à Viagem Noturna, que os estudiosos islâmicos sempre comentam, é que toda a história não é apenas fantástica segundo os padrões normais, mas fala também da viagem a uma mesquita que não existia. Mas ela viria a existir no futuro. Na época da Viagem Noturna, o Templo de Herodes era uma pilha de entulho usada como depósito de lixo, e foi assim durante centenas de anos. Provavelmente, o peregrino ou viajante forasteiro viu o Muro Ocidental e a gigante Pedra Ocidental e passou essa informação adiante.

Os estudiosos islâmicos destacam o termo utilizado para mesquita, *masjid* que literalmente significa "local de prostração", e incluem locais monoteístas de adoração como o Tempo de Salomão ou o Templo de Herodes. Hoje, a Mesquita de al-Aqsa fica no Monte do Templo e foi terminada em 705 d.C. Ela é atualmente o terceiro lugar mais sagrado para o Islã, depois de Meca e Medina.

Maomé teria feito uma viagem no tempo, no disco voador de Gabriel? Certamente, a viagem a Jerusalém tem a familiaridade de uma história vimana de algum épico hindu. Assim como no Antigo Testamento, as histórias do Alcorão realmente não mencionam nada acerca de aeronaves ou vimanas, então os autores, na melhor das intenções, introduzem algo que os leitores poderiam compreender, como um cavalo alado ou um tapete voador. O *Kebra Nagast*, como veremos mais adiante, utiliza a alegoria de uma carruagem alada.

A Arca da Aliança era um equipamento egípcio?

A Arca da Aliança, o Santo dos Santos e o poder da Arca foram mencionados apenas superficialmente. Em breve, analisaremos tudo com cuidado e examinaremos o impressionante poder da Arca. Mas primeiro vamos resumir algumas das evidências.

Moisés foi criado como um alto sacerdote no Egito e, em seguida, liderou centenas de milhares de pessoas e seus animais para fora do Egito e em direção ao Sinai e ao Deserto da Arábia e, por fim, às regiões em torno do Mar Vermelho e de Jerusalém. Pelo caminho, ele criou ou revelou uma poderosa fonte de energia que era uma luz resplandecente, um veículo voador para observação, uma arma contra inimigos, algo para separar os rios de derrubar muralhas. Tratava-se um equipamento de natureza claramente física, e parecia possuir algum tipo de função elétrica que lhe permitia realizar várias coisas. Viria esse equipamento do Egito, uma terra de vários dispositivos elétricos e tecnologia de ferramentas elétricas?

De fato, a fonte de energia utilizada com a Arca era provavelmente um dispositivo já construído no Egito. A eletricidade era utilizada pelos egípcios, como evidenciam os objetos dourados galvânicos, a luz elétrica alegadamente usada nos templos, o conjunto de relevos chamado Lâmpada de Dendera, que mostra aparelhos elétricos e a representação do pilar de djed como algum tipo de gerador elétrico.

Foi sugerido que as dimensões da Arca da Aliança correspondiam ao interior da caixa que fica na Câmara do Rei, na Grande Pirâmide. Haveria algum tipo de tecnologia de estanho utilizada nessa estrutura? Sendo um sumo sacerdote, parece muito provável que Moisés estivesse familiarizado com os dispositivos elétricos secretos que os sacerdotes usavam nos templos do Egito.

Mas antes de analisarmos com mais detalhes em que tipo de dispositivo a Arca da Aliança ficava, vamos verificar algumas das estranhas histórias em torno da Arca da Aliança da Bíblia, dos veículos voadores e das armas destrutivas. Dizem que a verdade é mais estranha que a ficção – porque a ficção tem de fazer sentido. Como determinar a verdade de histórias antigas que parecem não fazer sentido, pelo menos da forma como enxergamos hoje o mundo antigo e seu nível de tecnologia?

O éfode especial utilizado por um sumo sacerdote de Israel

1. Rubi. 2. Topázio. 3. Carbúnculo. 4. Turquesa. 5. Safira. 6. Esmeralda. 7. Jacinto. 8. Ágata. 9. Ametista. 10. Berilo. 11. Ônix . 12. Jaspe.

CAPÍTULO 3

Relatos da Bíblia

"Vejam, o Senhor cavalga em uma nuvem veloz, e chegará ao
Egito:
e os ídolos do Egito ficarão movidos com sua presença,
e o coração do Egito derreterá no meio deles."
– *Isaías 19:1*

    Nossa principal fonte de informação acerca da Arca da Aliança é o Antigo Testamento. A história da Arca da Aliança começa no final do Livro do Êxodo. Os poderes letais da Arca são mencionados no Levítico, e boa parte do Livro dos Números trata das preparações e da viagem do Sinai para a região de Moabe que, claro, envolvia a Arca. O Reino de Moabe estendia-se pela costa leste do Mar Morto, com os reinos de Edom a sul e Amom a nordeste. A Terra Prometida de Canaã estendia-se a oeste de Amom, abrangendo a ponta norte do Mar Morto e cruzando o Rio Jordão, que fluía do norte para o Mar.
    A fabulosa e misteriosa cidade de Petra ficava em Edom. Outras cidades que parecem ter sido localizadas ali são as infames Sodoma e Gomorra. De acordo com a Torá, Sodoma e Gomorra eram aliadas das cidades de Admá, Zeboim e Zoar. Essas cinco eram conhecidas como

as "cidades da planície", e essa planície parece ser o Vale de Sidim, que se estende do Mar Morto na direção sul.

A fronteira entre Edom, que controlava os portos de Eilat e, mais tarde, de Eziom-Geber – o porto construído especialmente por Salomão para as viagens para a região de Ofir, carregada de ouro – e Moabe era o ribeiro de Zered. Esse ribeiro extenso flui de leste para oeste e, hoje, situa-se na Jordânia e termina na extremidade sudeste do Mar Morto.

Embora haja alguma confusão quanto ao local exato das "cidades da planície" (a *Wikipédia* diz que elas ficavam na extremidade norte do Mar Morto), a tradição comum situa-as na extremidade sul. As cidades de Sodoma, Gomorra, Admá e Zeboim foram todas destruídas em uma espetacular chuva de fogo e enxofre, mas a cidade de Zoar foi poupada porque, como veremos, se tratava do local em que Ló e sua família se refugiaram. Zoar existiu por muitos séculos depois, e referências bíblicas à cidade são encontradas em Isaías 15:5 e Jeremias 48:34. A cidade também é mencionada em outras fontes que datam do período helenístico à Idade Média. O mais importante para sua identificação foi o mapa em mosaico encontrado no piso de uma igreja em Madaba, na Jordânia, criado por volta de 560 d.C. O mapa mostra Zoar ligeiramente a sudeste do Mar Morto.

A localização da gruta onde dizem que Ló e suas filhas viveram depois de fugir de Zoar também é conhecida há bastante tempo. Um centro monástico bizantino (séculos V a VII d.C.) foi construído no exterior de uma gruta natural onde artefatos da Idade do Bronze foram descobertos. Um museu com os artefatos da gruta de Ló foi aberto recentemente no sítio, próximo à moderna cidade de Safi, e batizado de "Museu do Ponto mais Baixo da Terra", em virtude da extrema descensão da área, 405 mil metros abaixo do nível do mar.

Assim, há uma evidência bastante clara de onde ficava Zoar. Será que as suas cidades irmãs eram distantes? Discutiremos a impressionante destruição dessas cidades brevemente. Mas, primeiro, devemos mencionar que a área em torno do Mar Morto também abrigava os gigantes.

A TERRA DOS REFAINS

Naquela região também viviam os refains (também conhecidos como anaquitas ou anaquins), gigantes que habitavam as áreas em torno do Mar Morto desde tempos longevos. Os israelitas foram instruídos a exterminar todos os habitantes anteriores da área à volta de Canaã, e os refains estavam entre as tribos que deveriam ser eliminadas.

A Bíblia menciona os refains em Gênesis 14:5, 15:20; Números 13; Deuteronômio 2:10-11, 2:18-21; 3:11; Josué 12:4; 13:12, 15:8, 17:15, 18:16; 2 Samuel 5:18, 5:22, 23:13; e 1 Crônicas em 11:15, 14:9, 20:4. No Deuteronômio 3:11, conclui-se que Og, rei de Basã, foi um dos últimos refains. Dizia-se que sua cama possuía nove cúbitos de comprimento, em cúbitos normais. Um cúbito normal possui, aproximadamente, 45 centímetros, e isso faz com que sua cama tivesse, mais ou menos, quatro metros de comprimento. Podemos supor que o rei Og tinha cerca de três metros de altura. Talvez ele tivesse um crânio alongado – como muitas pessoas da realeza tinham naquela época –, o que acrescentaria uns 30 centímetros a uma pessoa que já era muito alta.

Como já vimos, a área maior do lado leste do Mar Morto era conhecida como Moabe, e essa região era denominada uma das terras dos refains. Eles também eram conhecidos como os zomzomim pelos amoritas mais a norte (Deuteronômio 2:18-2), que é um derivativo da palavra hebraica que significa "zumbido". Aparentemente, isso significa que os refains tinham um tipo de fala que evocava um zumbido. O sul da África tem um estalido na fala, e os refains poderiam ter algum tipo de fala com um zumbido estranho e um estalido.

Consta que os refains e os anaquins viviam no lado norte do Mar Morto (Canaã) e ao longo do lado leste daquele grande corpo de água, o maior lago de todos no Levante. Uma área do norte de Moabe chamava-se Ar, uma região do lado leste do Jordão antes do tempo de Moisés que também era considerada terra dos gigantes. De acordo com Deuteronômio 2:10:

Uma raça de gigantes chamada emim viveu na área de Ar. Eles eram fortes, numerosos e altos como os amoritas, outra raça de gigantes.

As cidades de Sodoma e Gomorra, Admá e Zeboim eram habitadas pelos refains até eles serem subitamente destruídos.

De acordo com Deuteronômio 2:11, Anaque era um patriarca ou rei dos refains. Em Números 13, os gigantes, filhos de Anaque, são mencionados. Esses gigantes são citados como os anaquins. Moisés envia 12 espiões – um de cada uma das 12 tribos – para explorar a região de Canaã, a norte do Mar Morto, e fazer um relatório completo quando retornassem. Os espiões entram pelo deserto do Negev e viajam na direção norte pelas montanhas da Judeia até chegarem ao riacho de Eshcol, perto de Hebrom, onde residiam Sesai, Aimã e Tamai, filhos de Anaque.

Após os batedores explorarem toda a região, levaram exemplares das frutas locais, sobretudo um gigantesco cacho de uvas que exigiu dois homens para transportá-lo com uma vara entre eles. Os batedores, então, reportaram a Moisés e à congregação que "a região, de fato, é um local onde fluem o leite e o mel." Mas dez entre os 12 espiões desencorajaram os israelitas de tentar possuir aquela terra, pois relataram que os homens eram mais altos e mais fortes que os israelitas. Além disso, os filhos de Anaque residiam ali, e eles se sentiram como gafanhotos em sua presença. Posteriormente, os anaquitas recebem uma menção breve nos livros do Deuteronômio, Josué e Juízes. Em Josué, Calebe, um dos 12 espiões enviados por Moisés a Canaã, expulsou depois os descendentes de Anaque – seus três filhos – de Hebrom, também chamada Kiryat Arba. Acredita-se que alguns dos gigantes encontraram refúgio com os filisteus, onde sobreviveram até o tempo de Davi. Golias era filisteu.

A DESTRUIÇÃO DE SODOMA E GOMORRA

Os gigantes refains viviam em torno do Mar Morto e provavelmente estavam presentes quando as quatro "cidades da planície" foram destruídas. Outros homens altos e estranhos também viviam a norte do Mar da Galileia, na Síria e no Iraque. É possível que todos esses "gigantes" e "anjos" fossem homens altos (alguns, talvez com cabeças alongadas). Em Gênesis 19:1-22, lemos a respeito de dois estranhos que se dirigem ao portão de Sodoma, onde, por acaso, um homem chamado Ló estava sentado em um banco próximo. Ló, imediatamente, reconheceu esses estranhos como "anjos" ou talvez, mais corretamente, como servos do Senhor. Ele os convida a passar a noite em sua casa, mas os homens locais, bêbados, vão até a casa de Ló e exigem ver os homens – e ter relações sexuais com eles. No lugar dos homens, Ló oferece-lhes suas filhas virgens. Em Gênesis 19:1-22 encontramos:

> Os dois anjos chegaram a Sodoma durante a noite, e Ló estava sentado no portão da cidade. Quando avistou os homens, ele se levantou, foi ao seu encontro e curvou-se com o rosto voltado para o solo e disse: "Meus senhores, por favor, desviem-se para a casa de seu servo e passem ali a noite e lavem seus pés. Então, poderão levantar-se cedo e seguir seu caminho". Eles disseram: "Não; nós passaremos a noite na praça da cidade". Mas ele os pressionou decididamente, e eles o seguiram e entraram em sua casa. E ele preparou um banquete e cozeu pão ázimo, e eles comeram.
>
> Mas antes de se deitar, os homens da cidade, os homens de Sodoma, velhos e jovens, todos eles até o último homem, cercaram a casa. E eles chamaram Ló: "Onde estão os homens que chegaram com você esta noite? Traga-os aqui, para que possamos conhecê-los". Ló foi ao encontro dos homens na entrada, fechou a porta atrás de si e disse: "Eu imploro, meus irmãos, não se comportem de forma perversa. Vejam, tenho duas filhas que ainda não conheceram homens. Deixem-me trazê-las para vocês, e façam com elas o que quiserem. Mas não façam nada a estes homens, pois eles estão sob a proteção de minha casa". Mas eles disseram: "Afaste-se!" E disseram: "Este homem veio viver aqui temporariamente e se tornou o juiz! Agora, vamos tratá-lo pior do que a eles". Em seguida, eles pressionaram com força o homem Ló, e se aproximaram para derrubar a porta. Mas os homens estenderam as mãos e levaram Ló para dentro da casa com eles, e fecharam a porta. E eles cegaram os homens que estavam à entrada da casa, tanto os pequenos quanto os grandes, e eles tentaram sair da casa tateando para encontrar a porta.
>
> Em seguida, os homens disseram a Ló: "Você tem mais alguém aqui? Genros, filhas, ou qualquer pessoa que você tenha na cidade, tire-os deste lugar. Pois estamos prestes a

destruir esta cidade, porque a indignação contra seu povo tornou-se demais para o Senhor, e o Senhor nos enviou para destruí-la". Então, Ló saiu e disse a seus genros, que iriam casar com suas filhas: "De pé! Saiam deste lugar, pois o Senhor está prestes a destruir a cidade". Mas parecia que ele estava zombando de seus genros.

Quando a manhã chegou, os anjos incitaram Ló, dizendo: "Levante-se! Leve sua esposa e suas filhas que estão aqui, para que você não seja destruído durante o castigo da cidade". Mas ele demorou-se. Então, os homens pegaram ele, a esposa e as duas filhas pelas mãos, o Senhor sendo misericordioso com ele, e os levaram para fora e os colocaram fora da cidade. E enquanto os tiravam de casa, um deles disse: "Fuja pela sua vida. Não olhe para trás nem pare em nenhum lugar do vale. Fuja para as montanhas, evite ser aniquilado". E Ló disse-lhes: "Ó, não, meus senhores. Vejam, seu criado foi privilegiado perante os seus olhos, e vocês demonstraram muita bondade salvando minha vida. Mas não poderei fugir para as montanhas, com medo de que o desastre me alcance e eu morra. Vejam, esta cidade é perto o suficiente para escapar até lá, e é uma cidade pequena. Deixem-me fugir para lá – ela não é pequena? – e minha vida será poupada". Ele disse a Ló: "Veja, também lhe concederei este favor, não destruirei a cidade da qual você fala. Fuja para lá rapidamente, pois não poderei fazer nada até você chegar lá". Portanto, o nome da cidade passou a ser Zoar.

Sodoma é destruída com enxofre e fogo que vêm do céu

Gênesis 19:23-29 conta o resto da história: Ló viaja durante a noite com sua família para a pequena cidade de Zoar, que será poupada, e então o Senhor, talvez por meio de seus misteriosos criados ou "anjos", destrói as outras quatro cidades com enxofre e fogo:

> O Sol ergueu-se sobre a terra quando Ló chegou a Zoar. Então, o Senhor choveu sobre Sodoma e Gomorra enxofre e fogo vindos do Senhor do céu. E Ele destruiu aquelas cidades, e todo o vale, e todos os habitantes das cidades, e tudo que crescia no solo. Mas a esposa de Ló, que vinha atrás dele, olhou para trás e se transformou em uma coluna de sal.

E Abraão foi, de manhã cedo, para o local onde ele estivera perante o Senhor. E ele olhou para Sodoma e Gomorra e na direção de toda a região do vale, e ele olhou e observou, a fumaça subia de toda a região como a fumaça de uma fornalha.

E então, quando destruiu as cidades do vale, Deus lembrou-se de Abraão e tirou Ló do meio da destruição quando Ele aniquilou as cidades em que Ló vivera.

Embora a Arca da Aliança possuísse imenso poder (dizem que ela matou centenas de pessoas na época e foi parcialmente responsável pela destruição dos muros de Jericó), a enxurrada lançada sobre essas quatro cidades foi muito mais extraordinária. No entanto, podemos nos perguntar se não há alguma possível relação aí.

Os tipos que visitam Ló e sua família não parecem anjos normais, como geralmente os imaginamos. Eles caminham em direção aos portões da cidade de Sodoma, talvez vindo do porto a sul de Eilat, que era uma das principais cidades de Edom, um reino que fazia fronteira com Moabe na extremidade sul do Mar Morto. Ou, talvez, chegassem à cidade em algum tipo de aeronave, quem sabe um vimana, como mencionado nos épicos indianos, como o *Ramaryana* e o *Mahabharata*. De fato, esses livros estão repletos de histórias de veículos voadores e armas devastadoras que destroem cidades inteiras, assim como a Bíblia descreve a destruição de Sodoma e Gomorra.

Haveria ali algum tipo de astronautas antigos ou humanos de alta tecnologia, com armas e espaçonaves avançadas, para investigar as perversas cidades de Sodoma e Gomorra? Talvez eles soubessem de alguma catástrofe natural iminente e viessem analisar a região antes do acontecimento. E quando descobriram, como suspeitavam, que peregrinos e estrangeiros não eram muito bem tratados naquelas cidades, decidiram destruí-las – ou permitir que elas fossem destruídas? É como se as cidades tivessem sido atingidas por armas nucleares, ou cada uma delas afligida por uma bomba convencional muito grande, semelhante às bombas grandes utilizadas hoje em dia.

Enquanto o livro de Gênesis não menciona quaisquer veículos voadores, aeronaves são mencionadas, em outras ocasiões, pela Bíblia, como na visão de Ezequiel de uma embarcação que vinha do céu. O *Kebra Nagast* também caracteriza a Arca da Aliança em associação com veículos voadores – como se a Arca fosse algum tipo de máquina de energia que poderia alimentar uma aeronave ou criar algum tipo de efeito antigravitacional.

A destruição de Sodoma e Gomorra (Chas Berlin).

De fato, parece que as culturas avançadas da Índia, China, Suméria e Egito possuíam eletricidade, máquinas com engrenagem e ferramentas elétricas com serras e ponta de diamante, trituradores e brocas. Eles tinham muitos metais, inclusive o bronze e o ferro, e possuíam conhecimentos básicos de eletricidade. Com máquinas de metal e dispositivos elétricos, uma cultura pode criar maquinaria pesada, como escavadoras a vapor, assim como voos motorizados. O tipo de cultura avançada capaz de extrair obeliscos de 200 toneladas, movê-los por muitos quilômetros para outros sítios e, então, erguê-los – o que trouxe fama aos egípcios e aos axumitas – teria conhecimento de eletricidade, motosserras e até explosivos e outros reagentes químicos. Os historiadores modernos ainda não descobriram quais substâncias químicas foram utilizadas no Fogo Grego citado em textos antigos, há mais de 2 mil anos. O Fogo Grego ardia debaixo d'água e era lançado em navios inimigos por meio de catapultas, como bolas de fogo de piche em brasa e substâncias secretas.

Então, seria a Arca da Aliança algum tipo de dispositivo elétrico que fazia mais do que apenas acumular alguma energia estática para, ocasionalmente, chocar as pessoas que estavam próximas? Algum tipo de bateria ou acumulador que carregava com o passar do tempo e era capaz de ser acionado em "modo de arma imobilizadora gigante" com o toque de um botão? Talvez a nuvem de energia fosse o sinal para mostrar que o aparelho estava suficientemente carregado para uma descarga de voltagem mortal, como uma grande arma imobilizadora que seria liberada com um toque no interruptor. Imagine uma bobina de Tesla formando arcos de voltagem ao longo de duas barras de metal.

O ANTIGO LIVRO CHAMADO PENTATEUCO

Para compreender a informação básica que temos sobre a Arca da Aliança, temos de entender os primeiros cinco livros da Bíblia: o Pentateuco. Esses livros são: Gênesis, Êxodo, Levítico, Números e Deuteronômio. A Arca da Aliança é mencionada, primeiro, no Êxodo, e muitos dos primeiros relatos estranhos sobre a Arca são narrados em Números.

Gênesis começa com as histórias da Criação (Gênesis 1-3) e do Jardim do Éden, e fornece um relato de Adão e Eva, assim como de seus descendentes. Nós temos, então, a história de Noé e do grande dilúvio (Gênesis 3-9). Em seguida, surge o relato da Torre de Babel e o conto da aliança de Abraão com Deus (Gênesis 10-11). Depois, conhecemos os patriarcas, Abraão, Isaac e Jacó, e a vida de José (Gênesis 12-50). A destruição de Sodoma e Gomorra acontece, e Deus faz aos patriarcas a promessa de que a região de Canaã será sua terra. Mas no final do livro do Gênesis, os filhos de Jacó, em virtude da fome, acabam abandonando a área a norte do Mar Morto – Canaã – e vão para o Egito.

O livro seguinte, Êxodo, é a história de Moisés, criado como um sacerdote egípcio que mais tarde lidera os israelitas na fuga do cativeiro do Egito (Êxodo 1-18), e diz a eles que os levará para a Terra Prometida. No caminho, eles acampam no Monte Horebe (Sinai), onde Moisés encontra Javé e recebe os Dez Mandamentos. Moisés comunica as leis de Javé e a aliança (Êxodo 19-24) ao povo de Israel. Em seguida, há a violação do mandamento contra a idolatria porque seu irmão, Arão, participou na construção do Bezerro de Ouro (Êxodo 32-34). O Êxodo conclui com as instruções para a construção da Arca da Aliança e do tabernáculo (Êxodo 25-31; 35-40).

Todo o livro do Levítico é sobre rituais e como devem ser realizados. Ele começa com instruções aos israelitas sobre o uso apropriado do tabernáculo, que eles acabaram de construir (Levítico 1-10). A seguir vêm as regras relativas a quem é puro e quem é impuro e em que ocasiões (Levítico 11-15), o Dia do Perdão (Levítico 16) e várias leis e rituais morais (Levítico 17-26).

O Livro dos Números começa com um censo em que o número de israelitas é contabilizado (Números 1-3). As narrativas contam como Israel se consolidou como uma comunidade no Sinai (Números 1-9), partiu do Sinai em direção a Canaã e espionou a região (Números 10-13). Em virtude da desconfiança do povo quanto a vários pontos (Números 14), os israelitas foram condenados a vagar por 40 anos no deserto, em vez de imediatamente entrar na Terra Prometida. Moisés ainda ouve da nuvem cintilante, que é Javé, que ele não viveria para entrar na Terra Prometida por causa de seus muitos pecados (Números 20). No final do Livro dos Números (Números 21-35), o grupo de Israel deixa o Deserto do Sinai, circunda Edom e passa por Moabe na costa leste do Mar Morto. Aqui, duas tribos, de Balaque e de Balaão, opõem-se aos israelitas (Números 22-24; 31:8, 15-16). Eles derrotam dois reis, Og e Siom (Números 21), e ocupam os territórios do lado leste do Jordão, de onde se avistava a Terra Prometida, Canaã. A cidade de Jericó também estava em seu campo de visão.

O Deuteronômio consiste, principalmente, em uma série de discursos de Moisés no lado leste do Rio Jordão, em frente a Jericó, exortando Israel a obedecer às leis de Javé. Bem no final (Deuteronômio 34), Moisés sobe ao Monte Nebo e lhe é permitido contemplar a vista da Terra Prometida. No entanto, ele nunca chega a ela, como advertiu o Senhor. Moisés morreu em Moabe e foi enterrado ali, mas o autor do Deuteronômio salienta que ninguém sabia exatamente onde. Logo depois, Israel inicia a conquista de Canaã.

Moisés, o mago

Realmente não sabemos quem foi Moisés e que conhecimento possuía. Ele foi criado na casa de um faraó, dizem-nos, e seria, portanto, um mago, ciente da existência de dispositivos elétricos e outra tecnologia que teria sido utilizada, na época, em templos egípcios. Ele pode ter passado muitos dos seus anos perdidos na Etiópia, visitando Axum com seus obeliscos gigantescos e indo ao Lago Tana, a nascente do Nilo Azul. Provavelmente se casou ali também, pois uma de suas esposas era etíope. Isso pode ser significativo, como veremos em capítulos posteriores.

Moisés também pode ter sido um "cabeça de cone". Muitos egípcios reais, durante o período em que ele viveu, por volta de 1000 a 1500 a.C., eram cabeças de cone no sentido de que possuíam crânios alongados, chamados pela ciência de cabeça "dolicocefálica". Sabe-se que muitos membros da 18ª dinastia egípcia possuíam crânios assim, incluindo Nefertiti e seu famoso marido Aquenáton, além de Tutancâmon, Meritaton, Meketaton e outros. Os egiptólogos ignoraram amplamente essa característica de alguns egípcios reais, primeiro porque alguns pensavam que a representação da cabeça com esse formato incomum era apenas um recurso da arte estilizada. Outros sugeriram que se tratava de uma doença rara ocasionada pelo incesto entre as famílias reais (embora Nefertiti não fosse egípcia, mas de Mitani, que ficava no centro da Turquia). Agora sabemos que a prática de deformação de crânio era difundida pelo planeta (um enigma por si só) e praticada no Egito, Hungria, Malta, Turquia, Curdistão, China, Coreia, México, Peru, Vanuatu e em outros locais. Veja meu livro, escrito em coautoria com Brien Foerster, *The Enigma of Cranial Deformation*.[2]

Assim, a pergunta que fazemos aqui é: seria Moisés uma pessoa com um crânio deformado ou alongado? Talvez isso não seja particularmente importante para a história, mas é uma grande e fascinante possibilidade! Em Êxodo 34:35, lemos que Moisés usava um véu sobre o rosto após seu encontro inicial com Javé no Monte Sinai. Por que ele teve de esconder o rosto? Ficou queimado ou deformado após receber as Tábuas da Lei, "inscritas pelo dedo de Deus", e após presenciar o incrível poder do Senhor? De acordo com o Êxodo 34:29: "E aconteceu, quando Moisés desceu do Monte Sinai com as duas tábuas do testemunho nas mãos, não sabia que a pele de seu rosto brilhava por ter falado com Javé".

Nesse momento, ele ficou desfigurado e, portanto, usaria um véu sobre o rosto pelo resto de sua vida. Assim, lembre-se dessa pequena excentricidade sempre que você ler a respeito de Moisés neste livro ou em outros, e veja como Moisés é representado no cinema e na televisão. Na realidade, ninguém viu seu rosto depois de ele descer do Monte Sinai. Ele não tinha várias esposas, embora não saibamos muito acerca de seus relacionamentos pessoais.

A história de Moisés começa no Êxodo, provavelmente o livro mais importante entre a coleção de livros conhecidos como a Bíblia. O Êxodo estabelece a base para os livros que virão e contém história

---

2. *The Enigma of Cranial Deformation*, David Childress e Brien Foerster. Kempton (IL): 2012. AUP.

épica – uma história que inclui uma arma mortífera que os israelitas chamam de Arca da Aliança.

De acordo com o Êxodo, Moisés nasceu por volta do mês de fevereiro ou março, em torno de 1391 a.C. (alguns pensam que seja em 1593 a.C.) e viveu cerca de 120 anos. Ele era o filho mais jovem entre três: um irmão, Aarão, que era três anos mais velho, e uma irmã, Miriam, entre três a seis anos mais velha que Aarão. Nessa época, os hebreus eram escravos no Egito, e o faraó ordenara que todos os recém-nascidos do sexo masculino fossem afogados no Nilo, temendo que crescessem em população. A mãe de Moisés, Joquebede, escondeu-o em uma cesta, nas margens do Rio Nilo, por três meses. Quando ela não pôde mais ocultar a criança, Joquebede lançou o cesto nas águas do Nilo, entregando o bebê Moisés à proteção de Deus.

O cesto não foi notado até alcançar o local onde uma filha do faraó se banhava. O nome dela não é citado na Bíblia, mas Josefo diz que se chamava Thermutis, e outros acreditam que seu nome fosse Bithiah. Uma filha chamada Bithiah é mencionada em 1 Crônicas 4:18, mas não fica claro se ela foi uma filha que o faraó teve posteriormente. Há várias delas, incluindo a esposa do rei Salomão, e a princesa de origem egípcia-hebraica Scota, que levou a Arca para a Irlanda e Escócia, de acordo com a lenda celta (será discutido mais adiante).

A princesa viu o cesto e pediu às suas donzelas que o fossem buscar, e assim ela adotou o bebê Moisés e o criou como seu próprio filho.

A palavra "mose(s)" deriva do egípcio e significa "nascido de", assim, Tutmoses era "nascido do rei Tut ou Thot". Outros faraós do seu tempo incluem Amósis I e Kamés, que desapareceu da história após um reinado de três anos. O Moisés bíblico deve ter tido um prenome, como Tut, Ah ou Ka, mas isso foi descartado após o Êxodo. Não sabemos qual é seu nome completo. Entretanto, ele foi treinado como um general militar egípcio e um poderoso mago-sacerdote.

Quando se tornou um príncipe egípcio poderoso, com 40 anos, em uma viagem pelo campo, ele avistou um feitor de escravos matando um hebreu e perdeu a cabeça – matou o feitor egípcio. Sabendo que seria severamente punido por suas ações, Moisés fugiu para a região de Midiã que, em geral, acredita-se que ficasse localizada ao longo da costa norte do Mar Vermelho, a sul de Eilat e Aqaba. Hoje, essa área faz parte da Arábia Saudita.

Essa área também contém a misteriosa Jabal al-Lawz, uma montanha localizada no noroeste da Arábia Saudita perto da fronteira com a Jordânia, cujo nome significa montanha de amêndoas. É a montanha mais alta na região e foi sugerida como uma alternativa ao Monte Sinai, na península do Sinai, por conter o único vulcão parcialmente ativo nas redondezas. Em seu livro, *The Gold of Exodus*, Howard Blum assegura que o Monte Sinai descrito no Êxodo parecia ser um vulcão.[3]

Assim, a montanha de sarça ardente, o Monte Horebe, pode ter sido Jabal al-Lawz, situada na parte norte de Midiã.

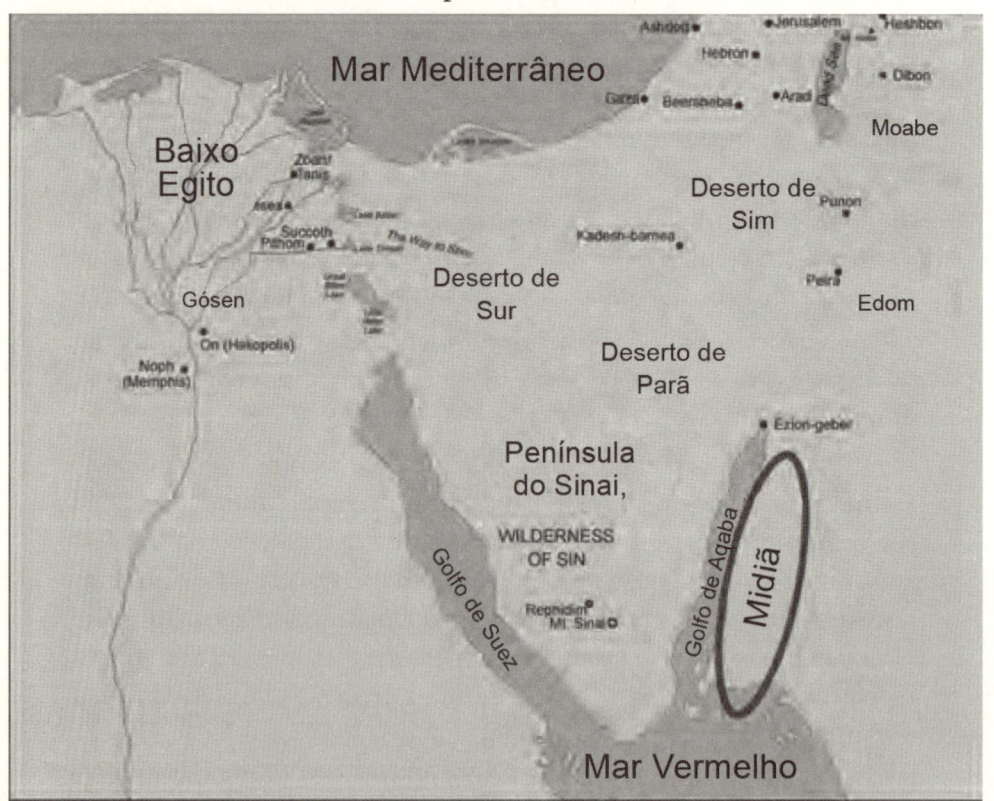

---

3. *The Gold Of Exodus*, Howard Blum, New York: Simon & Schuster, 1998.

Teoricamente, a sarça ardente teria sido algo que alguém poderia encontrar próximo ao seu cume durante as frequentes erupções.

Enquanto esteve em Midiã, Moisés salvou sete belas filhas de um sacerdote da cidade chamado Jetro (também Reuel ou Hobabe) de um grupo de pastores que pretendia se divertir com elas. Jetro adotou Moisés como seu filho e casou-o com sua filha Zípora. Moisés permaneceu em Midiã por 40 anos como o pastor-chefe de Hobabe. Reuel-Hobabe é o fundador espiritual ancestral da misteriosa seita drusa.

Parece que, durante esse tempo, Moisés viajou pelo Mar Vermelho até o porto axumita de Adúlis e, em seguida, para Axum, na Etiópia. O grande obelisco de Axum já estava erguido nessa época, e Moisés pode muito bem ter visitado o Lago Tana e outras regiões do país. Durante esse período, ele provavelmente desposou uma etíope e, embora seja mencionada no Gênesis, seu nome não é citado. O máximo que sabemos é que ele tem uma esposa chamada Zípora (de Midiã), outra esposa de origem etíope, e dois filhos com Zípora chamados Gerson e Eliezer.

O historiador romano Josefo diz que Moisés desposou uma mulher chamada Tarbis, enquanto foi general, no início de sua vida adulta. Moisés liderou os egípcios em uma campanha contra os invasores núbios e os derrotou. Em seguida, Moisés cercou a cidade núbia de Meru, de cujas muralhas Tarbis observou-o na liderança do exército egípcio. Ela se apaixonou por ele e concordou em se casar com Moisés e entregar-lhe o poder da cidade. Ela e Moisés casaram-se, mas Moisés, por fim, retornou ao Egito e ao exílio. A mulher etíope mencionada em Números 12:1 parece ter sido outra pessoa.

Um dia, quando ele tinha por volta de 80 anos, em Midiã, Moisés conduzia seu rebanho para o Monte Hobabe (Jabal al-Lawz) quando se deparou com a sarça ardente. Aproximando-se, Moisés notou uma voz que saía dela. Pensou que Deus falava com ele por meio da sarça ardente, e a voz se identificou como sendo Javé.

Moisés disse que Javé o instruiu a retornar para o Egito e libertar os hebreus de seu cativeiro. Moisés, com seu irmão Aarão, aprendera alguns truques de feitiçaria, tais como transformar um cajado em serpente (hipnotismo?) e também como causar – e curar – as chagas da lepra. Javé também dotou Moisés com o poder de transformar a água dos rios em sangue e outras formas de feitiçaria. Moisés retornou à corte do faraó, onde muito tempo havia passado e o faraó da opressão agora estava morto, assim como muitos membros da corte real da época. Um novo faraó tomara o poder e ele desafiou Moisés a derrotar seus magos. Moisés e Aarão transformaram seus cajados em serpentes e lutaram com os cajados transformados em serpentes dos sacerdotes egípcios.

Moisés e Aarão, então, viram as dez pragas que visitaram o Egito: 1) os peixes e outras formas de vida aquática foram mortos; 2) as rãs do Nilo infestaram o campo; 3) o Egito foi invadido por piolhos; 4) o Egito foi invadido por moscas; 5) a doença atacou o gado; 6) furúnculos incuráveis irromperam entre o povo; 7) tempestades e granizo destruíram plantações e edifícios; 8) gafanhotos cobriram os campos; 9) a região foi envolta em total escuridão; e 10) os filhos primogênitos do sexo masculino de todas as famílias egípcias morreram.

Quando o faraó perdeu seu filho primogênito, disseram-lhe que os hebreus deviam deixar o Egito. Todas as dez pragas afetaram apenas os egípcios e ignoraram os hebreus e, agora, eles comemoravam esses acontecimentos em um feriado de sete dias conhecido como Pessach.

A multidão de hebreus saiu apressada; em vez de deixar o pão que necessitariam como sustento fermentar, eles levaram pão ázimo (servido em Pessach). Conforme os israelitas se aproximavam da parte norte do Mar Vermelho, uma área pantanosa, o faraó mudou de ideia e ordenou que seu exército os perseguisse. Com o exército egípcio em seu encalço, os israelitas alcançaram o mar, e Moisés ergueu seu cajado e as águas abriram-se, permitindo que os hebreus atravessassem. Quando todos estavam na outra margem, Moisés ergueu o cajado novamente e o caminho se fechou, submergindo o exército do faraó.

Alguns estudiosos da Bíblia sugerem que um vento forte soprara na área pantanosa a norte do Mar Vermelho, fazendo com que as águas recuassem em uma maré baixa e, ao voltar, inundaram os pântanos quando o vento cessou de repente. Alguns historiadores sugerem que todo o conjunto de pragas pode ter sido uma série de desastres ecológicos causados pela explosão vulcânica do Tera, no Mar Egeu, por volta de 1500 a.C.

A CRIAÇÃO DA ARCA DA ALIANÇA

E, assim, temos um prelúdio da criação da Arca da Aliança, do tabernáculo, do Urim, do Tumim e outros artefatos. Os israelitas continuaram pelos desertos do Sinai e, aparentemente, pelo oeste da Arábia Saudita, já que Moisés conhecia a área. Quando eles chegaram a um lugar chamado Mara, as pessoas reclamaram que a água era muito amarga, então Moisés jogou uma árvore na água, tornando-a doce.

Dali a vários dias, eles reclamaram que a comida estava acabando e começaram a amaldiçoar Moisés, dizendo que tinham melhores condições no Egito. Nesse momento, Moisés soube que Javé resolveria o problema proporcionando maná como alimento matinal e bandos de codornizes para a noite.

Os israelitas chegaram à montanha de Deus, onde o sogro de Moisés, Jetro, visitou o povo. Sob a sugestão de Jetro, Moisés nomeou juízes para Israel.

Então, em Êxodo 19 vemos que Javé viria à montanha se apresentar aos israelitas, caso eles concordassem em ser seu povo. Eles aceitaram e, em seguida, reuniram-se ao pé da montanha. Foi-lhes dito que não tocassem em nada nem avançassem montanha acima ou seriam feridos pelo poder de Javé.

Em Êxodo 19:12-13, Moisés é advertido:

> E tu estabelecerás limites para as pessoas em redor, dizendo: Guardai-vos, não subais ao monte, nem toqueis sua fronteira: aquele que tocar o monte, certamente morrerá: nenhuma mão o tocará, pois ele certamente será apedrejado ou permeado; seja animal ou homem, não viverá: quando a trombeta soar longamente, eles deverão subir o monte.

Moisés, então, vai até os israelitas e os prepara para o encontro com Javé, que desce ao monte como uma espaçonave aterrissando em um porto espacial. Lemos em Êxodo 19:16-22:

> E aconteceu que ao terceiro dia, pela manhã, houve trovões e relâmpagos no monte, e o som da trombeta foi

excessivamente alto; e todas as pessoas que estavam no acampamento estremeceram. E Moisés trouxe as pessoas do acampamento para conhecerem Deus; e elas se puseram ao pé do monte. E o Monte Sinai ficou coberto por fumaça, porque o Senhor desceu sobre ele no meio do fogo: e a fumaça ascendeu como a fumaça de uma fornalha, e todo o monte tremeu com força. E o Senhor desceu ao Monte Sinai, sobre o cume do monte: e o Senhor chamou Moisés ao cume do monte; e Moisés subiu. E o Senhor disse a Moisés: Desça, advirta o povo que não trespasse o limite para ver o Senhor, pois muitos deles perecerão. E permita que também os sacerdotes, que se aproximam do Senhor, santifiquem-se, para que o Senhor não se lance sobre eles.

Uma gravura antiga que mostra os israelitas observando a manifestação de luzes no Monte Sinai.

Depois disso, Moisés e Aarão ouvem uma voz que os manda subir a montanha. Javé concede-lhes os Dez Mandamentos e, supostamente, toda a multidão de israelitas pode ouvir. Moisés sobe a montanha sozinho até a presença de Javé, que pronuncia o Código da Aliança (um código detalhado de rituais e leis civis), e promete ao povo Canãa, caso obedeçam. Moisés desce a montanha e escreve as palavras de Javé e o povo concorda em protegê-las.

Javé convoca Moisés, Aarão e os anciãos de Israel para subirem a montanha. Lá eles celebram na presença de Javé, embora apenas

Moisés possa se aproximar de Javé e falar com ele. Finalmente, Javé chama Moisés ao cume da montanha para receber um conjunto de tábuas de pedra que contém a lei, e ele e Josué sobem, deixando Aarão embaixo. Infelizmente, Aarão permite que uma estátua de um bezerro de ouro idólatra seja feita para enfurecer Moisés, e ele parte as tábuas escritas pela mão de Javé. Moisés retorna ao cume da montanha e faz um novo conjunto de tábuas com os Dez Mandamentos.

A partir desse momento, Moisés usa o véu porque seu rosto está radiante. Pouco tempo depois, ele retorna à montanha e é-lhe dito para construir a Arca da Aliança; e ele obedece.

Assim, o cenário está preparado para a nossa investigação sobre a Arca da Aliança. Javé e seus anjos parecem estar muito ativos em todo o Oriente Médio nessa altura, enviando emissários a Sodoma para analisar que tipo de povo vive ali – e, então, decidindo que as cidades devem ser destruídas.

Gravura antiga de Moisés com os Dez Mandamentos; seu rosto está escondido por um véu.

Esses "anjos" do Antigo Testamento são muito semelhantes a pessoas normais. Embora Ló reconheça-os como anjos, ou "servos do Senhor", outros na cidade não os veem como seres diferentes deles mesmos, mas como humanos atraentes com quem querem ter relações sexuais. O estupro homossexual desses visitantes não era algo que Javé ou os seus servos estariam dispostos a tolerar.

Nesse momento, um sacerdote egípcio rebelde chamado Moisés inicia uma nova religião, talvez com base na religião Atonista do Egito. Teria ele trazido consigo alguns artefatos de alta tecnologia do Egito? Seu deus lhe ofereceu uma aeronave, um disco voador ou vimana com que ele pudesse voar? Talvez tenha ocorrido algum hábil acordo prévio em que Moisés encontrou-se com um grupo de pessoas que tinham uma aeronave e o encontrariam no Monte Sinai ou em qualquer outro lugar que escolhessem. Com o brilho e o espetáculo da aterrissagem de uma aeronave, Moisés e Aarão falariam com os ocupantes da nave – talvez pessoas que eles já conheciam – e, então, transmitiriam à multidão de israelitas, composta por centenas de pessoas, como se Deus falasse com eles os mandamentos que eram, essencialmente, conceitos orientais de carma e um modo de vida inofensivo.

Com muita exaltação e agitação, a aeronave chega e parte e, como veremos, retorna para voar pelo céu e guiar o povo durante a noite, semelhante à Estrela de Belém.

E por que Moisés usou um véu após seus encontros com Javé? Seu rosto estava radiante – talvez parcialmente queimado por estar próximo a raios e trovões dessa aeronave ruidosa de Javé e seus amigos.

Essa aeronave devia ser uma máquina real e funcional que continha mais do que um ocupante. Pode ser uma nave espacial alienígena antiga desenvolvida e capaz de viajar para outros planetas. Ou talvez fosse apenas uma aeronave antiga e primitiva feita por humanos com a melhor tecnologia disponível em 3000 a.C., ou mesmo 15000 a.C. – talvez um balão ou zepelim a gás primitivo, ou uma nave avançada, com hélices e uma sala de controle totalmente elétrica. Talvez fossem as aeronaves dos anunnaki ou do Império Rama da Índia antiga. Podemos apenas especular.

Mas, por enquanto, vamos voltar ao futuro – de volta a um tempo de gigantes, raios elétricos mortíferos e guerras de extermínios e conquistas. Uma época em que grandes civilizações estavam em colapso e a Terra era atormentada por terremotos, vulcões e *tsunamis*. Mais tarde, exércitos maiores, como os babilônicos, atacariam Jerusalém e o Egito em conflitos ainda maiores.

Contudo, isso está a centenas de anos de distância. Por enquanto, Moisés e os israelitas precisavam conduzir todo o seu povo para as planícies do Moabe e, então, para a região de Canaã, onde destruiriam a cidade de Jericó. Eles levavam a Arca à frente em suas conquistas – uma arma terrível e destruidora.

Concepção artística da Arca da Aliança no templo.

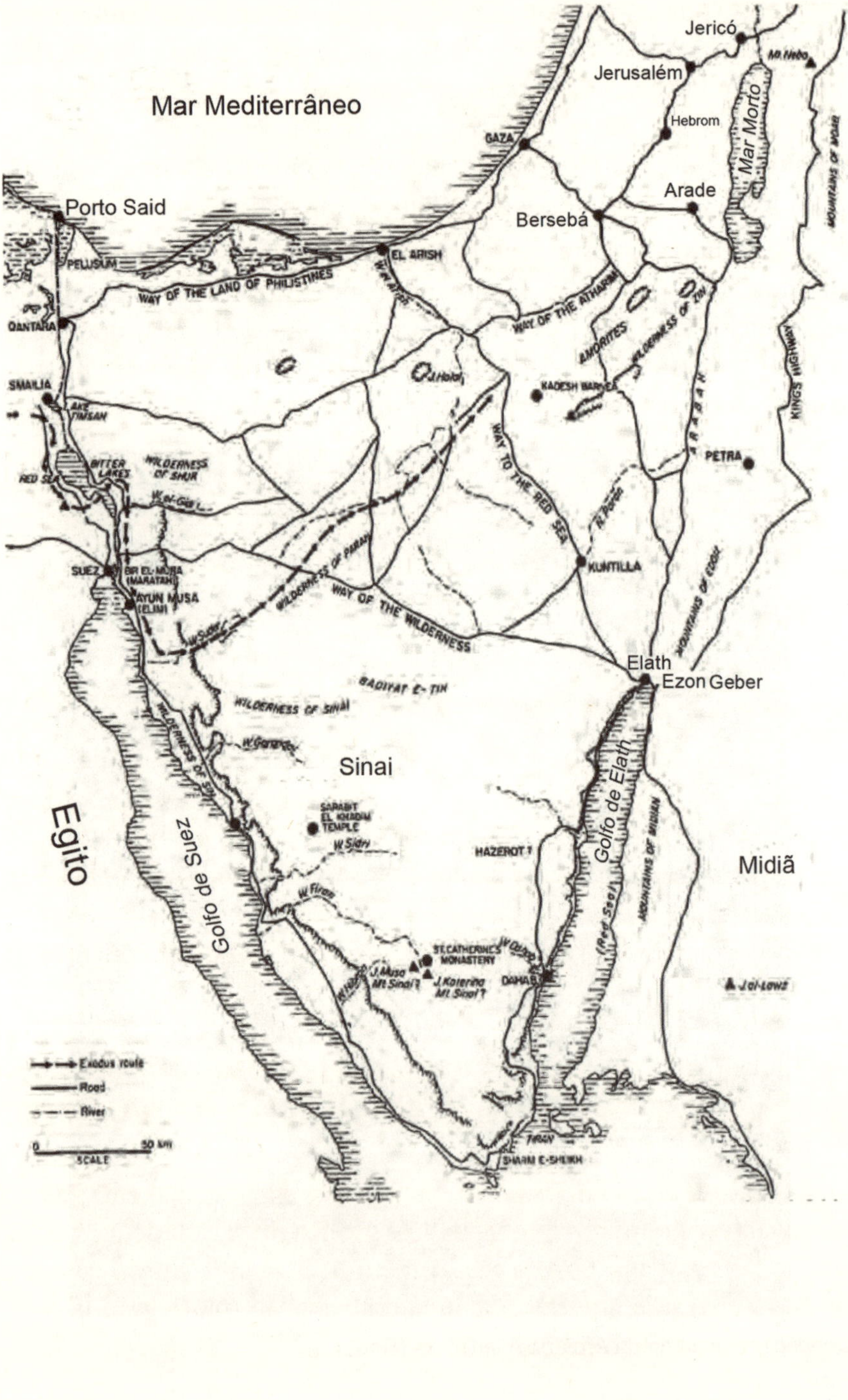

Mar Mediterrâneo
Jericó
Jerusalém
Hebrom
Mar Morto
Arade
Bersebá
GAZA
Porto Said
EL ARISH
PELUSIUM
WAY OF THE LAND OF PHILISTINES
QANTARA
WAY OF THE ATHARIM
AMORITES
KADESH BARNEA
PETRA
KINGS HIGHWAY
WAY TO THE RED SEA
KUNTILLA
SUEZ
BITTER LAKES
WILDERNESS OF SHUR
WAY OF THE WILDERNESS
Elath
Ezon Geber
WILDERNESS OF SINAI
Sinai
Egito
Golfo de Suez
Golfo de Elath
HAZEROT ?
ST.CATHERINE'S MONASTERY
DAHAB
Midiã
Exodus route
Road
River
SCALE

CAPÍTULO 4

Uma Arma Assustadora

"A Arca da Aliança foi o que me tirou do jornalismo tradicional. Perguntava-me: 'O que pode ser isso?'"
– *Graham Hancock*

A Arca da Aliança deve ser interpretada como duas, ou mesmo três, coisas separadas. Em primeiro lugar, ela é uma caixa com uma cavidade no meio que pode conter um objeto de tamanho médio, como algum tipo de dispositivo elétrico. Segundo, a "Arca" pode ser esse objeto contido dentro de caixa, algo poderoso e destrutivo. Terceiro, há o Propiciatório e a Glória Shekinah que ficam entre as estátuas douradas dos dois anjos, voltados um para o outro, na placa de ouro que é também a tampa da caixa. Todas essas três coisas têm sua função, mas cada uma é separada da outra. Há outra descrição da Arca como um veículo voador, algo que parece ser, mais uma vez, totalmente diferente.

A outra "arca" famosa da Bíblia é a arca de Noé, que era um navio gigantesco com um teto fechado e muitos níveis, ou deques, para acomodar pessoas, animais e suprimentos. Essa arca é uma caixa de madeira distinta e, nesse caso, uma embarcação muito grande para fugir do catastrófico dilúvio bíblico.

Normalmente, uma arca era um baú de madeira e metal que continha uma estátua de um deus, ou outro objeto sagrado, e era transportada por quatro ou seis homens à frente de um exército em marcha. O exército egípcio era conhecido por possuir uma arca contendo uma estátua do deus Ámon, que era transportada diante de uma tropa de soldados egípcios até os numerosos fortes no limite do reino do Egito.

Um desses fortes era a guarnição militar de Megido, no norte de Israel. Essa fortaleza, embora fisicamente em Israel, foi gerida por soldados egípcios durante centenas de anos em virtude da especial relação entre os dois países. Esse acordo seria semelhante às bases militares compartilhadas de hoje, como as bases da Otan na Turquia.

Dessa forma, uma arca era, tipicamente, um baú que continha um objeto importante. Que objeto a Arca da Aliança contém? Uma caixa de madeira e metal semelhante foi descoberta na tumba de Tutancâmon, em 1922. Essa caixa é descrita como seu baú de caça, decorado com cenas do jovem rei caçando em uma carruagem. A tampa não é articulada e simplesmente sai. Parece que tal baú continha por volta de 12 bumerangues. O baú e os bumerangues estão em exposição no Museu Egípcio, no Cairo. É um fato conhecido, embora pouco discutido, que os antigos egípcios caçavam com bumerangues idênticos aos utilizados pelos aborígenes australianos.

O Êxodo descreve a Arca da Aliança como um veículo para Javé se comunicar com Moisés. Quanto à noção de veículo associada a Javé, sabemos o seguinte acerca da Arca da Aliança:

1) Javé é uma nuvem de energia falante no Monte Sinai.
2) Javé também é uma nuvem de energia entre os anjos dourados da tampa da Arca.
3) Moisés (e outros) pode ouvir essa nuvem se dirigir a ela.
4) Essa nuvem de energia pode iluminar o recinto.
5) Essa nuvem de energia pode atacar as pessoas com energia e causar problemas de pele.
6) Essa nuvem de energia pode fulminar as pessoas e matá-las.
7) Essa Arca pode levitar e voar pelo ar.

8) Essa Arca pode dividir os rios e derrubar as grandes muralhas das cidades.

9) A Arca é o poder e a vontade de Javé, o Senhor.

Em virtude da construção da Arca, com camadas de ouro e transportada em varas douradas, é possível que ela agisse como um simples condensador elétrico, que com o tempo geraria eletricidade estática e a focaria em uma bola de fogo semelhante ao fogo de santelmo, na área central do disco dourado entre as duas estátuas dos querubins também dourados. Como estamos prestes a ver, a Arca possui mais poderes do que um condensador elétrico. Lembremo-nos de que o ouro é um excelente condutor de energia. Elemento metálico mole, o ouro é indestrutível, e todo o ouro de tempos antigos existe até hoje. Ele não enferruja ou oxida como a maioria dos outros metais. Entretanto, o ouro é muito mole para a criação de máquinas com partes móveis, apesar de utilizado em dispositivos elétricos da mais alta qualidade.

Quanto à voz de Javé que surge da Arca, podemos teorizar que algum tipo de transmissão por rádio ou telefone celular era realizada e, portanto, isso fazia parte do aparelho elétrico contido no baú. Por sua vez, a suposta comunicação entre Moisés e Javé por meio da Arca pode muito bem ter sido inventada por Moisés para aprimorar a vontade de "YHWH" (isto é, YAHWEH, ou Javé), ou a multidão de israelitas, um verdadeiro exército que marchou em torno do Sinai e pelo noroeste da Arábia durante décadas. Parece que a Arca era mais um dispositivo de energia do que um aparelho de comunicação; por isso, focaremos nesse aspecto do quebra-cabeça que é a Arca da Aliança.

O FOGO DE SANTELMO E O RAIO GLOBULAR

O fogo de santelmo é um fenômeno que ocorre quando o ar ionizado, um plasma – ou gás carregado eletricamente –, emite uma descarga de corona ou um brilho. Encontramos na *Wikipédia* uma boa definição da ciência elétrica que está por trás do fogo de santelmo:

> O fogo de santelmo é uma forma de matéria, chamada plasma, que também é produzida nas estrelas, chamas de alta

temperatura e raios. O campo elétrico à volta do objeto em questão causa a ionização das moléculas do ar, produzindo um brilho fraco facilmente visível em condições de pouca luminosidade. Aproximadamente 1.000 volts por centímetro provocam o fogo de santelmo; o número depende muito da geometria do objeto. Pontas finas diminuem a voltagem necessária porque os campos elétricos estão mais concentrados nas áreas de alta curvatura, assim, as descargas são mais intensas nas extremidades de objetos pontiagudos.

As condições que podem produzir o fogo de santelmo estão presentes em tempestades, quando diferenciais de alta voltagem ocorrem entre as nuvens e o solo abaixo delas. O brilho das moléculas de ar se deve aos efeitos de tal voltagem, produzindo o fogo de santelmo. O nitrogênio e o oxigênio da atmosfera terrestre fazem o fogo de santelmo florescer com as luzes azul e violeta, processo semelhante ao mecanismo que faz as luzes de neon brilharem.

Era um fenômeno frequentemente observado por navegantes. Personalidades como Colombo, Magalhães, César e Plínio, o Velho,

Gravura antiga do fogo de santelmo emanando do mastro de um barco durante uma tempestade.

escreveram a respeito do fogo de santelmo. Plínio, o Velho, documentou, no século I d.C., as chamas azuis que surgiam do nada durante ou logo após uma tempestade. Marinheiros atribuíam o brilho ao santo patrono dos marinheiros do Mediterrâneo, "Santo Elmo", uma pronúncia errada de Santo Ermo ou Santo Erasmo. Eles não temiam a luz azulada e acreditavam ser um sinal de salvação oferecida pelo santo, já que o fenômeno costumava ocorrer mais para o final da tempestade.

Para o fogo de santelmo ocorrer, basta a existência de determinadas condições atmosféricas que criam o fogo, mas com a Arca da Aliança havia outra fonte de acúmulo elétrico: a própria caixa, com suas camadas prensadas de paredes condutoras e não condutoras (a madeira).

Um fenômeno semelhante, porém mais misterioso, é o raio globular. A comunidade científica não consegue entrar em acordo quanto ao que é o raio globular, mas, definitivamente, não se trata do fogo de santelmo. O raio globular pode flutuar pelo ar, enquanto o fogo de santelmo fica imóvel, brilhando em torno do mastro de um navio, do cume de uma montanha, torre, etc.

O raio globular é um fenômeno elétrico atmosférico ainda não explicado. Em virtude dos muitos relatos de bolas esféricas

Gravura antiga de um raio globular entrando pela janela.

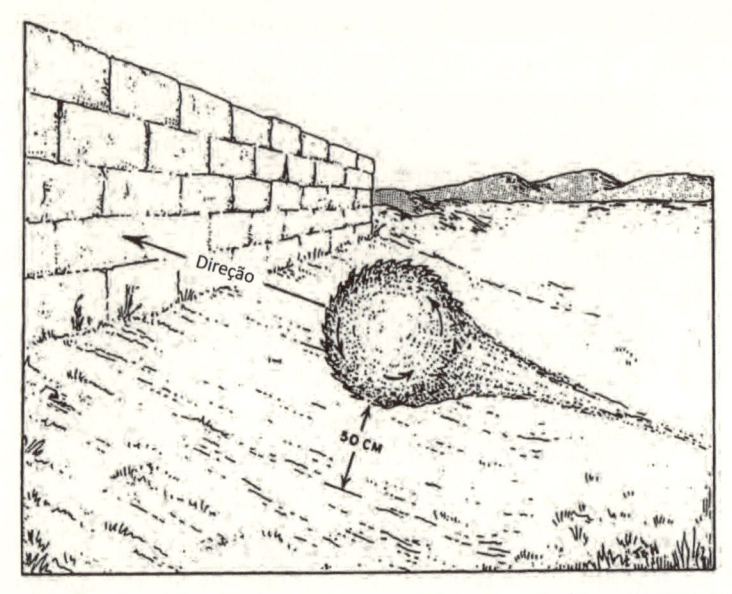

O raio globular surge subitamente e atinge um muro na África do Sul, 1920.

luminosas de vários tamanhos entrando em casas por dentro de chaminés ou até mesmo pela janela, esse fenômeno passou a ser estudado pelos cientistas. Às vezes, a bola simplesmente se dissipa e, em outras ocasiões, ela explode – algumas vezes com consequências fatais. Geralmente, os relatos associam o raio globular a tempestades. No entanto, um relâmpago dura apenas alguns segundos, enquanto o raio globular pode continuar por um tempo considerável.

O arquivista William Corliss dedica um capítulo extenso ao raio globular em seu livro *Remarkable Luminous Phenomena in Nature*.[4] Ao longo dos capítulos surgem: raio globular "comum", raio globular com projeções ou picos, raio globular com raios divergentes, raio globular com formato cilíndrico, raio globular duplo e triplo, efeitos eletromagnéticos do raio globular, raio globular artificial, raio globular repetitivo e uma dúzia de outros exemplos. O livro não deixa dúvidas de que o raio globular é um fenômeno extremamente variável. Trata-se de uma maravilha relativamente comum, mas

---

4. *Remarkable Luminous Phenomena in Nature*, William Corliss. Glen Arm (MD): Sourcebook Project, 2001.

pouco compreendida, que já mereceu a atenção de muitos cientistas de renome.

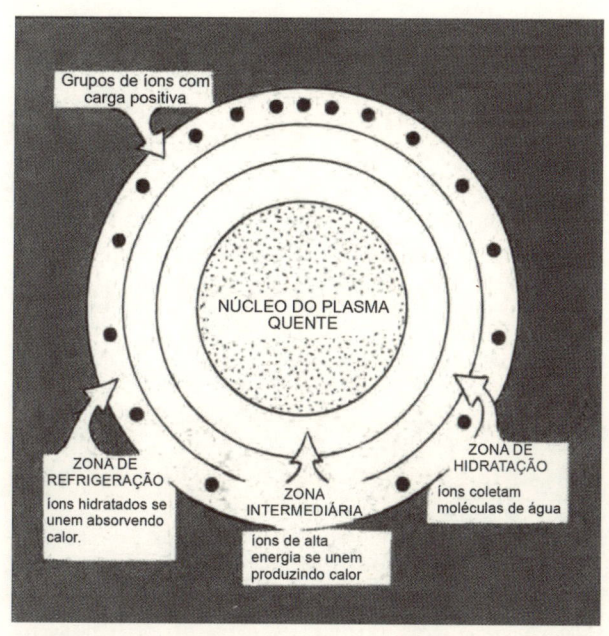

Diagrama teórico do raio globular criado por D. J. Turner.

Em seu livro *Ball Lightning Explanation Leading to Clean Energy*,[5] Clint Seward propõe que o raio globular seja um anel ou toroide de plasma giratório. Ele construiu um laboratório para produzir arcos elétricos e, ao modificar as condições, gerou bolas elétricas pequenas e brilhantes que imitam o raio globular e persistem na atmosfera após o arco terminar. Ao utilizar uma câmera de alta velocidade, Seward foi capaz de demonstrar que as bolas brilhantes eram toroides de plasma.

Seward publicou imagens dos resultados de seus experimentos, assim como seu método. Foi incluído o relato de um fazendeiro que observou um caso de raio globular formando-se em uma cozinha, e os efeitos que causou ao se mover em torno dela. Esse foi o único relato de testemunha ocular de um raio globular se formando

---

5. *Ball Lightning Explanation Leading to Clean Energy*, Clint Seward. Amazon.com, 2011.

e, em seguida, permanecendo em uma área até se dissipar, pelo menos de que o autor tenha conhecimento.⁶

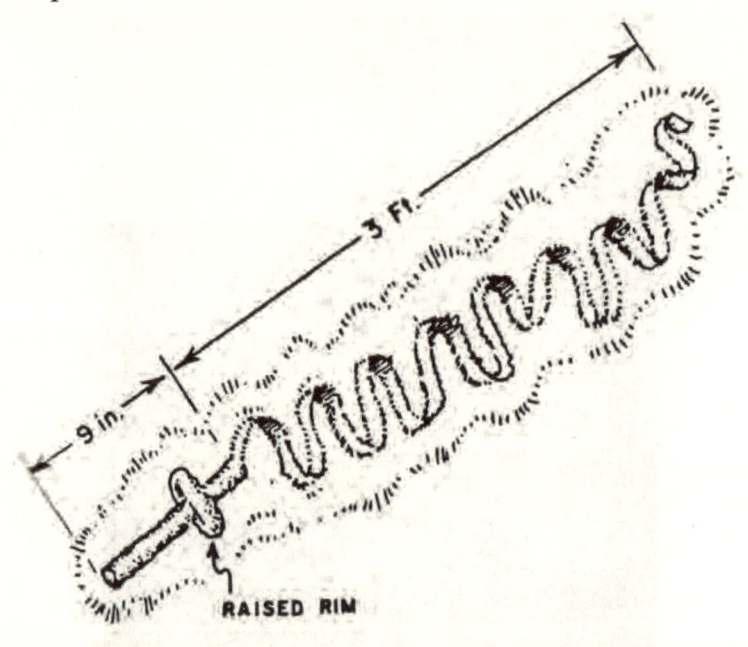

Testemunho de raio globular com uma cauda de fita brilhante.

James e Kenneth Corum, pesquisadores da empresa americana Tesla, produziram e fotografaram um tipo de raio globular utilizando uma bobina de Tesla que eles construíram especialmente para isso. Essa bobina criou efeitos de intermodulação e lançou bolas de fogo elétricas que variavam em diâmetro entre o tamanho de uma bola de pingue-pongue e uma bola de tênis. Essas bolas de fogo também podiam explodir ao chocar contra um objeto, produzindo um choque repentino.⁷

Seria a Arca da Aliança uma bobina de Tesla modificada que podia lançar bolas de fogo mortíferas em todas as direções à volta do dispositivo? Esse é um pensamento interessante que explicaria por que, como fizeram Moisés e Aarão, poderia salvar a vida de uma pessoa, enquanto as bolas de fogo voavam sobre suas cabeças.

6. *Idem, ibidem.*
7. *Idem, ibidem.*

Outro aparelho possível seria um gerador de Van de Graaff, que utiliza uma correia móvel para acumular cargas de energia em um globo de metal oco no topo de uma coluna isolada. Isso cria potenciais elétricos muito elevados e uma faísca pode ser vista pulando para outros objetos. Criada em 1929 pelo físico americano Robert Van de Graff, a diferença de potencial alcançada pelos geradores modernos de Van de Graaff pode chegar aos cinco megavolts.

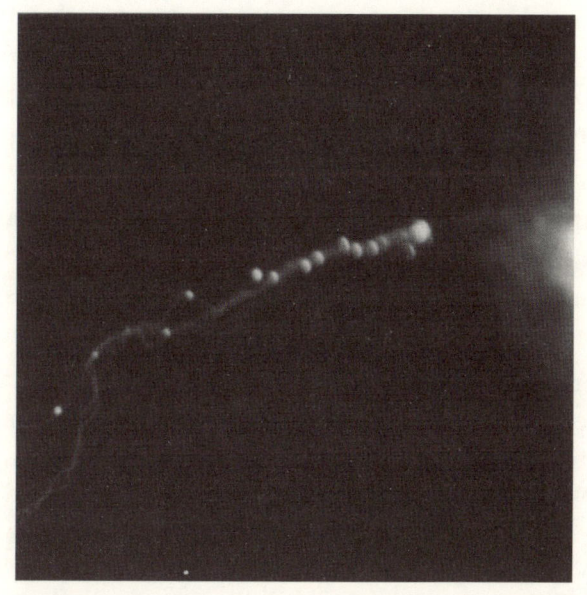

Bolas de fogo elétricas geradas por uma bobina de Tesla no laboratório de James e Kenneth Corum.

Um gerador de Van de Graaff simples consiste em uma correia de seda, ou em um material dielétrico flexível semelhante, correndo sobre duas roldanas de metal, uma delas envolta por uma esfera de metal oca. Dois eletrodos em colunas com forma de pente, e com pontas de metal afiado, são posicionados, respectivamente, perto do botão da roldana inferior e por dentro da esfera, por cima da roldana superior. Conforme a correia toca a roldana inferior, ela transfere alguns elétrons, deixando a roldana com uma carga negativa.

Em seguida, os elétrons escapam da correia para o pente superior e para o terminal, deixando a correia com carga positiva conforme ela retorna, e o terminal com carga negativa. A esfera acumula carga na superfície exterior até haver uma descarga elétrica e uma mudança na polaridade da correia. Esses geradores não possuem alta voltagem, mas são fáceis de produzir e trabalham supreendentemente bem.

Será que uma máquina simples, como uma bobina de Tesla ou um gerador de Van de Graaff, mantida dentro da caixa e utilizada para enviar descargas de bolas de fogo elétricas em todas as direções, causou pânico e mortes impressionantes àqueles que estavam próximos do dispositivo assustador? Muitas das descrições da Arca em ação soam de forma muito parecida com esse cenário. Também há os curiosos dispositivos elétricos representados nas paredes dos templos egípcios (que serão discutidos no próximo capítulo).

Assim, a estátua dourada podia muito bem ter um brilho do fogo de santelmo em seu disco central, mas esse disco dourado provavelmente não podia lançar bolas de fogo nas pessoas. Isso seria feito por um dispositivo separado mantido dentro da caixa.

No entanto, outro dispositivo é indicado pela Bíblia, e trata-se de algo que voa pelo ar. Ele é descrito essencialmente com uma aeronave com fumaça e luzes.

Morte e destruição ao estilo da Arca da Aliança

Depois de construir a Arca, Moisés relembra as pessoas de sua aliança e mostra a elas o próprio Javé, que se tornou uma coluna de fogo que orienta as pessoas durante a noite, e uma coluna de fumaça (nuvem), durante o dia. Trata-se de algo como uma aeronave com fumaça e luzes, que ou são partes integrais da operação da aeronave ou servem de efeitos especiais.

Quando o Senhor ameaça derrubar os israelitas porque não acreditam Nele, "apesar de todos os sinais que realizei entre eles", Moisés intercede pelo povo, dizendo que foi muito bem observado aquilo que o Senhor fez. De acordo com Números 14:13-14:

> E Moisés disse ao Senhor: "Os egípcios ouvirão falar disso, pois com Sua força o Senhor tirou esse povo de seu meio, e eles contarão aos habitantes da Terra: pois eles ouviram

falar que o Senhor, Javé, está entre esse povo, que o Senhor, Javé, é visto cara a cara, e que sua nuvem paira sobre eles, e que o Senhor passa diante deles, de dia, em uma coluna de fumaça, e em uma coluna de fogo à noite".

Pouco antes (Números 12:1-16), há um drama em torno da esposa etíope de Moisés, quando a esposa de Aarão, Miriam (tanto Moisés quanto Aarão tinham várias esposas), "fala contra ela". Então Javé desce ao tabernáculo como uma coluna de fumaça para colocar as coisas em ordem (Números 12:5-10):

> E Javé desceu na coluna de fumaça, e ficou diante da porta do tabernáculo, e chamou Aarão e Miriam: e ambos se aproximaram. E ele disse: "Ouçam agora minhas palavras: se há um profeta entre vocês, Eu, Javé, me darei a conhecer a ele em uma visão, e falarei com ele em um sonho. Com meu servo Moisés não é assim, pois ele é fiel em toda minha casa. Com ele falarei boca a boca, claramente e não em discursos sombrios; e à semelhança de Javé, ele observará: por que, então, você não temeu falar contra meu servo Moisés?" E a fúria de Javé se acendeu contra eles; e ele partiu. E a nuvem partiu do tabernáculo; e eis que Miriam ficou leprosa, a pele branca como a neve: e Aarão olhou para Miriam, e eis que ela estava leprosa.

Aarão implora a Moisés para curá-la e, após falar com Javé, Moisés diz que ela será curada. Miriam vai para sua tenda onde permanece durante sete dias e, em seguida, surge curada. Os israelitas, então, abandonam o local em que estavam acampados, um lugar chamado Hazerote, e vão para o deserto de Parã.

A família de Aarão ficou ainda mais aflita quando seus dois filhos mais velhos, tidos com sua esposa Eliseba, foram consumidos pelo fogo que emanou da presença do Senhor. Esses filhos, Nadabe e Abiú, faziam parte do seleto séquito que teve a permissão de subir o Monte Sinai e festejar na presença do Senhor. Eles saíram ilesos desse acontecimento, mas, no fim, cometeram um erro fatal.

Em Levítico 8, Aarão e seus filhos são ordenados como os primeiros sacerdotes. Em uma cerimônia conduzida por Moisés, seguindo as ordens recebidas de Javé, Aarão é vestido com o traje completo de um sacerdote, incluindo o peitoral que contém o Urim e o Tumim. Os homens são untados com óleo, realizam sacrifícios, comem as oferendas e lhes é dito para ficar à entrada do tabernáculo durante sete dias e "[...] fazer o que o Senhor exigir, para que você não morra".

No oitavo dia, Aarão e seus filhos realizam sacrifícios e os colocam sobre o altar. Vemos em Levítico 9:23-24:

> Moisés e Aarão, então, entram no tabernáculo. Quando saem, eles abençoam o povo, e a glória do Senhor aparece para todas as pessoas. O fogo surge com a presença do Senhor e consome a oferenda queimada e as partes de gordura no altar. E quando todas as pessoas viram isto, elas gritaram de alegria e caíram de cara no chão.

Os versículos logo a seguir, Levítico 10:1-4, dizem-nos:

> Nadabe e Abiú, os filhos de Aarão, pegaram os seus incensários, atearam-lhes fogo e acrescentaram incenso; eles ofereceram o fogo não autorizado diante do Senhor, contrariando seu comando. Assim, o fogo emanou da presença do Senhor e os consumiu, e eles morreram diante do Senhor. Em seguida, Moisés disse a Aarão: "Era a isso que o Senhor se referia quando ele disse: 'Dentre aqueles que se aproximam de mim, Eu serei provado como santo; diante de todo o povo, serei honrado'".

Isso parece um pouco severo. Dois recém-proclamados sacerdotes ficam em chamas porque falham ao levar o fogo para acender seus incensários no altar e, em vez disso, usam fogo "profano". Aqui, a visão religiosa é que os sacerdotes foram obstinados e presumíveis ao darem o passo para acender o incensário de qualquer maneira, porque Javé comandou (de forma muito detalhada) o que eles deveriam fazer, e Ele ainda não dissera que eles deveriam fazer isso naquele momento. Essa "presença do Senhor" não deve ser menosprezada!

O Senhor deve ter se sentido mal em virtude desse incidente, porque em Levítico 16:1-2 é relatado:

> O Senhor falou com Moisés após a morte dos dois filhos de Aarão, quando eles se aproximaram do Senhor e morreram, e o Senhor disse a Moisés: "Diga a Aarão, seu irmão,

para não vir a qualquer hora ao Local Sagrado dentro do véu, diante do Propiciatório que está na arca, para que ele não morra. Pois surgirei na nuvem sobre o Propiciatório".

Depois desses versículos, o Senhor estabelece as regras para o Dia do Perdão, que envolve Aarão penetrando o Santo dos Santos apenas uma vez por ano.

É difícil dizer nessas histórias se a presença do Senhor que queima coisas vem sempre do Propiciatório da Arca da Aliança. De fato, a presença parece se mover, mostrando-se às pessoas, marchando adiante como a coluna de fumaça, etc. Parece curioso que o "fogo estranho", como a antiga versão da Bíblia do rei Jaime (*King James' Bible*) o chama, incomodasse Javé tanto que Ele não pudesse se controlar, matando inocentes que apenas tentavam seguir suas ordens e lhe agradar.

Será que algo nos incensários, como o carvão quente, reagiu com o dispositivo elétrico que estava em cima da Arca causando o fogo que os consumiu? Talvez tenha sido apenas uma de muitas descargas da Arca que aconteciam de vez em quando; a Arca apenas causou uma descarga naquele momento e Javé realmente não se importou com o fogo estranho que vinha do incenso. A percepção, na época, era de que essa foi a causa óbvia da súbita descarga ardente proveniente da Arca, quando se tratou apenas de uma coincidência. A Arca era, sem dúvida, um aparelho poderoso com o qual não se devia brincar.

O capítulo 16 do Livro dos Números está repleto de perigos e desgraças das forças voláteis do Senhor. Coré, um descendente de Levi, Datã e Abirão, filhos de Eliabe, liderou uma revolta contra Moisés e Aarão, infeliz com o rumo das coisas durante a longa e árdua caminhada para a Terra Prometida. Eles queriam saber por que aqueles dois líderes deviam possuir todo o poder de decisão quando o Senhor estava entre toda a congregação, que contém muitas pessoas boas. Realmente, trazem 250 "príncipes da assembleia, famosos entre a congregação, homens de renome" para protestar com eles. Lemos em Números 16:4-7:

> E quando Moisés ouviu isso, se prostrou com o rosto no chão; e ele falou com Coré, e com todo o seu grupo, dizendo: "Amanhã o Senhor mostrará quem são os Seus, e quem é santo,

e fará com que ele se aproxime. Aquele que Ele escolheu se aproximará Dele.

Peguem seus incensários, Coré e todo o seu grupo, e coloquem fogo e incenso neles diante do Senhor, amanhã. E assim será, o homem que o Senhor escolheu, ele será santo. Basta, filhos de Levi".

Moisés salienta aos levitas que Deus concedera-lhes a honra de serem guardiões do tabernáculo e ministros da congregação, por isso não deviam cobiçar também o papel de Aarão e do sacerdócio. Ele exorta Datã e Abirão a ficarem do seu lado, mas eles ficam amargurados por serem retirados de uma terra de leite e mel e obrigados a vagar pelo deserto. Furioso, Moisés diz ao Senhor para não honrar nenhuma de suas oferendas, pois nunca feriu nenhum deles. Números 16:16-21 dizem:

E Moisés disse a Coré: "Estejam você e todo o seu grupo diante do Senhor, você e eles e Aarão, amanhã. E que cada homem leve seu incensário e coloque incenso nele, e você trará diante do Senhor todos os homens com seus incensários, 250 incensários, o seu também e o de Aarão, cada um de vocês com seu incensário".

E cada homem levou seu incensário e acendeu-o, e ficou diante da porta do tabernáculo da congregação com Moisés e Aarão. E Coré reuniu toda a sua congregação contra eles na porta do tabernáculo da congregação; e a glória de Javé apareceu para toda a congregação.

E Javé falou com Moisés e Aarão, dizendo: "Separem-se dessa congregação, pois a consumarei em um instante".

Aarão e Moisés prostraram-se e rogaram ao Senhor para que não punisse a todos pelo pecado de um homem. Então, o Senhor ordena a Moisés que vá dizer ao povo que saia das tendas de Coré, Datã e Abirão. Moisés, seguido pelos anciãos, vai às suas tendas, onde os homens o encontram, à entrada, com suas esposas e filhos. Moisés alerta-os para que saiam e não toquem em nada de seus pertences, "para que não sejam consumidos por todos os seus pecados". Muitas pessoas saem das tendas. O Livro dos Números (16:28-35) relata:

Então Moisés disse: "Dessa forma você saberá que o Senhor me enviou para fazer todas essas coisas e que não foi ideia minha. Se estes homens morrerem uma morte natural e sofrerem o destino de toda a humanidade, então o Senhor não me enviou. Mas se o Senhor causar algo totalmente novo, e a terra abrir sua boca e os engolir, com tudo que lhes pertence, e eles entrarem vivos no reino dos mortos, então você saberá que estes homens trataram o Senhor com desprezo".

Assim que ele terminou de dizer tudo isso, o chão por baixo deles abriu-se e a terra abriu sua boca e engoliu a eles e a suas casas, e a todos aqueles associados a Coré, junto com suas posses. Eles entraram vivos no reino dos mortos, com tudo que possuíam; a terra fechou-se sobre eles, e eles pereceram e deixaram a comunidade. Ao ouvir os seus gritos, todos os israelitas em torno deles correram, gritando: "A terra também nos engolirá!"

E o fogo saiu do Senhor e consumiu os 250 homens que ofereciam o incenso.

Então, o Senhor instruiu Moisés que o filho de Aarão devia extrair os incensários dos restos chamuscados e espalhar os carvões longe do acampamento. Os incensários deviam ser martelados em um revestimento para o altar.

No dia seguinte, toda a congregação ficou consternada, acusando Moisés e Aarão de matarem o povo do Senhor. O final de Números 16 diz (versículos 42 a 50):

> E quando a assembleia se reuniu em oposição a Moisés e Aarão e virou-se para o tabernáculo, de repente a nuvem cobriu-a e a glória do Senhor apareceu. Então, Moisés e Aarão foram para a frente do tabernáculo, e o Senhor disse a Moisés: "Distancie-se dessa assembleia para que eu possa pôr um fim nela imediatamente". E eles se prostraram com o rosto no chão.
>
> Então, Moisés disse a Aarão: "Pegue seu incensário e coloque incenso nele, e também carvão em brasa do altar, e corra para fazer a expiação pela assembleia. A ira emanou do Senhor, a praga iniciou". E Aarão fez como Moisés disse, e correu para o meio da assembleia. A praga já começara entre o povo, mas Aarão ofereceu o incenso e fez a oração da expiação por todos. Ele

ficou entre os mortos e os vivos, e a praga parou. Mas 14.700 pessoas morreram com a praga, além daquelas que morreram por causa de Coré. Em seguida, Aarão retornou a Moisés, à entrada do tabernáculo, pois a praga cessara.

Assim, aqui temos a Arca matando pessoas com um raio repentino, além de uma praga ou alguma doença causada por radiação. A Bíblia também indica que ela causou um terremoto. Podemos pensar que esse terremoto (caso tenha realmente ocorrido) foi apenas uma coincidência e que houve um grande exagero acerca do acontecimento real – não podemos saber com certeza.

Entretanto, parece claro que existe algum tipo de máquina elétrica na caixa capaz de desenvolver uma carga de eletricidade poderosa. Há uma sugestão de radiação saindo do dispositivo indicada por Moisés, que diz ao povo, "[...] e sem tocar nenhum de seus pertences, para que não sejam consumidos em todos os seus pecados". Talvez houvesse algum resíduo prejudicial – como radiação – persistente em suas roupas e joias. Enquanto todas as posses das pessoas se tornavam tabu, apenas aquilo que elas vestiam no momento de sua morte realmente importava.

Também há o curioso incidente da criação do maná para alimentar os israelitas durante o tempo da fome. Isso foi atribuído à Arca da Aliança, e se o maná foi criado pela máquina, ela seria um dispositivo bastante multifuncional, talvez algum tipo de aparelho de impressora 3D e, naquele momento, provavelmente controlado por antigos extraterrestres ou alguma fonte de tecnologia ultraelevada.

Na série de televisão americana *Alienígenas do Passado* foi sugerido que essa "Máquina de Maná" possuía poderes atômicos e também a habilidade de criar maná e destruir as pessoas, dependendo de que lado o botão era girado, por assim dizer.

Parece pouco provável que o dispositivo de alta tecnologia contido na Arca utilizasse energia nuclear – mas algum tipo de bateria sofisticada? Sim. Essa bateria, possivelmente, era carregada pela lenta acumulação de poder estático do condensador dourado e da caixa de madeira.

O poder de Javé e a Batalha de Jericó

Os israelitas prosseguiram pelos desertos do Sinai e pelo leste da Arábia (Midiã) e, no final do livro do Deuteronômio, vemos como

Moisés e seu grande grupo de homens, mulheres, crianças e animais chegaram ao Monte Pisga, no lado leste do Mar Morto e do Rio Jordão. A maioria dos historiadores bíblicos considera que o Monte Pisga seja uma parte da cordilheira de Abarim, e que o Monte Nebo era o pico mais alto do Monte Pisga;[8] e foi esse que Moisés escalou. Dali, ele avistou a Terra Prometida e a cidade fortificada de Jericó ao longe, mas não deveria atravessar o Jordão. Deuteronômio 34 diz:

> E Moisés subiu o Monte Nebo pelas planícies do Moabe até o topo do Pisga,[8] através de Jericó. Ali, o Senhor mostrou-lhe toda a região – de Gileade a Dã, por todo o Naftali, e o território de Efraim e Manassés, toda a terra da Judeia até o Mar Mediterrâneo, o Negev e toda a região, desde o Vale de Jericó, a Cidade das Palmeiras, até Zoar. Então, o Senhor disse a ele: "Essa é a terra que prometi em juramento a Abraão, Isaac e Jacó, quando eu disse: 'Eu a darei aos seus descendentes'. Permiti que você a visse com seus olhos, mas você não atravessará até ela". E Moisés, o servo do Senhor, morreu ali, na terra de Moabe, como o Senhor dissera. Foi sepultado em Moabe, no vale em frente a Baal Peor, mas até hoje ninguém sabe onde está sua sepultura. Moisés tinha 120 anos quando morreu; no entanto, seus olhos não estavam fracos nem sua força o abandonara. Os israelitas fizeram o luto de Moisés nas planícies do Moabe, durante 30 dias, até terminar o período de choro e lamento. Josué, filho de Num, estava pleno com o espírito de

Gravura antiga da destruição de Jericó.

---

8. N.T.: Em algumas traduções da Bíblia, o pico é citado como *Fasga*.

sabedoria porque Moisés o tocara. Assim, os israelitas ouviram-no e fizeram aquilo que o Senhor ordenara a Moisés.

Moisés, com 120 anos de idade, agora estava morto. Josué estava no comando do grande grupo de hebreus, e ele necessitaria do poder da Arca para atravessar o Rio Jordão e, por fim, atacar e destruir a antiga cidade fortificada de Jericó. Em Josué, capítulo 2, vemos como Josué enviou espiões para a outra margem do Jordão, a Jericó, para verificar as defesas da cidade. Dão a eles o nome de uma prostituta, Raabe, e ela os abriga. De certo modo, ela administra uma hospedaria e bordel em Jericó e, provavelmente, sabe que os israelitas desejam destruir a cidade e matar todas as pessoas, mas ela parece não se importar. Ela diz aos espiões que todos na vizinhança estão com medo da grande multidão de Israel – literalmente um exército gigantesco – na margem oriental do Jordão.

Em Josué 3, ficamos sabendo como a Arca da Aliança é capaz de abrir as águas do Rio Jordão, que estão em estágio de inundação:

> De manhã cedo, Josué e todos os israelitas partem de um lugar chamado Sitim e vão para o Rio Jordão, onde acampam durante alguns dias antes de fazer a travessia. Depois de três dias, os oficiais percorreram o acampamento, dando ordens ao povo: "Quando avistarem a Arca da Aliança do Senhor, seu Deus, e os sacerdotes levíticos que a transportam, vocês devem abandonar suas posições e segui-la. Então vocês saberão que caminho seguir, já que nunca estiveram aqui antes. Mas mantenham uma distância de, mais ou menos, dois mil cúbitos entre vocês e a arca; não se aproximem dela". Josué disse ao povo: "Consagrem-se, pois amanhã o Senhor fará coisas impressionantes entre vocês". Josué disse aos sacerdotes: "Ergam a Arca da Aliança e levem-na à frente do povo". Então, eles a ergueram e foram diante deles.
>
> E o Senhor disse a Josué: "Hoje começarei a exaltá-lo diante de todo o Israel, para que eles saibam que estou com você, assim como estou com Moisés. Diga aos sacerdotes que transportam a Arca da Aliança: 'Quando chegarem às margens das águas do Jordão, entrem e permaneçam no rio'".
>
> [...] Então, agora, escolham 12 homens entre as tribos de Israel, um de cada tribo. E assim que os sacerdotes que transportam a Arca do Senhor – o Senhor de toda a terra –

colocarem os pés no Jordão, suas águas que fluem correnteza abaixo serão interrompidas e formarão um monte.

Então, quando o povo desmontou o acampamento para atravessar o Jordão, os sacerdotes que transportavam a Arca da Aliança partiram diante de todos. Nesse momento, o Jordão estava em estágio de inundação durante toda a colheita. Entretanto, assim que os sacerdotes que transportavam a Arca chegaram ao Jordão e seus pés tocaram a margem da água, a água ascendente parou de fluir. Ela se empilhou em um monte a uma distância grande, em uma cidade chamada Adã, nas proximidades de Zaretã, e a água que fluía para o Mar de Arabá [Mar Morto] foi completamente interrompida. Assim, o povo atravessou para a outra margem de Jericó. Os sacerdotes que carregavam a Arca da Aliança do Senhor pararam no meio do Jordão e pisaram em solo seco, enquanto todo o Israel passou, até toda a nação ter completado a travessia em solo seco.

Após a travessia do Jordão, descobrimos, em Josué 4, que Javé instrui Josué a fazer com que um homem de cada uma das 12 tribos pegue uma pedra do leito do rio seco e leve-a para o acampamento como um sinal do poder de Deus. No final de Josué 4, o novo líder ordena que os sacerdotes saiam do Jordão com a Arca, e quando o fazem, as águas voltam a correr e o fluxo normal do rio é restabelecido. Os israelitas acampam em um local chamado Gilgal, na fronteira leste da terra de Jericó.

No capítulo seguinte, Josué 5, sabemos que os reis amoritas na margem ocidental do Jordão, e os reis canaanitas da costa, ouvem falar desse acontecimento e já não têm coragem de lutar com os israelitas, pois têm medo deles. Praticamente cederam Jericó aos israelitas. Os israelitas acampam em Gilgal por algum tempo e celebram Pessach. Também, desde que os israelitas deixaram o Egito, eles não fizeram circuncisão nos rapazes; assim, todos esses homens são agora circuncidados e permanecem no acampamento. A circuncisão era uma prática comum no antigo Egito, e um dos mandamentos de Javé.

Então, no final de Josué 5, acontece um encontro estranho entre Josué e um homem com uma espada nas proximidades de Jericó. O encontro continua por Josué 6, Em Josué 5:13-15, lemos:

Agora, quando Josué estava perto de Jericó, ele olhou para cima e viu um homem diante dele com uma espada desembainhada em sua mão. Josué foi até ele e perguntou: "Você está conosco ou com nossos inimigos?" "Nenhum dos dois", ele respondeu, "mas como comandante do exército do Senhor, agora venho". Então, Josué se prostrou com o rosto voltado para o solo em reverência, e perguntou: "Que mensagem o meu Senhor tem para seu servo"? O comandante do exército do Senhor respondeu: "Tire suas sandálias, pois o solo em que você pisa é sagrado". E Josué assim o fez.

Quem é esse homem estranho, algum tipo de anjo, como aqueles descritos nas histórias de Sodoma e Gomorra, que espera por Josué nos arredores de Jericó? Em seguida, lemos que a cidade de Jericó simplesmente se fechou e trancou seus portões em virtude do gigantesco exército de israelitas acampado nas proximidades:

Com os portões de Jericó fechados contra os israelitas, ninguém entrava e ninguém saía. Então, o Senhor disse a Josué: "Veja, entreguei Jericó em suas mãos, assim como seu rei e seus guerreiros. Marche em torno da cidade, uma vez, com todos os homens armados. Faça isso durante seis dias. Faça com que sete sacerdotes levem trombetas de chifre de carneiro à frente da Arca. No sétimo dia, marche em torno da cidade sete vezes, com os sacerdotes tocando as trombetas. Quando os ouvir entoar um longo sopro nas trombetas, faça com que todo o exército emita um grito alto; então a muralha da cidade colapsará e o exército entrará, desimpedido" (Josué 6:1-5).

Josué aceita o conselho do homem com a espada – que posteriormente é chamado de Senhor (Javé) –, e instrui seu exército a fazer como o homem dissera. Josué 6:11-21 diz:

E Josué, filho de Num, convoca os sacerdotes e diz a eles: "Façam a Arca do Senhor ser transportada à volta da cidade, contornando-a uma vez". Então, o exército voltou e passou a noite ali. Josué levantou cedo na manhã seguinte e os sacerdotes carregaram a Arca do Senhor. Os sete sacerdotes, com as sete trombetas, seguiram marcha, à frente da Arca do Senhor e soprando suas trombetas. Os homens armados foram na dianteira deles, e a retaguarda seguiu a Arca do Senhor, enquanto as trombetas soavam. Assim, no segundo dia, eles marcharam em torno da cidade uma vez e retornaram ao acampamento. Assim fizeram durante seis dias.

No sétimo dia, eles se levantaram ao raiar do dia e marcharam em torno da cidade da mesma forma, exceto que, naquele dia, contornaram a cidade sete vezes. Na sétima vez, quando os sacerdotes soaram as trombetas bem alto, Josué comandou o exército:

"Gritem! Pois o Senhor concedeu-lhes a cidade! A cidade e tudo que há nela devem ser dedicados ao Senhor. Apenas Raabe, a prostituta, e todos que estão com ela em sua casa serão poupados, pois ela escondeu os espiões por nós enviados. Mas mantenham distância das coisas consagradas, para que não causem sua própria destruição ao tocar em qualquer uma delas. Senão, vocês deixarão o acampamento de Israel sujeito à destruição e causarão problemas. Toda a prata, ouro e os artigos de bronze e ferro são sagrados para o Senhor e devem ir para seu cofre".

Quando as trombetas soaram, o exército gritou e, ao som da trombeta, quando os homens deram um grito alto, a muralha desmoronou; e todos correram para dentro e tomaram a cidade. Eles dedicaram a cidade ao Senhor e destruíram com a espada todos os seres vivos que nela se encontravam: homens e mulheres, jovens e velhos, gado, ovelhas e burros.

Após a destruição de Jericó, Josué ordenou que as ruínas da cidade fossem queimadas e amaldiçoou qualquer homem que a reconstruísse, pois ele o faria a custo de seu filho primogênito. As grandes

Gravura antiga da destruição de Jericó.

ruínas das muralhas exteriores existem até hoje. Acreditava-se que elas faziam parte da cidade mais antiga do mundo.

A destruição de Jericó tornou-se uma história famosa da Bíblia, no entanto, não fica realmente claro como as muralhas ruíram. A Arca parece ter algo a ver com o caso, e o soar das trombetas e os gritos dão a impressão de algum tipo de arma sônica – um tipo de aparelho parecido com um canhão sonoro – que faria as muralhas de Jericó tremerem como um terremoto e desmoronarem. De fato, parece que a destruição das muralhas aconteceu durante um terremoto, talvez artificialmente criado ou previsto para ocorrer em um momento específico.

E quem era o homem com a espada, comandante do exército de Javé, que Josué encontrou? Ele parecia saber algo a respeito do poder da Arca da Aliança que Josué não sabia. Teria ajudado, de alguma forma, na destruição das muralhas de Jericó? Talvez ele e seu exército sagrado tivessem os canhões sônicos necessários para romper as muralhas espessas.

Aliás, estaria esse misterioso homem de posse de uma aeronave vimana de várias tecnologias e armas que um vimana comportava? Como descrevi em meu livro *Vimana: Flying Machine of the Ancients*,[9] textos antigos da Índia, e de outros lugares, descrevem veículos voadores que são utilizados por reis e príncipes em viagens de grandes distâncias, e para travar guerras contra seus vizinhos e inimigos.

Será que esse misterioso estranho, que trazia conselhos de como tomar uma cidade fortificada, pertencia à Índia antiga, Tibete ou qualquer outra parte, e possuía algum equipamento razoavelmente sofisticado, inclusive uma aeronave? Ou, da mesma forma, talvez ele fosse algum tipo de astronauta do passado que queria guiar os israelitas para a vitória, como alguns teóricos de astronautas na antiguidade facilmente insinuariam.

É muito provável que a marcha e o soar dos chifres em torno da cidade de Jericó fossem um sinal para um poder maior, tal como um

---

9. *Vimana: Flying Machines of the Ancients*, David Hatcher Childress. Kempton (IL): AIP, 2013.

vimana ou dois, que libertaria uma onda sônica devastadora contra as muralhas da cidade, e causaria rachaduras e rupturas, semelhantes a um terremoto localizado – esse artificialmente criado pelo homem, como afirma a Bíblia. Esses zepelins nem precisariam ser vistos pelas pessoas, e utilizariam armas de longo alcance para atingir seus objetivos.

Eu concluo que a Arca não foi totalmente responsável pelo desmoronamento das muralhas de Jericó, e uma segunda fonte de energia destrutiva, mais poderosa que a máquina elétrica contida na Arca, foi utilizada. Essa arma foi, provavelmente, libertada por algum tipo de aeronave, o mesmo que guiou Moisés e os israelitas pelo deserto e aterrissou no Monte Sinai com muito fogo e luz.

A Arca é levada para Siló

Após a destruição de Jericó, Josué conduziu o grupo de israelitas para um local chamado Siló, nas colinas a oeste de Jericó. Embora os arqueólogos não estejam totalmente certos, acredita-se que Siló ficasse localizada perto da moderna Betel, na Cisjordânia. Siló tornou-se a primeira capital de Israel; aqui, Josué estabeleceu o antigo santuário da tenda do deserto, chamado de tenda de reuniões, ou tabernáculo, e no interior desse recinto, ele dividiu a terra entre as 12 tribos.

O Santo dos Santos também foi estabelecido em Siló, e a Arca da Aliança foi instalada dentro dele. Supostamente, ela permaneceu nesse recinto por 369 anos ("fontes talmúdicas" – *Wikipédia*), até ser levada para o campo de batalha em Eben-Ezer, quando os israelitas entraram em guerra com os filisteus (1 Samuel 4:3-5).

Subsequentemente, Siló tornou-se um dos principais santuários religiosos da antiga Israel, estatuto que manteve até pouco antes da elevação de Jerusalém, feita por Davi.

Após a derrota pelas mãos dos filisteus, em Ai (será discutida em breve), Josué se lamentou diante da Arca (Josué 7:6-9). Quando leu a Lei para o povo, entre o Monte Gerizim e o Monte Ebal, todos se posicionaram em cada lado da Arca. A Arca foi novamente instalada em Siló por Josué, mas quando os israelitas lutaram contra

Benjamin em Gibeá, eles tinham a Arca consigo e a consultaram depois de sua derrota.

A CAPTURA DA ARCA E A DESTRUIÇÃO EM MASSA

Os dois livros de Samuel contêm mais relatos sobre o espantoso poder da Arca. Em 1 Samuel, sabemos que uma mulher sem filhos, Ana, jura a Javé que se ela tiver um filho, ele será dedicado a Javé e à Arca. Eli, o sacerdote do tabernáculo em Siló, abençoa Ana e nasce um menino chamado Samuel. Samuel é dedicado ao Senhor e se torna um servo de Eli no tabernáculo.

Samuel torna-se o sacerdote subchefe do tabernáculo, depois de Eli, que é guardião da Arca. Dizem-nos, então, no início de 1 Samuel 4, que os israelitas entrarão em guerra com os filisteus, que vivem a norte de Israel:

> E a palavra de Samuel chegou a todo o Israel. Agora os israelitas foram lutar contra os filisteus. Os israelitas acamparam em Ebenézer, e os filisteus em Afeque. Os filisteus mobilizaram suas forças de encontro a Israel, e conforme a batalha expandia-se, os israelitas foram derrotados pelos filisteus, que mataram em torno de quatro mil deles no campo de batalha. Quando os soldados retornaram ao acampamento, os anciãos de Israel perguntaram: "Por que o Senhor trouxe a derrota a nós, hoje, perante os filisteus? Vamos trazer a Arca da Aliança com o Senhor de Siló, para que ele possa ir conosco e nos salvar das mãos de nossos inimigos". Então, o povo enviou homens a Siló, e eles trouxeram a Arca da Aliança do Senhor Todo-Poderoso, que está entronado entre os querubins. E os dois filhos de Eli, Hofni e Fineias, estavam presentes com a Arca da Aliança de Deus. Quando a Arca da Aliança do Senhor entrou no acampamento, todo o Israel gritou tão alto que a terra estremeceu.
>
> Ao ouvir a comoção, os filisteus perguntaram: "O que é essa gritaria no acampamento dos hebreus?" Quando eles souberam que a arca do Senhor chegara ao acampamento, os filisteus ficaram com medo. "Um deus entrou no acampamento", eles disseram. "Ó, não! Nada parecido acontecera antes. Nós estamos condenados! Quem nos livrará das mãos desses deuses poderosos? Eles são os deuses que atacaram os egípcios com todo o tipo

de pragas no deserto. Sejam fortes, filisteus! Sejam homens ou estarão sujeitos aos hebreus, como eles estiveram sujeitos a vocês. Sejam homens e lutem!" E os filisteus lutaram, e os israelitas foram derrotados e cada homem fugiu para sua tenda. A matança foi muito grande; Israel perdeu 30 mil soldados. A Arca de Deus foi capturada, e os dois filhos de Eli, Hofni e Fineias, morreram (1 Samuel 4:1-11).

A notícia da captura da Arca e da morte dos filhos de Eli é imediatamente levada a Siló, por um mensageiro "com as roupas rasgadas e com terra sobre a cabeça". O velho sacerdote, Eli, cai de sua cadeira e morre quando ouve a notícia.

Os filisteus levam a Arca para o templo de seu deus Dagon, que reconhece a supremacia de Javé. Os filisteus são afligidos por pragas e decidem devolver a Arca para os israelitas. 1 Samuel 5:1-8 diz:

> Após os filisteus capturarem a Arca de Deus, eles a transporram de Ebenézer a Asdode. Então, carregaram a Arca para o interior do templo de Dagon e a colocaram ao lado de Dagon. Quando o povo de Asdode se levantou cedo, no dia seguinte, Dagon estava prostrado com o rosto sobre o chão diante da Arca do Senhor! As pessoas pegaram Dagon e o colocaram de volta no seu lugar. Mas na manhã seguinte, quando se levantaram, Dagon estava prostrado sobre o chão, diante da Arca do Senhor! Sua cabeça e suas mãos estavam quebradas e estendidas no umbral, apenas seu corpo permaneceu. É por isso que, até hoje, nem os sacerdotes de Dagon, nem ninguém que entre no templo de Dagon, em Asdode, pisa no umbral.
>
> A mão do Senhor foi pesada com o povo de Asdode e suas proximidades; Ele lhes trouxe devastação e os afligiu com tumores. Quando o povo de Asdode viu o que acontecia, disse: "A Arca do deus de Israel não pode ficar aqui conosco, porque sua mão é pesada sobre nós e sobre Dagon, nosso deus". Então, os indivíduos reuniram todos os governantes dos filisteus e perguntaram a eles: "O que devemos fazer com a arca do deus de Israel?"

Nesse momento, outro incidente de destruição em massa ocorre quando a Arca é levada de volta a Israel, em um carro de bois. Quando chegam à pequena cidade de Bete-Semes, ela mata, com um tipo de descarga de energia, 70 homens da aldeia. Essa história bizarra é contada em 1 Samuel 6:1-16:

> A Arca do Senhor permaneceu no país dos filisteus por sete meses. E os filisteus chamaram os sacerdotes e os adivinhos e disseram: "O que devemos fazer com a Arca do Senhor? Digam-nos como mandá-la para seu lugar". Eles disseram: "Se vocês mandarem a Arca do Deus de Israel embora, não a mandem vazia, decerto enviem uma oferenda de expiação. Então vocês serão curados, e saberão por que a mão Dele não se afasta de vocês". E eles disseram: "Qual é a oferenda de expiação que devemos oferecer a ele?"
>
> Eles responderam: "Cinco tumores dourados e cinco ratos dourados, de acordo com o número de senhores entre os filisteus, pois a mesma praga atacou todos vocês e seus senhores. Então, vocês deverão criar imagens de seus tumores e imagens de seus ratos que devastam a Terra, e deem glória ao Deus de Israel. Talvez Ele alivie a mão de vocês, de seus deuses e de sua terra. Por que vocês endurecem seus corações como os egípcios e o faraó endureceram os corações deles? Depois que Deus lidou com eles severamente, acabaram deixando os israelitas partir? Então, agora, peguem e preparem um novo carro e duas vacas leiteiras que nunca foram subjugadas, e prendam as vacas ao carro, mas levem seus vitelos para casa, para longe delas. E levem a Arca do Senhor e a coloquem no carro e em uma caixa, ao lado da Arca, as figuras de ouro que vocês devolvem a ele como oferenda de expiação. Então, mandem-na embora e observem conforme ela parte. Se ela seguir o caminho para sua própria terra, Bete-Semes, então foi Deus quem nos causou esse grande mal, mas caso contrário, então nós saberemos que não foi a mão Dele que nos atingiu; foi algo que nos aconteceu por coincidência".
>
> Os homens assim fizeram, e pegaram duas vacas leiteiras e prenderam-nas ao carro e fecharam seus vitelos em casa. E colocaram a Arca do Senhor no carro e a caixa com os ratos

dourados e as imagens de seus tumores. E as vacas seguiram diretamente o caminho de Bete-Semes ao longo de uma estrada, abaixando-se conforme seguiam. Elas não viraram nem para a direita nem para a esquerda, e os senhores dos filisteus seguiram atrás delas até a fronteira com Bete-Semes. Agora o povo de Bete-Semes ceifava sua colheita de trigo, no vale. E quando ergueram os olhos e viram a Arca, eles exultaram. O carro chegou ao campo de Josué de Bete-Semes e parou ali. Havia ali uma pedra grande. E eles partiram a madeira do carro e ofereceram as vacas como oferenda queimada para o Senhor. E os levitas desceram a Arca do Senhor e a caixa que estava ao lado dela, que continha as figuras douradas, e colocaram sobre a pedra grande. E os homens de Bete-Semes ofereceram holocaustos e fizeram sacrifícios naquele dia do Senhor. E quando os cinco senhores dos filisteus viram isso, naquele dia retornaram a Ecrom.

Mas, de repente, tudo corre muito mal para o povo da aldeia quando a Arca da Aliança emite um raio gigante que mata, instantaneamente, um grupo de pessoas reunidas ali. 1 Samuel 6:17 começa:

> Os tumores dourados que os filisteus mandaram como oferenda de expiação para o Senhor eram um para Asdode,[10] um para Gaza, um para Ascalão, um para Gate, um para Ecrom, e os ratos dourados, de acordo com o número de todas as cidades dos filisteus pertencentes aos cinco senhores, cidades fortificadas ou vilas não muradas. A pedra grande, ao lado da qual colocaram a Arca do Senhor, é testemunha desse dia no campo de Josué de Bete-Semes.
>
> E Ele atingiu alguns dos homens de Bete-Semes, porque eles olharam para a Arca do Senhor. Ele atingiu 70 homens, e as pessoas lamentaram porque o Senhor atingiu o povo com um golpe pesado. Então, os homens de Bete-Semes disseram: "Quem é capaz de ficar diante do Senhor, esse Deus santo? E para onde mandaremos a Arca para nos livrarmos dela?" Assim, eles enviam mensageiros para os habitantes de Quiriate-Jearim dizendo: "Os filisteus devolveram a Arca do Senhor. Venham buscá-la".

---

10. N.T.: Em algumas traduções da Bíblia, o local é citado como Azoto.

Uma vez que a Arca descarregara sua energia naquilo que pode ser chamada de uma ação gigantesca de fogo e dizimou um pelotão inteiro de israelitas, doravante era seguro manuseá-la. Agora, a Arca seria levada para um local chamado Quiriate-Jearim, aparentemente nas imediações de Siló, onde ela iria permanecer por 20 anos sem ser exibida. Lemos em 1 Samuel 7:1:

> E os homens de Quiriate-Jearim vieram e levaram a Arca do Senhor para a casa de Abinadabe, na colina. E eles consagraram seu filho Eleazar para ficar encarregado da Arca do Senhor. Desde aquele dia em que a Arca ficou alojada em Quiriate-Jearim, passou um longo período, alguns 20 anos, e toda a casa de Israel lamentou diante do Senhor.

Essa terrível destruição em Bete-Semes parece ter sido a última vez que a Arca da Aliança matou um grande número de pessoas com "um grande golpe". O que foi esse grande golpe? Seria mais do que apenas acumulação estática de eletricidade na tampa da Arca. Provavelmente, a tampa foi erguida e, talvez, um botão acionado e puf! Uma súbita descarga, com um poder impressionante, e 70 homens são incinerados. Talvez todo o acontecimento tenha sido brutalmente exagerado pela Bíblia, mas por que incluir esse relato se ele não correspondia à verdade? Essencialmente, a Arca mata pessoas inocentes e os israelitas pensam que ela é um objeto perigoso.

Enfim, as pessoas perderam o controle do poder da Arca e foi permitido que ela entrasse em desuso, durante décadas, em Quiriate-Jearim-Siló, até ela ser levada para o Templo de Salomão, em Jerusalém. Ocasionalmente era levada para batalhas; no entanto, a Bíblia não cita nenhuma outra circunstância em que a própria Arca mata alguém ou dispara contra uma multidão. A luz fraca no centro do querubim de ouro – a Glória de Shekinah – continuou a funcionar, já que não requeria bateria nem possuía partes móveis.

Um dispositivo elétrico do Egito?

Como eu disse, acho que a Arca da Aliança consiste em vários objetos descritos como um. Há um dispositivo mantido dentro da caixa e outro dispositivo que também é de natureza elétrica – um simples condensador elétrico.

A construção das caixas da Arca da Aliança fez com que ela se tornasse um condensador elétrico simples, embora bem caro, com todo o ouro utilizado no poderoso dispositivo. As três caixas que compõem a Arca da Aliança são uma sobreposição de ouro, um metal condutor e madeira de acácia, um não condutor. A fricção entre essas camadas desenvolveria eletricidade elétrica em determinadas condições atmosféricas secas.

A estátua dourada no topo pode ter agido como um foco para essa eletricidade estática com corrente direta – semelhantemente ao poderoso choque de eletricidade estática – que poderia descarregar, de vez em quando, contra as pessoas que estivessem próximas. Se essas pessoas estivessem portando objetos de metal como braceletes, colares, brincos ou até armadura, a Arca poderia facilmente ter disparado sobre elas.

Se a Arca não tivesse passado tanto tempo em terra, a intensificação da carga elétrica poderia ocasionar um choque muito ruim, mesmo fatal a qualquer um que tocasse nela. E mesmo que o choque em si não fosse fatal, o susto provocado por ele seria. Após a Arca ser descarregada, no entanto, seria bastante seguro tocá-la, como alguns sacerdotes do templo fizeram.

Podemos concluir que a Arca lançou uma poderosa descarga elétrica estática sobre a multidão, e causou um grande número de ataques cardíacos com o puro terror causado pela sensação de formigamento proveniente da ira de Deus.

Mas em alguns desses casos, é quase como se uma granada com raios de nêutrons fosse detonada no ar, acima da Arca, quando ela é ativada. Esse parece ser um segundo, e mais poderoso, dispositivo elétrico do que o condensador simples do baú e da estátua de ouro. A menos que tudo seja um grande exagero, parece que nós temos um raio mortal de alta voltagem que provavelmente era disparado a partir de uma bateria.

Contudo o que era o poderoso dispositivo elétrico contido na Arca? Seria um dispositivo elétrico trazido do Egito, algo semelhante aos dispositivos representados nos templos, como os pilares djed com globos na parte superior? Parece ser o objeto que ficava dentro da caixa que matava dúzias de pessoas com apenas um raio de energia elétrica. Os homens de Bete-Semes podem ter levantado a tampa da Arca e liberado (talvez depois de apertarem alguns botões) o tremendo poder de Deus, em uma cena semelhante ao final do filme *Os Caçadores da Arca Perdida*.

Como vimos, a Arca recebeu o crédito de muitas coisas, inclusive voar, assassinatos em massa, causar doenças, dividir águas, criar o maná e fazer desmoronar as muralhas das cidades. Ela também brilhava como uma luz intensa quando "ligada". Talvez a Arca não fizesse todas essas coisas, e seria seguro dizer que uma quantidade considerável de mitos e lendas foi criada em torno desse antigo artefato de grande poder.

Que a Arca também podia voar ou levitar é mencionado na Bíblia. Relatos antigos de voos são sempre de interesse, e a Arca da Aliança joga nesse campo. Agora, vamos examinar as histórias de voos que envolvem a Arca de Deus.

Gerador de Van de Graaf

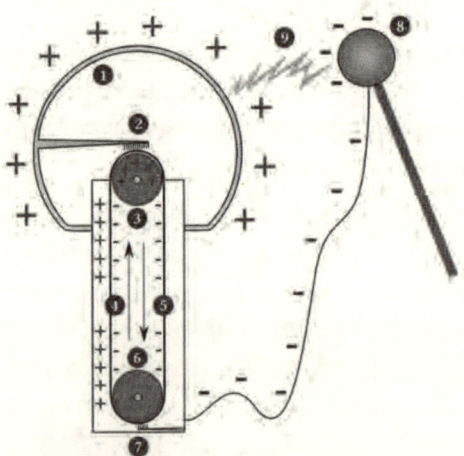

1. Esfera metálica oca
2. Eletrodo superior
3. Cilindro superior (por exemplo, vidro acrílico)
4. Lateral da correia com carga positiva
5. Lateral oposta da correia, com carga negativa
6. Cilindro inferior (metal)
7. Eletrodo inferior (terra)
8. Dispositivo esférico com carga negativa
9. Faísca produzida pela diferença dos potenciais

CAPÍTULO 5

A Máquina Voadora

*"... e a Arca da Aliança do Senhor seguiu à frente deles
durante a viagem de três dias
em busca de um lugar de descanso para eles."
– Números 10:29-36*

A Arca da Aliança não é apenas algum tipo de dispositivo elétrico, mas também tem o poder de voar. Em determinado ponto, após a Arca ter sido revelada ao grande grupo de israelitas, ela voa pelo ar durante três dias, para que os israelitas não se percam no deserto.

Não há dúvidas de que quando a Arca era deslocada, quatro homens a carregavam, portando varas com argolas de metal e, às vezes, utilizando um carro. No entanto, há histórias de que a Arca era capaz de levitar e até erguer as pessoas que a transportavam com as varas. Como se ela ficasse sem peso, uma forma de antigravidade.

Outras histórias de voos envolvendo a Arca nos fazem pensar na existência de outro objeto que é, na verdade, uma aeronave. Uma coluna de fumaça e fogo guiou os israelitas, pairando sobre eles, conduzida pelo "Senhor". Parece que o Senhor também está presente em outras nuvens que interagiam com as pessoas, mesmo ativamente golpeando inimigos. Esses veículos mecânicos emitiam fumaça ou estariam envoltos por algum estranho dispositivo de invisibilidade?

O *Kebra Nagast* indica que Salomão possuía um veículo voador, um vimana de algum tipo. Ele também continha armas voadoras, em que caravanas inteiras, incluindo a Arca da Aliança, planavam durante dias. Vamos analisar mais de perto esses relatos intrigantes.

A Arca que voa

O livro do Êxodo termina com Moisés trazendo os Dez Mandamentos ao Monte Sinai com instruções para a construção do tabernáculo, da Arca e de outras coisas. Então, em Números 1 e 2, sabemos que a Arca pode voar, pois ela literalmente guia os israelitas adiante pelo deserto.

Em Números 10:29-36, a Arca brilha e voa à frente de um grupo avançado em busca de local de acampamento a longo prazo para as centenas de milhares de pessoas e animais que compõem a multidão de israelitas:

E Moisés disse a Hobabe, filho de Reuel, o midianita, sogro de Moisés: "Nós estamos viajando para o local que o Senhor disse: 'Eu o darei a vocês'. Venha conosco, e lhe faremos o bem; pois o Senhor falou bem de Israel".

E Hobabe disse a ele: "Eu não irei, mas partirei para minha própria terra e de meus parentes".

E ele disse: "Não nos deixe, rogo a você, visto que, como sabe, nós acamparemos no deserto, e você pode nos servir como guia.

E pode ser, se vier conosco, que com a bondade que o Senhor nos conceder, a mesma será para você".

E eles partiram do monte do Senhor, três dias de jornada, e a Arca da Aliança do Senhor seguiu diante deles durante os três dias de jornada para procurar um local de descanso para todos.

E a nuvem do Senhor estava sobre eles durante o dia, quando saíram do acampamento.

E aconteceu que, quando a Arca seguia adiante, Moisés disse: "Eleve-se, Senhor, e deixe que os seus inimigos dispersem; deixe que aqueles que o odeiam fujam ante sua visão".

E quando descansou, ele disse: "Retorne, Ó Senhor, para os muitos milhares de Israel".

As últimas citações, nos dois últimos parágrafos, são sentenças de poesia antiga chamada a "Canção da Arca", e refletem a crença de que a Arca serviu como trono para o Guerreiro Divino, onde um Deus invisível sentou-se durante a guerra santa. Aqui, nós ficamos com a impressão de que Moisés comandava e controlava a Arca, e fez com que ela voasse pelo ar diante deles até, enfim, pousar.

Acreditava-se que a Arca fosse um assento para o Guerreiro Divino e isso pode ser visto em 1 Samuel 4, onde sabemos que quando os israelitas enfrentaram os filisteus, eles foram derrotados e perderam 4 mil na primeira batalha. 1 Samuel 4:3-4 diz:

Quando os soldados retornaram ao acampamento, os anciãos de Israel perguntaram: "Por que o Senhor nos trouxe a derrota hoje diante dos filisteus? Deixem-nos trazer a Arca da Aliança do Senhor de Siló, para que Ele possa nos acompanhar e nos salvar das mãos dos nossos inimigos".

Então, o povo enviou homens a Siló, e eles trouxeram a Arca da Aliança do Senhor Todo-Poderoso, que está entronado entre os querubins. E os dois filhos de Eli, Hofni e Fineias, estavam lá com a Arca da Aliança de Deus.

Como vimos no último capítulo, quando os filisteus souberam que a Arca fora levada para o acampamento dos israelitas, eles lamentaram seu destino, e perguntaram quem lhes salvaria das mãos do Deus todo-poderoso.

E como aconteceu, embora ela tenha causado terror nos corações de seus inimigos, a presença da Arca não trouxe a vitória para os israelitas. Eles perderam 30 mil homens na batalha do dia seguinte e a Arca foi capturada pelos filisteus.

Em seu livro de 1992, *The Sign and the Seal: The Quest for the Ark of the Covenant*,[11] Graham Hancock utiliza uma referência

---

11. *The sign and the Seal: The Quest for the Ark of the Covenant*, Graham Hancock: New York: Crown Publishers, 1992.

importante, *Legends of the Jews*[12] (1911), de Louis Ginzberg, afirmando que a Arca podia levitar e voar:

A Arca deu o sinal para abandonar o acampamento ao planar bem alto e, então, movendo-se rapidamente diante do acampamento, em uma distância de três dias de caminhada.

Aqui, Ginzberg interpreta as palavras de Números 10, citadas anteriormente, como uma afirmação de que a Arca voou muito à frente dos israelitas, "em uma distância de três dias de caminhada"; mas a maioria das interpretações modernas diz simplesmente que a Arca foi à frente dos viajantes durante os três dias de viagem pelo Sinai.

Ao pesquisar para seu livro, Graham Hancock descobriu outros relatos em que a Arca realiza proezas estranhas e desafia a gravidade. Em sua maioria, esses relatos são encontrados em fontes judaicas em que estudiosos debatem o significado de diferentes partes da Torá. Eles tomavam a Torá como a verdadeira palavra de Deus, por isso nenhuma parte dela poderia ser em vão. Ao examinar o significado, com certa dificuldade, para compreender passagens ou sutilezas estranhas, surgiram teorias diferentes sobre o que realmente aconteceu. Midrash, em particular, é uma categoria de escrituras rabínicas que deriva de sermões ou de implicações legais dos textos bíblicos. Hancock diz:

> Viajando na dianteira da coluna de israelitas, a relíquia sagrada era transportada nos ombros dos "coatitas" (ou "filhos de Coate"), um subclã da tribo de Levi ao qual Moisés e Aarão também pertenciam. De acordo com várias lendas e comentários rabínicos sobre o Antigo Testamento, esses carregadores eram, ocasionalmente, mortos por "faíscas" que a Arca emitia e, além disso, seus corpos eram erguidos do chão de vez em quando, porque "a Arca [era] capaz de transportar seus carregadores e a si mesma". E essa não é a única tradição judaica a sugerir que a Arca era capaz de exercer uma força misteriosa que, de alguma forma, podia contrapor-se à gravidade. Vários outros textos da exegese midraxica erudita também demonstram que, às vezes, ela erguia seus carregadores do solo (aliviando-os, temporariamente, do que seria

---

12. *Legends of The Jews,* Louis Ginzberg. Philadelphia: Jewish Publicator Society of America, 1911. vol. 3.

uma carga considerável). De igual modo, uma lenda judaica particularmente impressionante relata um incidente durante o qual os sacerdotes que tentaram transportar a Arca foram "atirados ao ar por uma entidade invisível e lançados ao solo várias vezes". Outra tradição descreve uma ocasião em que a "Arca saltou sozinha para o ar". [13]

As fontes de Hancock para essas histórias são a *Enciclopédia Judaica* e o livro de Ginzberg citado. O *website* jewishvirtuallibrary.org tem o seguinte a dizer sobre o assunto:

> A Arca foi utilizada no deserto, e na própria Israel, para um número de propósitos espirituais e pragmáticos. Praticamente, Deus utilizou a Arca como um indicador de quando Ele queria que a nação viajasse, e quando parasse. Na formação da viagem pelo deserto, a Arca foi transportada dois mil cúbitos à frente da nação (Num. R. 2:9). De acordo com um midrash, ela limparia o caminho para a nação queimando serpentes, escorpiões e espinhos com dois jatos de chama que saíam da sua parte inferior (T. VaYakhel, 7); outro midrash diz que em vez de ser transportada por carregadores, a Arca, na verdade, transportou seus carregadores centímetros acima do chão (Sotah 35a). Quando os israelitas entraram em guerra no deserto e durante a conquista de Canaã, a Arca acompanhou-os. Se sua presença era simbólica, para proporcionar motivação aos judeus, ou se, na verdade, ela os ajudava na batalha, é alvo de discussão pelos comentadores.

Conforme foi observado por Hancock, as pessoas designadas para transportar a Arca pertenciam a um subclã de sacerdotes levitas. Alguns fizeram uma associação entre a palavra "levitar" e o nome da tribo encarregada de transportar a Arca. Porém, a maioria dos dicionários data a palavra levitar como pertencendo aos anos 1600 e não mencionam os levitas em sua derivação. Hancock menciona que uma razão para a Arca levitar seria tirar seu grande peso dos ombros dos carregadores. Um número surpreendente de pessoas se pergunta quanto a Arca pesaria; e parece que um baú dourado, com uma estátua de ouro por cima, poderia ser bastante incômodo. Os resultados

---

13. Ver *The Sign anda the Seal...*, de Graham Hancock, *op. cit.*

dos estudos são extremamente variados, com um artigo da Universidade Bar-Ilan dizendo que apenas a tampa pesava 1.207 quilos (mais do que uma tonelada), e um artigo de Elihu A. Schatz no *website* jewishbible.org surge com uns muito mais manejáveis 83 quilos para todo o conjunto. Isso colocaria uns meros 20 quilos nos ombros de cada carregador, supondo que havia quatro. Se a Arca realmente voou com seus próprios meios, ainda é uma questão debatível, a meu ver, mas não há dúvidas de que algo voava em torno dos israelitas.

A NUVEM DO SENHOR

Em Êxodo 13:21-22, Deus acompanhou o povo de Israel em sua jornada, indicando o caminho:

Durante o dia, o Senhor seguia à frente deles em uma coluna de fumaça para guiá-los em seu caminho e, durante a noite, em uma coluna de fogo para dar-lhes luz, assim eles poderiam viajar de noite e de dia. Nem a coluna de nuvem, de dia, nem a coluna de fogo, de noite, deixaram seu lugar diante do povo.

Era uma nuvem brilhante, e os inimigos fugiam com medo da massa voadora e misteriosa. Êxodo 14;24-25 diz:

Durante a última vigília da noite, o Senhor olhou para baixo, de sua coluna de fogo e nuvem, para o exército egípcio e lançou a confusão nele. Ele bloqueou as rodas de suas carruagens para que os soldados tivessem dificuldade ao conduzir. E os egípcios disseram: "Vamos para longe dos israelitas! O Senhor luta com eles contra o Egito".

Essa é uma abordagem muito prática, com o Senhor planando sobre o povo, olhando para baixo entre o fogo e a nuvem e entrando na luta contra os perseguidores. Há uma sugestão aqui de que a nuvem/fogo era, na verdade, uma embarcação voadora; como um pequeno disco voador controlado pelo Senhor. Talvez ela transportasse um pequeno grupo de batedores israelitas na dianteira, conforme o povo caminhava para o norte do Sinai, na extremidade norte do Golfo de Aqaba. Essa área fica na parte sul de Edom que, na época, conduzia ao norte, para as planícies de Moabe e para o Monte Nebo, na parte nordeste do Mar Morto.

Em Números 10, já citado, vemos que "a nuvem do Senhor estava sobre eles durante o dia, quando deixaram o acampamento".

Enquanto as pessoas estavam acampadas, a nuvem repousava sobre o tabernáculo – seria esse algum tipo de estacionamento para a nave do tipo vimana?

Em Números 11:25, a nuvem do Senhor visita os anciãos de Israel para incutir neles algo do "espírito" que foi dado a Moisés, para que possam partilhar o peso da liderança.

O Senhor desce, novamente, em uma coluna de fogo em Números 12, quando aconteceu a confusão com Aarão e Miriam, que reclamam sobre a esposa etíope de Moisés, e Miriam pegou lepra. Essa parece ser a descrição de uma pessoa que chega em um veículo aéreo, conversando com Moisés e alguns outros para dar-lhes instruções e, então, partir. Trata-se de uma divergência clara da sarça ardente que falou com Moisés anteriormente. Uma coluna de fogo parece muito um tipo de máquina como a aeronave-foguete ou disco voador.

Nessa história, nós temos o Senhor descendo em uma tenda central no meio de centenas de milhares de pessoas e seus animais acampados próximos ao Monte Sinai. Tal descrição lembra muito uma pequena nave voadora aterrissando verticalmente em uma praça grande. A radiação da nave pode ter afligido a esposa de Aarão quando ela olhou para o veículo voador. Na época, Moisés sempre usava o véu que lhe cobria o rosto – seria esse véu feito de metal ou de tecido com fibras de metal entrelaçadas, algo que protegesse Moisés da radiação escaldante que surgia quando

A coluna de fumaça e fogo pairando sobre o tabernáculo.

se ficava diante da Arca da Aliança, ou vimana, e tinha algum uso aparente?

Como mencionei, parece que temos aqui dois dispositivos de alta tecnologia distintos que se misturam no texto: um deles é um baú de madeira e ouro com uma estátua de ouro por cima, e o outro é uma nave brilhante parecida com um disco voador ou helicóptero.

Os etíopes acreditam que a Arca, eventualmente, foi levada para a Etiópia, e que a viagem incluiu um voo em uma "Carroça do Senhor". Estudiosos bíblicos e historiadores tendem a desconsiderar as reivindicações da Etiópia em relação à Arca, e até dizem que a antiga cidade de Axum – que surge com proeminência no *Kebra Nagast* – nem mesmo existia na época. Acredito que esses historiadores estejam errados, e o *Kebra Nagast* contém, pelo menos, alguma verdade. Também, como vimos, uma das esposas de Moisés era etíope. A Etiópia é uma peça negligenciada, mas importante no grande sistema das civilizações antigas. Vamos analisar o rei Salomão, a Etiópia e o voo na antiguidade.

Os zepelins do rei Salomão

Ao longo da história foi dito que certos reis ou magos possuíam zepelins ou carruagens voadoras. Dizia-se que muitas figuras hindus, como Rama, Ravana ou Krishna, dispunham de veículos voadores chamados vimanas, em sânscrito. Diz a lenda que o rei Salomão, o Sábio, filho de Davi, também possuía uma aeronave. Salomão foi o último governante de uma Israel unida, e regeu por volta de 970-931 a.C. Depois de sua morte, Israel dividiu-se entre Judá, a sul, e Israel, a norte. Seus descendentes governaram Judá.

Ele era famoso por ser cosmopolita e por ter muitas esposas, várias delas de países distantes. 1 Reis 11:1-3 conta-nos:

> O rei Salomão, no entanto, amava muitas mulheres estrangeiras além da filha do faraó – moabitas, amonitas, edomitas, sidonitas e hititas. Elas pertenciam a nações sobre as quais o Senhor falara aos israelitas: "Vocês não devem desposá-las, porque, com certeza, levarão seus corações para os deuses delas". No entanto, Salomão logo se apaixonou por

elas. Ele teve 700 esposas de ascendência real, e 300 concubinas, e suas esposas o desviaram.

Em Deuteronômio 17:14-20, Deus mostrara como um rei deveria se comportar, e advertiu que ele não podia acumular cavalos, esposas, prata ou ouro. Salomão falhou em todas essas áreas, criando um grande exército com carruagens, desposando mil mulheres e acumulando uma imensa fortuna material.

Salomão ficou conhecido por enviar navios fenícios em uma misteriosa viagem de três anos a uma região de ouro abundante: Ofir. Durante uma viagem de três anos entre o porto do Mar Vermelho, Eziom-Géber – uma importante cidade portuária do antigo Israel, assim como de Israel moderno –, uma frota de navios teria um ano para completar a longa viagem, um ano para permanecer em Ofir e cultivar plantações de alimentos, caso necessitassem, e um ano para retornar. Eles poderiam ir muito longe em um ano e, certamente, viajaram para além dos países próximos, pelo Oceano Índico, naquela época. Provavelmente, iam para a Austrália, Indonésia e mesmo para o Peru, em sua busca de carregamentos de ouro. A Bíblia diz que tal tesouro foi levado, assim como especiarias valiosas, penas e até animais exóticos, como macacos. Alguns desses produtos deviam vir da Índia, mas a origem do ouro é desconhecida.

Foto aérea da montanha redonda, de cume plano, no Irã, chamada Takht-i-Suleiman.

Dizem que Salomão utilizou esse fabuloso tesouro em ouro para construir o famoso Templo de Jerusalém, com um templo interior especial para abrigar a Arca da Aliança. Salomão construiu seu templo no topo de uma muralha gigante de granito, que formava uma plataforma megalítica enorme quase idêntica àquela de Balbeque, que ficava perto, no Líbano. Essas gigantescas pedras talhadas são incrivelmente antigas e, em Balbeque, um templo romano fora construído no topo da plataforma mais antiga. Esses blocos gigantes pesam mais de mil toneladas, fazendo com que algum método antigravitacional seja o mais provável para deslocar as pedras imensas. Os blocos gigantes, em Jerusalém, não são totalmente visíveis porque o Muro Ocidental de Salomão fica por cima deles. Outras estruturas foram construídas perto do muro e, na realidade, um túnel teve de ser construído à volta dele para conseguir escavar sua base e revelar as pedras.

Salomão teve um caso amoroso com a rainha etíope de Sabá, que viera visitá-lo por volta de 940 a.C. De acordo com a antiga tradição egípcia, registrada no *Kebra Nagast*[14] ("Glória dos Reis" – um tipo de Antigo Testamento da Etiópia que é o documento mais importante para todos os etíopes), a rainha da época, Makeda, deixou Axum, então a capital de Sabá, e viajou para Jerusalém. Provavelmente, sua rota levou-a através do Mar Vermelho até o Iêmen dos dias de hoje, e subiu a Cordilheira de Hijaz, na Arábia Saudita. Ver a importante Arca da Aliança era um dos principais objetivos de sua viagem.

Após viver com Salomão durante alguns meses, ela retornou ao seu reino, onde teve um filho do rei Salomão. Ele foi chamado Menelique, e foi por meio desse filho, que mais tarde se tornaria rei de Sabá, que a linha de reinado salomônica começou na Etiópia. Supostamente, essa linha foi ininterrupta durante três mil anos, até a morte de Haile Selassie (nascido Ras Tafari, o 225º governante da Dinastia Salomônica), em agosto de 1975.

Salomão era conhecido como alguém muito sábio, e parece que esteve em ilhas remotas e possuía algum tipo de vimana. Talvez ele tivesse vários vimanas e até uma pequena força aérea. Parece incrível para nós, hoje, mas os zepelins deviam ser relativamente comuns em

---

14. *Kebra Nagast*, traduzido por Sir E. A. Wallis Budge. Londres: Dover, 1932.

tempos antigos. Não da forma como temos atualmente, com centenas de aeroportos e diferentes companhias aéreas, mas com um pequeno número de naves que eram produzidas em uma ou duas localidades, talvez na Índia e na China. Outros sugerem que as naves vieram da Atlântida ou, talvez, de astronautas antigos.

Temos aqui o retrato de um rei que literalmente possuía tudo, inclusive seu próprio *Air Force One* para viagens especiais pela Ásia e África. Alguma vez, Salomão viajou sobre o Pacífico para Tonga, Ilha de Páscoa e Peru?

Há lendas asiáticas que relatam que Salomão realmente visitou a Ásia Central e o Tibete. Ao longo do Oriente Médio, até Caxemira, há montanhas conhecidas como os "tronos de Salomão". No noroeste do Irã, existe uma montanha de cume plano, chamada Takht-i-Suleiman (cuja tradução literal é Trono de Salomão). Já se conjeturou que essas montanhas talvez fossem bases de aterrissagem para a aeronave de Salomão.

O explorador russo-americano, místico e pintor Nicholas Roerich, demonstrou que, ao longo da Ásia Central, acredita-se largamente que Salomão voava em sua aeronave:

> Até agora, na concepção das pessoas, o rei Salomão paira, em seu miraculoso dispositivo voador, sobre as vastas áreas da Ásia. Muitas montanhas, na Ásia, são ou ruínas ou pedras que mostram a marca de seu pé ou de seus joelhos como prova de suas longas e persistentes orações. Há os chamados tronos de Salomão. O Grande rei voava para essas montanhas, alcançava as alturas, deixava arranjos para seu governo e refrescava o espírito.[15]
>
> Roerich e sua esposa, Helena, colecionaram cristais de quartzo muito grandes em suas viagens, e foram os autores de vários livros místicos que incluíam discussões acerca dos vimanas e o grande passado hindu-budista dos Mestres que possuíam esses veículos, máquinas mágicas e fortalezas ocultas nas profundezas de partes remotas da Cordilheira do Himalaia, Deserto de Gobi e do Tibete.

---

15. *Altai Himalaya*, Nicholas Roerich. New York: Museu Roerich, 1929.

Possuiria o rei Salomão algum veículo voador com o qual ele voou para a Pérsia, Índia e Tibete? Com quem se encontrou ali? Dadas as muitas histórias sobre os veículos voadores nos épicos antigos da Índia, isso não é estranho. Montanhas com ruínas em seu cume, que incluem grandes áreas gramadas, realmente existem por todo o mundo. Seriam elas rampas de desembarque, no topo das montanhas, construídas para o estacionamento de veículos voadores que podiam decolar verticalmente? Nós vivemos em um planeta estranho – repleto de cidades megalíticas impressionantes ao longo dessas linhas, como Machu Picchu, a cidade no topo de uma montanha do Peru. Imensos campos de zepelins semelhantes são encontrados diretamente em frente das muralhas megalíticas de Sacsayhuaman, acima de Cusco.

O filho de Salomão também possuía uma aeronave, como é relatado pelo *Kebra Nagast*. Nessa história, conhecida por todos os etíopes, Menelique, o filho de Salomão, toma posse da Arca e do carro voador após uma viagem a Jerusalém, e voa de Jerusalém a Gaza e ao Egito e, por fim, para Axum.

A história da Arca no *Kebra Nagast*

A história completa de como a Arca chegou à Etiópia – uma crença controversa – é contada no livro antigo conhecido como o *Kebra Nagast*, ou *A Glória dos Reis*. Ele é escrito no idioma copta ge'ez e fornece um relato das origens da soberana linha salomônica de reis etíopes. Diz-se que essa linhagem começou em Axum, por volta de 900 a.C. No entanto, acadêmicos tradicionais não acreditam que Axum existisse na época. Acho que eles estão errados.

Não sabemos quando o *Kebra Nagast* original foi escrito, mas até acadêmicos conservadores acreditam que tenha, pelo menos, 700 anos. Ele fornece relatos detalhados de eventos ocorridos durante o tempo do rei Salomão, por isso podemos deduzir que o texto original do *Kebra Nagast* tenha, aproximadamente, 3 mil anos! Não há razão para não ser esse o caso. Há muitos textos que possuem mais de 3 mil anos no Egito, Turquia, Irã, Índia, China e outros locais do mundo.

O *Kebra Nagast* narra a história da rainha de Sabá – chamada Makeda no texto – e de sua visita ao rei Salomão, uma história que também consta da Bíblia. Entretanto, o *Kebra Nagast* dá-nos mais informação sobre a rainha de Sabá e seu filho, fruto do caso amoroso com o rei Salomão. O menino foi chamado Menelique (com frequência, referido como Menelique I, pois houve um segundo Menelique no final dos anos 1800 da história moderna da Etiópia). Esse menino cresceu em Axum como um príncipe da família real. O *Kebra Nagast*, então, relata a história de como a Arca da Aliança foi levada para a Etiópia por Menelique. Essa parte do livro contém descrições de voos sobre o Mar Vermelho e é semelhante aos épicos hindus, tais como o *Ramayana*. O livro termina com uma discussão sobre a conversão dos etíopes do culto dos sabeus ao Sol, à Lua e às estrelas e aos planetas para aquele do "Senhor Deus de Israel".

O *Kebra Nagast* parece ser um trabalho composto por livros antigos, e está dividido em 117 capítulos. O livro é apresentado na forma de um debate entre os 318 "pais ortodoxos" do Primeiro Concílio de Niceia (325 d.C.). Esse concílio produziu a primeira doutrina cristã, o Credo Niceno. No livro, esses religiosos colocam a questão: "Em que consiste a Glória dos Reis?"

Série de selos de rainhas etíopes emitida em 1965, com Makeda no topo, à esquerda.

Do capítulo 3 ao capítulo 17, um bispo chamado Gregório responde a essa pergunta com um discurso que termina com a afirmação de que uma cópia da Glória de Deus foi feita por Moisés e mantida na Arca da Aliança.

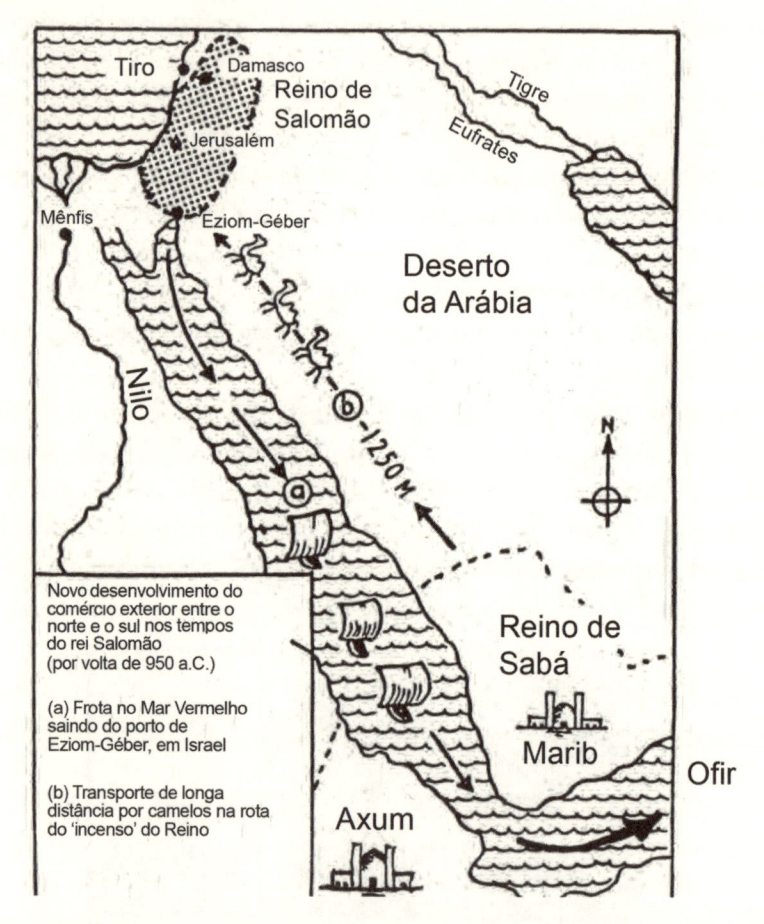

Novo desenvolvimento do comércio exterior entre o norte e o sul nos tempos do rei Salomão (por volta de 950 a.C.)

(a) Frota no Mar Vermelho saindo do porto de Eziom-Géber, em Israel

(b) Transporte de longa distância por camelos na rota do 'incenso' do Reino

Em seguida, começando pelo capítulo 19 e indo até o capítulo 94, o arcebispo Domício lê um manuscrito que ele encontrara na igreja de "Sofia", que apresenta a história de Makeda e sua visita ao rei Salomão, seu filho Menelique, e como a Arca foi transportada para a Etiópia.

O *Kebra Nagast* conta que Makeda, rainha de Sabá (um país cuja capital ficava em Axum e também incluía partes do Iêmen), descobre, por meio de um comerciante chamado Tamrin, a sabedoria do rei Salomão. Embora o livro não nos conte a rota que ela toma, Makeda deixa Axum pela costa e viaja até Jerusalém para visitá-lo. O livro diz, no final do capítulo 24:

> Então, a rainha se preparou para partir em sua viagem com grande pompa e majestade, com muitos equipamentos e muitos preparativos. Pois, pela Vontade de Deus, seu coração desejava ir a Jerusalém para que ela ouvisse a Sabedoria de Salomão; pois ela escutava avidamente. Então, ela se preparou para partir. E 797 camelos foram carregados, e incontáveis mulas e asnos foram carregados, e ela partiu em sua viagem e seguiu pela estrada sem parar, e seu coração confiava em Deus.

Provavelmente, Makeda viajou pelas montanhas de Axum até o porto axumita de Adúlis, a sul da atual Maçuá, na Eritreia, e atravessou o Mar Vermelho, de navio, até o porto próximo a Jizan, na costa arábica. Essa travessia marítima também incluiu animais. Deviam seguir milhares de asnos (jumentos) – a Etiópia é o país de onde esses animais procedem. Os asnos são utilizados por todo o norte da África e pelo Oriente Médio, e até na China. Os egípcios também os utilizavam e os conseguiam na Etiópia.

Na parte arábica do Mar Vermelho, uma região que também fazia parte do reino de Sabá, uma grande expedição moveu-se na direção norte: 797 camelos, milhares de asnos e, provavelmente, mais de mil pessoas, incluindo os condutores dos animais, cozinheiros, soldados, nobres e servos. Após vários meses de viagem, eles chegaram a Jerusalém.

Makeda e seu séquito permaneceram em Jerusalém por muitos meses, e ela aprendeu muitas coisas com Salomão. Ficou impressionada com seu conhecimento, e declara no capítulo 28: "A partir desse momento, não mais louvarei o Sol, mas venerarei o Criador do Sol, o Deus de Israel".

Na véspera de iniciar a viagem de volta para casa, Salomão manipula-a de tal modo que ela passa a noite com ele. O fato de a rainha ter sido manipulada preserva sua pureza, o que é importante, pois a monarca governante dos sabeus deve ser virgem. Após seu encontro amoroso, Salomão tem um sonho no qual o Sol abandona Israel e vai brilhar sobre a Etiópia.

No dia seguinte, Makeda diz que quer partir, e Salomão a enche de presentes de despedida, incluindo uma máquina voadora! O final do capítulo 30 diz:

> E ele entrou em sua casa e deu-lhe tudo que ela desejava, entre coisas esplêndidas e riquezas, e belas vestimentas que encantavam os olhos, e tudo de grande que havia armazenado no país da Etiópia, e camelos, e carros, seis mil em números, que foram carregados com belas coisas do tipo mais desejável, e carros cujas cargas foram transportadas pelo deserto, e uma embarcação para poder viajar pelo mar, e uma embarcação para poder atravessar o ar (ou os ventos), que Salomão fez com a sabedoria que Deus lhe concedera.

De maneira interessante, anteriormente, no capítulo 30, parece que Salomão e sua sabedoria também criaram luzes elétricas:

> Agora, a casa de Salomão, o rei, ficava iluminada como se fosse dia, pois com sua sabedoria, ele criara pérolas brilhantes que pareciam o Sol, a Lua e as estrelas [e as colocara] no teto de sua casa.

No capítulo 31, Salomão deixa Sabá. Acreditando que a rainha esperava um filho seu, ele lhe oferece um anel especial para que o menino se identificasse com Salomão quando retornasse a Jerusalém.

Na viagem de volta a Axum, Makeda para, durante nove meses e cinco dias após deixar Jerusalém, em uma cidade chamada Bala Zadisareya (presumivelmente ao longo da costa arábica do Mar Vermelho, mas talvez em Omã ou outro localidade), onde ela dá à luz Menelique. O grupo segue de volta a Axum, e o menino cresce robusto e curioso, aprendendo os costumes da caça e dos guerreiros. Então, ele pergunta à mãe quem é seu pai. No final do capítulo 32, ele diz: "Eu irei e olharei o rosto de meu pai, e voltarei aqui pela Vontade de Deus, o Senhor de Israel".

O ROUBO DA ARCA DA ALIANÇA

No capítulo seguinte, com 22 anos, Menelique prepara-se para a viagem, e sua mãe diz aos oficiais de seu séquito para apresentá-lo a

Salomão e, em seguida, trazê-lo de volta a Axum, em segurança. Ela também diz a eles que, a partir daquele momento, o costume sabeu de ter uma rainha virgem como sua governante acabaria e uma dinastia masculina, proveniente da semente de Salomão, seria criada e começaria com Menelique quando o rapaz retornasse de Jerusalém. A rainha, então, dá a Menelique o anel especial que Salomão oferecera para identificá-lo como seu filho.

No final do capítulo 33, Menelique viaja para Jerusalém por Gaza que, somos informados, Salomão dera a Sabá como presente. O *Kebra Nagast* não diz como eles viajaram a Gaza, mas, aparentemente, foi através do Egito. Pode ter sido uma caravana; ou levaram navios até Suez, no Sinai egípcio, e, de lá, seguiram por terra até o Mediterrâneo e chegaram a Gaza dessa forma. Qualquer uma das viagens incluiria um grande número de asnos e, provavelmente, também alguns camelos.

Em Gaza, Menelique é visto pelas pessoas como a imagem idêntica do rei Salomão, e elas ponderam se ele poderia, na verdade, ser o rei. Enviam espiões a Jerusalém para descobrir se Salomão está lá, e não com elas em Gaza. Salomão ouve a história e fica curioso em relação a Menelique.

Finalmente, no capítulo 34, Menelique encontra com Salomão e pede sua bênção. Ele se identifica a Salomão, mostrando-lhe o anel. Exultante com o encontro, Salomão tenta convencer Menelique a ficar e sucedê-lo como rei, mas Menelique insiste em voltar para sua mãe, na Etiópia. Menelique aprende muitas coisas com Salomão e seus sacerdotes, incluindo uma versão ampliada dos Dez Mandamentos.

O rei Salomão contenta-se em enviar Menelique de volta a Axum com uma companhia formada pelos filhos primogênitos dos anciãos de seu reino. Esse grande grupo da nobreza judaica deveria governar com Menelique e levar os costumes de Israel para a Etiópia.

No entanto, os rapazes de Israel não ficam felizes em ter de ir para essa terra distante, e elaboram um plano para contrabandear a Arca da Aliança do templo quando chegarem lá. Um dos rapazes chama-se Azarias, e é filho do sacerdote do templo, que se chama Zadoque. Azarias até tem um sonho em que um anjo surge e diz que ele deveria levar a Arca da Aliança. Mais tarde, um anjo do Senhor aparece diante dele como uma coluna de fogo e tem uma abordagem muito prática sobre como roubar a Arca:

> E vejam, o Anjo do Senhor apareceu outra vez para Azarias e ficou acima dele como uma coluna de fogo, e ele encheu a casa com sua luz. E ele ergueu Azarias e disse-lhe: "Levante-se, seja forte, e acorde seu irmão, Elmeyas, e também Abesa e Makari, e leve as peças de madeira e abrirei, para você, a porta do santuário. E leve o Tabernáculo da Lei do Senhor, e o carregarás sem problemas ou desconforto. E eu, como fui comandado pelo Senhor para ficar com ele para sempre, serei seu guia quando o levar".

Os conspiradores fizeram uma caixa falsa para colocar no local da Arca, daí a referência às peças de madeira. A estátua dourada não é mencionada. No final do capítulo 52, eles partem de Jerusalém em uma grande procissão com a Arca verdadeira, e não uma réplica como todos os outros, incluindo Menelique, acreditavam ter.

No entanto, o *Kebra Nagast* diz que os carros receberam o poder de levitar e voar pelo ar.

No final do capítulo 52, lemos a respeito da partida de Jerusalém para Gaza.:

> E eles carregaram os carros, os cavalos e as mulas em ordem para a partida, e iniciaram a viagem prosperamente, e seguiram adiante... E Miguel, o [arc]anjo marchava na dianteira... E quanto aos carros, nenhum homem conduzia o seu, pois só ele mesmo [Miguel] marchava com os carros; e fossem homens, ou cavalos, ou mulas ou camelos carregados, cada um deles era erguido acima do solo à altura de um cúbito... E todos viajaram nos carros como se fossem navios no mar quando o vento sopra, e como um morcego pelo ar quando o desejo de seu ventre o incita a devorar seus companheiros, e como uma águia quando seu corpo plana com o vento. Assim eles viajaram; não havia ninguém na frente e ninguém atrás, e ninguém os perturbava à direita, nem à esquerda.

No início do capítulo 53, eles chegam a Gaza "que Salomão, o rei, havia dado à rainha da Etiópia quando ela veio vê-lo". No capítulo 54,

Menelique descobre que possui a verdadeira Arca da Aliança, e não a cópia. Ele venera a Arca e dança diante dela, como fez o rei Davi, na Bíblia. O *Kebra Nagast* passou a chamar Menelique de "Davi", no capítulo 39, quando Salomão o ungiu como rei. A Arca é chamada de Sião e recebe a forma feminina. A nave voadora reluzente, brilhante como o Sol e que contém a Arca, é chamada diversamente de Sião ou carro de Sião. Parece tratar-se de uma nave espacial que levita e emite um brilho radiante, como dizem que muitos óvnis (UFOs) fazem. No capítulo 55, contam-nos a viagem final, do Egito para Axum:

> E os carros ergueram-se como antes e eles partiram de manhã cedo, e as pessoas cantaram canções a Sião, e todos foram erguidos ao espaço de um cúbito, e conforme as pessoas do país do Egito se despediam deles, passavam à sua frente como sombras; e o povo do país do Egito louvou, pois viu Sião movendo-se nos céus como o Sol, e todos correram com o carro de Sião, alguns à frente, outros atrás. E eles chegaram ao mar de Al-Ahmar, que é o Mar da Eritreia [Mar Vermelho], que foi separado pela mão de Moisés, e os filhos de Israel marcharam em suas profundezas, subindo e descendo... E quando o sagrado Sião atravessou [o Mar Vermelho] com aqueles que se encontravam presentes nele, e que cantaram canções acompanhadas por harpas e flautas, o mar recebeu-os, e suas ondas saltaram como fazem as altas montanhas quando são separadas, e ele rugiu como um leão ruge quando está enfurecido, e trovejou como troveja o inverno em Damasco e na Etiópia quando o relâmpago golpeia as nuvens, e o som se misturou com os sons dos instrumentos musicais. E o mar louvou Sião. E enquanto seus vagalhões se agitavam como as montanhas, seus carros foram erguidos sobre as ondas pelo espaço de três cúbitos, e em meio ao som das canções o [ruído do] quebrar das ondas do mar era maravilhoso...
>
> E então eles carregaram os carros, e ergueram-se e partiram, e viajaram para a região de Mediã, chegando ao país de Belontos, que é uma região da Etiópia. E ali eles regozijaram e acamparam, porque chegaram à fronteira de seu país com glória e alegria, sem tribulações na estrada, em um carro do

espírito, pelo poder do céu, e de Miguel, o arcanjo. E todas as províncias da Etiópia se alegraram, pois Sião emitiu uma luz como aquela do Sol na escuridão, de onde quer que ela viesse.

No capítulo 57, Salomão descobre que a Arca foi levada de seu reino. Ele vai à perseguição da caravana etíope. Incrivelmente, Salomão e seus homens ouvem uma história acerca de carros voadores quando interrogam alguns egípcios, e quando chegam a Gaza no final do capítulo 58:

> E o rei e seus soldados marcharam rapidamente, e chegaram a Gaza. E o rei perguntou ao povo, dizendo: "Quando meu filho os deixou"? E eles responderam e disseram-lhe: "Ele nos deixou há três dias. E depois de carregar seus carros, nenhum deles viajou por terra, mas em carros que estavam suspensos no ar; e eles eram mais velozes que as águias que estão no céu, e toda sua bagagem viajou com eles em carros acima das nuvens. E quanto a nós, pensamos que o Senhor, em sua sabedoria, fez com que eles viajassem em carros acima das nuvens". E o rei disse a eles: "Sião, o Tabernáculo da Lei de Deus, estava com eles"? E eles lhes disseram: "Nós não vimos nada".

Salomão entra em desespero pela perda da Arca, e chora amargamente com os anciãos de Israel. Então, ele decide que nenhum forasteiro deve saber que a Arca mágica, símbolo da força e do poder de Deus, não está mais entre eles. Ele manda que a Arca falsa seja folheada a ouro e decorada como a verdadeira Arca.

Finalmente, o rei Salomão procura consolo em sua esposa, a filha do faraó do Egito, e ela o convence a venerar os ídolos de sua terra (capítulo 64).

A Arca em Axum

Após questionamento dos 318 bispos do Concílio, Domício continua no *Kebra Nagast* com uma paráfrase de história bíblica (capítulos 66-83), e descreve a chegada de Menelique a Axum, onde ele é honrado, e Makeda abdica do trono em seu favor.

Menelique, então, envolve-se em uma série de campanhas militares com a Arca, e "nenhum homem o vencia, pelo contrário, quem o atacasse era conquistado", conforme o capítulo 94, que é intitulado "A Primeira Guerra do rei da Etiópia". Durante essas guerras, os carros voadores reapareceram. Em um parágrafo longo e confuso, no final do capítulo 94, as guerras são resumidas, e uma guerra com a antiga Índia é mencionada com vimanas que o *Kebra Nagast* chama de carros. Como vimos, Menelique foi coroado rei da Etiópia e é, agora, chamado Davi (que significa "amado por deus"). O *Kebra Nagast* diz em um longo parágrafo, que desmembrarei para uma leitura mais fácil:

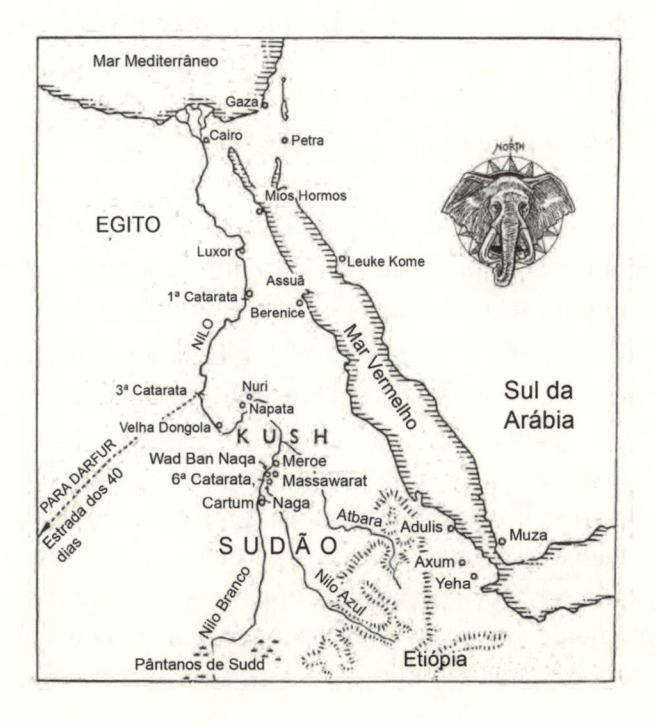

> E [Makeda] retornou e acampou na cidade de Sião [Axum] e eles permaneceram ali por três meses, então seus carros avançaram e entraram na cidade do governo. E em um dia eles chegaram à cidade de Sabá, e devastaram Noba; e dali acamparam em torno de Sabá, e a devastaram até a fronteira com o Egito. E sua majestade, o rei da Etiópia, foi tão grandioso que o rei de Mediã e o rei do Egito mandaram-lhe presentes, e eles chegaram à cidade do governo, e dali acamparam em Ab'at, e travaram guerra com o país da Índia, e o rei da Índia trouxe um presente e um tributo e ele mesmo rendeu homenagens ao rei da Etiópia.

> Ele [Davi/Menelique] travou guerra em todos os lugares que lhe apeteceu; nenhum homem o conquistou, pelo contrário. Quem o atacasse era vencido. E quanto àqueles que brincaram de espião em seu acampamento, para ouvir alguma história e contá-la em sua cidade, foram impossibilitados de correr com seus carros, pois a própria Sião [a Arca] exauriu a força do inimigo.
>
> Mas o rei Davi, com seus soldados, e os exércitos de seus soldados, e todos aqueles que obedeceram à sua palavra, voaram nos carros sem dor ou sofrimento, e sem fome ou sede, e sem suor ou cansaço, e cobriram em um dia a distância que [geralmente] levava três meses para percorrer [a pé].
>
> E não lhes faltou nada das coisas que eles pediram a Deus por meio de Sião, o Tabernáculo da Lei de Deus, pois ele morava com ela, e Seu Anjo a direcionava, e ela era Sua habitação. E quanto ao rei que ministrou em Seu pavilhão – se ele estivesse em qualquer viagem e desejasse que algo fosse feito, tudo que ele desejava e pensava em seu coração, e indicava com o dedo, tudo [Eu digo] era realizado conforme sua palavra, e todos o temiam. Mas ele não temia ninguém, pois a mão de Deus estava com ele, e trabalhava por ele e o protegia de todo o mal para sempre. Amém.

Assim, mais uma vez no *Kebra Nagast* temos a menção a carros voadores que são capazes de viajar em um dia a distância que levaria três meses para se percorrer a pé.

É curioso que uma guerra com a Índia seja mencionada. Máquinas voadoras, conhecidas em sânscrito como vimanas, são citadas em muitos dos livros épicos da Índia. No famoso épico *Ramayana*, boa parte da narrativa acontece ao longo de um oceano a oeste da Índia, em uma ilha chamada Lanka, governada por um rei de pele escura chamado Ravana. Será possível que a Etiópia seja a Lanka do *Ramayana*? As ligações entre a Etiópia e a Índia antiga são fortes. Aparentemente, travaram certa vez uma guerra, da qual os historiadores parecem nada saber!

O *Kebra Nagast* continua com o Concílio de Niceia original, onde o bispo Domício elogia o livro que encontrou (que é o *Kebra Nagast*) e diz que este estabelece não apenas a posse pela Etiópia da verdadeira Arca da Aliança, mas também uma dinastia salomônica criada pelo primogênito de Salomão, ou seja, Menelique.

Então, um bispo chamado Gregório faz um extenso discurso com elementos proféticos (capítulos 95-112) que prova o propósito messiânico de Jesus, a validade das formas etíopes de veneração e a supremacia espiritual da Etiópia sobre Israel. A Etiópia é a nova Sião. Essa também é a essência do Rastafarianismo, que se tornou popular por meio dos músicos jamaicanos como Bob Marley, que é amplamente reverenciado na Etiópia. Sião, um local para todas as pessoas, as 12 tribos de Israel – as 12 tribos da humanidade, como foram descritas em 250 a.C. pelo filósofo grego Platão – ficava originalmente no Levante, a leste do Mediterrâneo, mas mudou-se para a Etiópia.

O *Kebra Nagast* conclui com uma profecia segundo a qual o poder da Igreja Romana será eclipsado pelo poder da Igreja Ortodoxa Etíope, seguidora dos ensinamentos do bispo Nestório, que ensinou sobre a reencarnação, entre outras coisas. Ele descreve como o rei Calebe de Axum se encontrou com Justiniano de Bizâncio, e que a partir daí se decidiu que ele controlaria os judeus que viviam em Najrã (parte de seu reino no oeste da Arábia Saudita, ao longo do Mar Vermelho, a norte do Iêmen). Seu filho mais novo, Gebre Meskel, se tornou seu herdeiro com o intuito de conquistar esse objetivo e se recolher em um monastério (capítulo 117).

A ação principal do *Kebra Nagast* acontece em dois períodos, durante o tempo de Salomão e Menelique (por volta de 920 a.C.) e durante o Primeiro Concílio de Niceia (325 d.C.). O último capítulo, no entanto, referencia Justiniano de Roma, e os reis Calebe e Gebre Meskel da Etiópia, que são reis históricos que viveram no século VI d.C. Isso mostra que o livro, como o conhecemos hoje, foi compilado a partir de histórias anteriores, e foi, provavelmente, composto muito depois dos acontecimentos descritos. Contudo, esses representam tempos muito importantes na história da Etiópia.

Selo assírio que mostra um homem de barba em um disco voador (Museu Britânico).

Foi no Concílio de Niceia que a igreja primitiva se dividiu, surgindo a Igreja Católica Romana, com suas doutrinas especiais. Outras facções, como os cristãos nestorianos, gregos ortodoxos e a Igreja Ortodoxa Etíope, separaram-se da Igreja Católica. Essas igrejas continuaram a ensinar a doutrina de que Cristo e Jesus eram entes diferentes, e conceitos como "Mestres" e reencarnação faziam parte de sua doutrina. Jesus era chamado de "Mestre" por seus discípulos, um título comum hindu e budista. O batismo da Igreja Cristã tem sua origem com os hindus, na Índia.

A Igreja Católica Romana retirou todas as referências à reencarnação dos livros que tiveram a permissão de participar do trabalho coletivo conhecido como a Bíblia. Outros livros tornaram-se os Livros Apócrifos ou foram totalmente deixados de fora do cânone. Como o Concílio decidira contra eles, bispos, tais como Nestório, foram enviados para o exílio. Ele foi para Bagdá e começou a Igreja Cristã Nestoriana.

Selo assírio que apresenta três homens em um disco voador (Museu Britânico).

Voo na antiguidade

Então, o que devemos pensar a respeito das histórias da Arca voando pelo ar e dos relatos de carros voadores no *Kebra Nagast*? Ao longo da história, houve relatos de voos: de tapetes voadores às rodas flamejantes, dentro de outras rodas, com Ezequiel. Nas lendas da Antiguidade, há incontáveis narrativas sobre pessoas que voam, carruagens voadoras, cavalos alados e outros objetos aéreos geralmente rejeitados como sendo fantasia ou mito. Destaco muitas dessas histórias em meus livros *Technology of the Gods*[16] e *Vimana*,[17] entre outros.

Por volta de 300 a.C., o poeta chinês Chu Yuan escreveu sobre seu voo em uma carruagem de jade, em elevada altitude, sobre o Deserto de Gobi em direção às Montanhas nevadas Kunlu, a oeste. O pesquisador Andrew Tomas diz: "Ele descreve com precisão como a aeronave não foi afetada pelos ventos e pela poeira do Gobi, e como ele conduziu um voo de reconhecimento aéreo."[18]

---

16. *Technology of the Gods,* David Hatcher Childress. Kempton (IL): AVP, 1999.
17. *Vimana, Flying Machines of the Ancients,* David Hatcher Childress, *op cit.*
18. *We are Not the First,* Andrew Tomas. London: Souvenir Press, 1971.

O folclore chinês é repleto de relatos de carruagens voadoras e outras descrições de voo. Tomas menciona uma escultura feita na pedra de uma sepultura na província de Shantung, datada de 147 d.C., que apresenta uma carruagem com dragões voando bem acima das nuvens.[19] No século IV d.C., o historiador chinês Ko Hung talvez tenha descrito um tipo de helicóptero ao citar "carros voadores feitos com madeira da parte interior da jujubeira, e utilizando correias de couro de boi amarradas a pás rotativas para colocar a máquina em movimento".

Leonardo da Vinci também projetou um helicóptero funcional, possivelmente a partir dos projetos chineses. Os helicópteros, ao contrário dos planadores, não necessitam de áreas extensas para aterrissagem, mas são muito mais difíceis de controlar. No entanto, a combinação de um balão com hélices para ajudar a movimentar a aeronave seria um feito técnico bem dentro das capacidades da dinastia chinesa. Até as nossas aeronaves primitivas, como o avião feito pelos famosos Irmãos Wright, em Kitty Hawk, na Carolina do Norte, eram construções bem grosseiras que utilizavam madeira, lona e corda.

O explorador americano Jim Woodman e seus colegas fizeram experiências com tecnologia semelhante quando construíram um cesto de bambu, no Peru, e o fizeram flutuar sobre a Planície de Nazca com um balão de ar quente grosseiro feito com fibras nativas e tecido entrelaçado. A aeronave foi chamada de *Condor I*, e Woodman escreveu a respeito dela em 1977, no livro *Nazca: Journey to the Sun*.[20] Ele e seus amigos atingiram uma altitude acima de 365 metros e aterrissaram com sucesso, sem nenhum ferido. Woodman acreditava que as Linhas de Nazca, que só podem ser vistas em sua totalidade a partir do ar, eram observadas por antigos sacerdotes que sobrevoaram a planície do deserto em balões de ar quente primitivos, porém eficientes.

Esse acontecimento – e a recriação dele – é muito popular no Japão, e uma série de documentários televisivos foi produzida naquele país com foco nas explorações feitas em balões primitivos, como esses teorizados por Woodman. De fato, histórias sobre pipas que erguem homens são populares no Japão, e há um relato muito conhecido, do século XII, de um herói samurai chamado Tametamo

---

19. *Idem, ibidem.*
20. *Nazca: Journey to the Sun*, Jim Woodman. New York: Simon and Schuster, 1977.

que ajuda seu filho a fugir de uma ilha, onde eles foram exilados, amarrando-o a uma pipa gigante com a qual ele é capaz de voar pelo ar até o território japonês. Dispositivos planadores, balões e pipas capazes de transportar um homem são fascinantes, mas quando consideramos muitas histórias de voos antigos, estamos observando voos motorizados muito parecidos com os que temos hoje. Dessa forma, esperamos que a tecnologia das máquinas voadoras seja semelhante à que possuímos hoje, incluindo eletricidade, dispositivos mecânicos e controles.

Em seu livro *Wonders of Ancient Chinese Science*,[21] Robert Silverburg diz que os mitos chineses falam de um povo lendário, os Chi-Kung, que viajaram em "carruagens aéreas". Na antiga crônica chinesa chamada *Records of the Scholars* está registrado que o grande astrônomo e engenheiro Chang Heng, da Dinastia Han, construiu um aparelho voador. Ele era, diz Silverburg, "[um] pássaro de madeira com um mecanismo em sua barriga que o permitia voar por quase 1,6 quilômetro".

O desenvolvimento das viagens espaciais modernas, incluindo experimentos com foguetes tripulados, pode ser rastreado até a primeira utilização da pólvora, na China. Há muito tempo que o carvão e o enxofre são ingredientes conhecidos para misturas incendiárias. Já em 1044, os chineses sabiam que salitre, quando acrescentado a tal mistura, fazia com que ela efervescesse de forma ainda mais alarmante. Não sabemos quem foi o primeiro a aprender que se você moer carvão, enxofre e salitre até eles formarem um pó muito fino, basta misturá-los muito bem na proporção de 1:1:3.5 ou 1:1:4, e colocar a mistura em um recipiente dosador e, quando acender, ela explodirá de forma espantosa. Foi sugerido que os pesquisadores, acreditando que o sal tornava o fogo mais quente porque o deixava mais brilhante, tentaram vários sais até se deparem com o nitrato de potássio ou salitre.

Provavelmente, o foguete evoluiu de forma simples a partir de uma flecha incendiária. Quando se queria fazer uma flecha de fogo arder intensamente, por vários segundos, utilizando o novo pó, bastava conservar o pó em um tubo fino e comprido para evitar que

---

21. *Wondres of Ancient Chinese Science*, Robert Silverburg. New York: Ballantine Books, 1969.

ele explodisse de repente. Também seria necessário deixar a chama e a fumaça escaparem por uma das extremidades do tubo.

Os chineses criaram todos os tipos de flechas impulsionadas por foguetes, granadas e até bombas de ferro, muito semelhantes àquelas em uso hoje. O primeiro foguete de duas fases é atribuído aos chineses do século XI d.C., e foi criado a partir do desenvolvimento do foguete "Dragão de Fogo". Enquanto seguia a trajetória em direção ao seu alvo, o "Dragão de Fogo" acendia flechas de fogo que voavam da boca do dragão. Um foguete de duas fases, prematuro, com bombas de fragmentação!

O CONTROVERSO LIVRO *WAR IN ANCIENT INDIA*

Logo no final da Segunda Guerra Mundial, um livro controverso e acadêmico chamado *War in Ancient India*,[22] ou seja, *Guerra na Antiga Índia*, foi publicado pela Oxford University Press, na Inglaterra. Ele foi escrito por um historiador do sul da Índia chamado Ramachandra Dikshitar. O livro, de 1944, continha um fascinante capítulo intitulado "Aerial Warfare in Ancient India" (Guerra Aérea na Índia Antiga), que fez os estudiosos de sua época perguntarem-lhe por que ele incluiria tal capítulo em sua obra. Como pode ter havido uma guerra aérea na Índia antiga quando, obviamente – como qualquer cientista sabe – os indianos antigos não poderiam ter possuído veículos voadores?

No entanto, o professor acadêmico defendeu-se dizendo que ele apenas escrevia sobre essas coisas porque os textos antigos descreviam acontecimentos como pessoas voando em máquinas, muito conhecidas como vimanas, e que esses objetos voadores também eram utilizados em ações militares. Conflitos aéreos, na época e hoje, são opções atraentes no sentido de que é provável infligir o maior dano possível ao inimigo com o mínimo de perdas de vida do lado do agressor. Guerras aéreas, incluindo a utilização de foguetes e mísseis, são formas superiores de travar guerras, desde que se possua a tecnologia avançada.

O Dr. Dikshitar começa o capítulo chamado "Aerial Warfare in Ancient India" com vários parágrafos afirmando como é interessante

---

22. *War in Ancient India*, Ramachandra Dikshitar. Delhi: Motilal Banarsidass, 1944.

que a Índia tenha sido um colaborador precoce para a então (1944) emergente ciência aeronáutica, que inclui aviões, zepelins, balões e outros dirigíveis:

> Nenhum assunto pode ser mais interessante na presente circunstância mundial do que a contribuição da Índia para a ciência aeronáutica. Há diversas ilustrações em nossa vasta literatura purânica e épica que mostram a forma boa e maravilhosa com que os antigos indianos conquistaram o ar. Caracterizar de forma loquaz tudo encontrado nessa literatura como imaginário e rejeitá-la sumariamente como irreal têm sido, até recentemente, a prática de estudiosos tanto ocidentais quanto orientais. De fato, a própria ideia foi ridicularizada e as pessoas chegaram ao ponto de assegurar que era fisicamente impossível para o homem utilizar máquinas voadoras. Mas hoje, com balões, aviões e outras máquinas voadoras, vemos uma grande mudança dos nossos conceitos acerca do assunto.
>
> Quanto à literatura védica, em um dos *Brâmanas* surge o conceito de um navio que veleja em direção ao céu. O navio é o Agnihotra, do qual os fogos Ahavaniya e Garhapatya representam os dois lados que rumam para o céu, e o remador é Agnihotrin, que oferece leite aos três Agnis. No *Rig Veda Samhita*, ainda mais antigo, vemos que os Asvins transportaram o resgatado Blujya de forma segura por meio de navios alados. Essas talvez sejam referências à navegação aérea de tempos primitivos.
>
> No recém-publicado *Samarangana Sutradhara*, de Bhoja, um capítulo inteiro, de mais ou menos 230 estrofes, é dedicado aos princípios da construção de base de várias máquinas voadoras e outras máquinas utilizadas com propósitos militares e afins. As várias vantagens da utilização de máquinas, especialmente as voadoras, são fornecidas de maneira elaborada. É feita uma menção especial a elas atacando objetos visíveis e invisíveis, de sua utilização de acordo com a vontade do utilizador, de seus movimentos ininterruptos, de sua força e durabilidade. Em resumo, de sua capacidade de fazer no ar tudo aquilo que faz em terra. Após especificar e explicar um número de outras vantagens, o autor conclui que até coisas impossíveis podiam ser afetadas por meio delas. Em geral,

três movimentos são atribuídos a essas máquinas – ascender, cruzar milhares de quilômetros em direções diferentes pela atmosfera e, finalmente, descer. Dizem que em um carro aéreo pode-se ascender à "região solar" Suryamandala e ao Naksatra mandala (região estelar), e também viajar pelas regiões de ar acima do mar e da terra. Dizem que esses carros se movem tão rapidamente que produzem um ruído que poderia ser ouvido ligeiramente do solo. Ainda assim, alguns escritores expressaram dúvida e perguntaram: "Isso seria verdade?" Mas a evidência a seu favor é esmagadora.

A produção de armas para ataque e defesa a serem utilizadas em terra e no ar é descrita... Levando em conta algumas das máquinas voadoras que merecem menção distinta neste trabalho, descobrimos que elas possuíam formatos diferentes, como de elefantes, cavalos, macacos, diversos tipos de aves e carruagens. De modo geral, tais veículos eram feitos de madeira. Citamos nessa conexão as seguintes estrofes para dar uma ideia dos materiais e tamanhos, especialmente porque estamos nos dias de dirigíveis rígidos navegando pelo ar durante muito tempo e, também por longas distâncias. [23]

O professor continua e fornece algumas citações diretas em texto sânscrito e, em seguida, em sua tradução para o inglês. Ele nos disponibiliza, enfim, o famoso texto do *Samarangana Sutradhara*, de Bhoja:

Um carro aéreo é feito de madeira leve e parece um pássaro grande com um corpo durável e bem formado, e tem mercúrio por dentro e fogo por baixo. Ele tem duas asas resplandecentes e é impulsionado pelo ar. Voa pelas regiões atmosféricas, por grandes distâncias, e transporta várias pessoas consigo. A construção interior parece o céu criado pelo próprio Brahma. Ferro, cobre, chumbo e outros metais também são utilizados por essas máquinas. [24]

O Dr. Dikshitar prossegue e se defende diante da crítica considerável que lhe foi atribuída quando ele escreveu, pela primeira vez, sobre a sofisticação e a glória da Índia antiga, incluindo guerras aéreas:

---

23. *Idem, ibidem.*
24. *Idem, ibidem.*

Tudo isso demonstra como a arte era muito desenvolvida, nesse sentido, na Índia antiga. Tais descrições elaboradas devem [refutar] a crítica de que os vimanas, e veículos aéreos semelhantes que são mencionados na literatura da Índia antiga, deviam ser relegados ao domínio dos mitos.

Os escritores antigos certamente podiam fazer uma distinção entre o mítico que eles designavam como *daiva* e as verdadeiras guerras aéreas, designadas *manusa*. Algumas guerras mencionadas na antiga literatura pertencem à forma *daiva*, distinta da forma *manusa*.[25]

O Dr. Dikshitar apresenta um relato do rei Satrujit, que é apresentado com um cavalo mágico que pode transportá-lo para qualquer lugar na Terra que ele deseje e, então, discute outros transportes "mágicos", incluindo referências ao *Ramayana*:

O rei Satrujit foi apresentado pelo Brâmane Galava com um cavalo chamado Kuvalaya, que tinha o poder de transportá-lo para qualquer local na Terra. Se isso tinha alguma base, de fato, devia ser um cavalo alado. Há várias referências no *Visnupurana* e no *Mahabharata* que dizem que Krishna navegou pelo ar em Garuda. Os dois relatos são imaginários ou são uma referência a uma máquina em forma de águia que voava pelo ar. Subrahmanya usa um pavão como seu veículo e o Brâmane, um cisne. Além disso, diz-se que o Asura, chamado Maya, possuía um carro dourado animado com quatro rodas fortes com circunferência de 12 mil cúbitos, que tinha o maravilhoso poder de voar à vontade e para qualquer lugar. Ele era equipado com várias armas e tinha padrões elevados. E na batalha entre os Devas e os Asuras, em que Maya teve papel de liderança, vários guerreiros são representados como pássaros de montaria.

[...] Golikere chama a atenção para um número de ocasiões em que duelos violentos foram travados entre homem e ave de rapina, resultando em prejuízo para a aeronave e seus ocupantes, em alguns casos levando a aterrissagens forçadas. Mais uma vez, o Raksasa Dronamukha oferece seus serviços a Ravana em seu encontro com o grupo de vanaras, para lutar com eles no mar, no céu ou em regiões subterrâneas. Após a

---

25. *Idem, Ibidem.*

grande vitória de Rama sobre Lanka, Vibhisana presenteou-o com o vimana Pushpaka, que era equipado com janelas, apartamentos e assentos excelentes. Ele era capaz de acomodar todos os vanaras, além de Rama, Sita e Laksmana. Rama voou para sua capital, Ayodhya, mostrando a Sita acima dos locais de acampamento, a cidade de Kiskindha e outras, no caminho. Novamente, Valmiki faz uma bela comparação entre a cidade de Ayodhya e um carro aéreo. [26]

Por fim, ele diz que se tratava de ciência real, com aviões e dirigíveis tubulares que eram utilizados pela realeza e comandantes militares em tempos antigos. Dikshitar diz:

> Essa é uma alusão ao uso de máquinas voadoras como transporte, além de sua utilização em guerras reais. Mais uma vez, o *Vikramaurvasiya* diz-nos que o rei Pururavas viajou em um carro aéreo para resgatar Urvasi na perseguição de Danava, que a levava embora. De forma semelhante, no *Uttararamacarita*, no voo entre Lava e Candraketu (Ato VI), uma frota de carros aéreos é mencionada conduzindo espectadores celestiais. Há uma afirmação no *Harsacarita* sobre Yavanas estar familiarizado com máquinas aéreas. A obra tâmil *Jivakacintamani* cita o Jivaka voando pelo ar.
>
> Mas devemos pressupor que, por ser muito caro, seu uso era mais ou menos privilégio exclusivo de reis e aristocratas.[27]

Assim, temos aqui um acadêmico nos informando que havia voos no mundo antigo. Seu comentário, bem no final, conclui que essas naves são "privilégio exclusivo de reis e aristocratas". Faz sentido que, em algum lugar, houvesse uma unidade de fabricação de vários tipos de aeronaves – por mais primitivas ou avançadas que fossem. Talvez rudimentares como balões de ar quente com hélices movidas a vapor, ou avançados veículos eletrogiroscópicos como discos voadores, ou os misteriosos *foo fighters* da Segunda Guerra Mundial.

E não foram produzidas poucas aeronaves; sem dúvida, havia centenas delas, provavelmente feitas ao longo de muitos séculos e – assim como as aeronaves fabricadas hoje – eram comercializadas

---

26. *Idem, Ibidem.*
27. *Idem, Ibidem.*

para reis e ditadores de qualquer país que pudessem pagar seu preço. O maior problema com qualquer aparelho voador, ou mesmo com uma locomotiva a vapor, é que se a máquina não receber manutenção apropriada, um dia deixará de funcionar. Pode ser que os zepelins mencionados em relatos tardios fossem os últimos modelos de sua espécie, relíquias da tecnologia que já não poderiam ser reproduzidas e, portanto, desapareceram por alguns séculos.

Em geral, não pensamos no mundo do ano 1000 a.C. como uma época de aeronaves, lâmpadas elétricas e armas explosivas, porém, os textos antigos nos dizem o contrário. Os dirigíveis talvez já existissem há milhares de anos por volta de 1000 a.C. E durante esse período, os egípcios, os hititas e muitas outras civilizações construíram templos enormes e estátuas de granito que são do mais refinado trabalho de cantaria. Hoje, não poderíamos construir edifícios imensos como o Templo de Karnak, ou a Grande Pirâmide, sem ferramentas elétricas ou equipamento pesado.

Com a tecnologia atual, somos capazes de fazer todas essas coisas incríveis mencionadas na Bíblia e em outros textos. Mas sentimos que os povos antigos não podiam realizar tais proezas – embora afirmem o contrário – porque eles careciam da nossa tecnologia. Será?

Dispositivos elétricos, máquinas e aeronaves eram objetos de luxo para existirem em tempos antigos, mas são mencionados com tanta frequência que nos fazem pensar que deve haver alguma verdade nas muitas histórias em que eles aparecem. Agora, vamos explorar esse assunto fascinante que são os dispositivos elétricos antigos.

Ilustração antiga da visão de Ezequiel do Senhor em uma nave com quatro rodas.

CAPÍTULO 6

Eletricidade Antiga e a Arca da Aliança

"E tu colocarás no peitoral do juízo o Urim e o Tumim; e eles estarão no coração de Aarão, quando ele estiver diante do Senhor; e Aarão levará o julgamento dos filhos de Israel em seu coração diante do Senhor, continuamente."
– *Êxodo 28:2-30*

Embora no estudo inicial da Arca da Aliança isso pareça um pouco chocante, há muitas provas de que a eletricidade era bem conhecida em tempos antigos. Podemos imaginar alguém como Benjamin Franklin descobrindo a eletricidade com uma pipa presa a um fio durante uma tempestade de raios, mas é lógico pensar que os antigos tivessem o mesmo interesse nesses fenômenos visíveis. De fato, os arqueólogos sabem há décadas que baterias com corrente contínua eram utilizadas no Oriente Médio há mais de 2 mil anos.

Relâmpagos, raios globulares, eletricidade estática, fogo de santelmo e muitas outras formas de fenômenos elétricos foram observadas durante milhares de anos pelos povos antigos, que criaram seus próprios termos para eles, e até desenvolveram vários dispositivos.

Sabemos que experiências com máquinas a vapor ocorreram há muitos milhares de anos e, de forma semelhante, experimentos com eletricidade devem ter sido conduzidos na mesma época.

Há quanto tempo, simplesmente não sabemos. Mas observações de relâmpagos – as armas de Zeus – são feitas desde a criação do homem. A eletricidade, em suas muitas formas, e luzes de muitos tipos podem ter sido "inventadas" pelo homem antigo há muitas dezenas de milhares de anos. O rei Salomão era famoso por dizer que "não há nada de novo sob o Sol". De fato, a eletricidade, máquinas elétricas, máquinas voadoras e equipamento pesado provavelmente têm sido utilizados, de uma forma ou de outra, por mais de 12 mil anos – ou talvez há mais tempo.

As antigas histórias gregas e egípcias a respeito da Atlântida nos recordam de que os antigos acreditavam que civilizações anteriores, possuidoras de alta tecnologia, existiram antes deles e foram destruídas por alterações cataclísmicas na Terra. Os defensores da teoria de extraterrestres no passado alegam que tais seres chegaram à Terra há milhares de anos, e trouxeram com eles a eletricidade, máquinas voadoras e armas de raio. De qualquer maneira, nós temos um mundo antigo no qual muitas pessoas viviam de forma muito primitiva, como fazem hoje em aldeias isoladas na bacia do Amazonas ou na Nova Guiné. E outras possuíam templos maravilhosos com lâmpadas elétricas e outras máquinas criadas com engenhosidade. Uma coisa é certa: uma sociedade com alta tecnologia deve ter conhecimentos de eletricidade.

Baterias elétricas no mundo antigo

A verdadeira tecnologia do tipo avançada requer algum tipo de potência, geralmente a eletricidade. Pense na impressionante gama de dispositivos que utilizamos hoje, de automóveis a aviões, de torradeiras, fornos e refrigeradores a ferramentas elétricas e computadores – todos eles utilizam a eletricidade de uma forma ou de outra. Que os antigos exploravam a eletricidade é uma premissa absolutamente essencial à crença de que o voo e outras altas tecnologias existiram em um passado remoto.

Baterias elétricas eram utilizadas há mais de 2 mil anos, de acordo com o Dr. Wilhelm Koenig, um arqueólogo alemão a serviço do Museu do Iraque, em Bagdá. Ele descobriu uma bateria em 1938, enquanto liderava uma escavação em Khujut Rabu'a, um sítio não muito distante, a sul de Bagdá. O museu iniciou escavações científicas e, no decorrer do trabalho, surgiu um objeto peculiar que – para Koenig – parecia muito com a atual bateria de célula úmida. Outras descobertas semelhantes ocorreram.

Um artigo publicado em julho de 1964 pelo *Popular Electronics* dizia que as antigas baterias eletroquímicas possuíam elementos na célula central que incluíam "[...] um cilindro de cobre contendo uma haste de ferro que fora corroída por uma espécie de ação química. O cilindro estava soldado com uma liga de 60% de chumbo e 40% de estanho, a mesma soldadura que utilizamos hoje". Há 2 mil anos, os indivíduos não apenas possuíam eletricidade, mas também usavam exatamente a mesma soldadura de liga de estanho que nós utilizamos hoje!

Um artigo anterior sobre essa impressionante tecnologia antiga foi publicado em abril de 1957 pela revista *Science Digest*, e intitulado "Baterias elétricas de dois mil anos".[28] O artigo diz:

[...] nos dias de Cleópatra, os talentosos prateiros de Bagdá banhavam joias a ouro – utilizando baterias elétricas. Não é mito; o jovem cientista Willard F. M. Gray, do laboratório de alta voltagem da General Electric's, em Pittsfield, Massachusetts, provou-o. Ele fez uma réplica exata de uma das baterias de célula úmida de dois mil anos e ligou-a a um galvanômetro. Quando girou o botão – a corrente fluiu!

Essas baterias antigas de antes de Cristo (feita pelos partas, que dominaram a

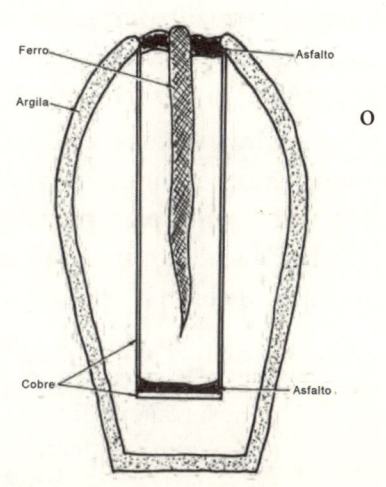

Diagrama da bateria de Bagdá.

---

28. *Science Digest*, 41:17-19, Harry M. Schwalb.

região de Bagdá entre 250 a.C. e 224 d.C.) são muito simples. Folhas finas de cobre eram soldadas em um cilindro com menos de dez centímetros de comprimento e por volta de 2,5 centímetros de diâmetro – aproximadamente o tamanho de duas baterias de uma lanterna de uma extremidade a outra. A solda tinha uma liga com uma porcentagem de 60% de estanho e 40% de chumbo – "uma das melhores em uso hoje", Gray salienta.

O fundo do cilindro era um disco de cobre com a borda revirada e uma camada de asfalto (o "betume" que a Bíblia diz que Noé utilizou para calafetar a Arca). O topo era fechado com uma tampa de asfalto, pela qual se projetava a extremidade de uma haste de ferro. Para ficar de pé, ela foi cimentada em um pequeno vaso.

Qual eletrólito os joalheiros partas utilizaram é um mistério, mas o modelo de Gray funciona bem com o sulfato de cobre. Ácido acético ou cítrico, que os químicos antigos possuíam em abundância, deveria ser ainda melhor.

Essa é uma prova conclusiva de que os babilônios realmente utilizavam a eletricidade. Como jarros semelhantes foram encontrados na cabana de um mago, podemos deduzir que tanto os sacerdotes quanto os artesãos guardavam esse conhecimento como um segredo comercial. Devemos salientar, aqui, que o revestimento e a galvanização foram introduzidos, novamente, apenas na primeira parte do século XIX.[29]

Andrew Tomas, em seu livro de 1971, *We Are Not the First*, menciona que, durante sua estada na Índia, lhe falaram sobre um antigo documento preservado pela biblioteca do príncipe indiano em Ujaim, e listado como *Agastya Samhita*, que contém instruções para a criação de baterias elétricas:

> Coloque uma placa de cobre bem limpa em um recipiente de cerâmica. Cubra primeiro com sulfato de cobre e, depois, com serragem umedecida. Em seguida, coloque uma folha de zinco com amálgama de mercúrio sobre a serragem para evitar polarização. O contato produzirá uma energia conhecida pelo nome composto Mitra-Varuna. A água será dividida por

---

29. Ver *We Are Not the First*, de Andrew Tomas, *op. cit.*

essa corrente em Pranavayu e Udanavayu. Uma corrente de 100 recipientes é capaz de produzir uma potência muito ativa e eficiente.

Tomas diz: "O Mitra-Varuna é hoje chamado de cátodo-ânodo, e Pranavayu e Udanavayu são, para nós, oxigênio e hidrogênio. Esse documento, mais uma vez, demonstra a presença de eletricidade no Oriente, há muito, muito tempo".[30]

Típica coluna de djed de Osíris.

Baixo-relevo, em Dendera, que parece mostrar colunas de djed e dispositivos elétricos.

O DISPOSITIVO ELÉTRICO DO TEMPLO DE HATOR

No Templo de Hator, em Dendera, próximo a Abidos, no Egito, podem ser vistas várias representações do que parece ser um antigo dispositivo elétrico egípcio; provavelmente utilizado para iluminar o templo. Esse templo grande necessitaria de 20 a 30 desses dispositivos para fornecer luz suficiente em seu interior. Em dendera o edifício é belo e imenso, com colunas enormes que imperam sobre nossas cabeças como sequoias. O templo tem uma origem bastante recente,

---

30. *Idem, ibidem.*

foi construído no século I a.C., mas envolve outros templos. Uma inscrição em uma das câmaras subterrâneas diz que ele foi construído "de acordo com um plano redigido em escrita antiga sobre pergaminhos de pele de cabra do tempo dos Companheiros de Hórus". Trata-se de uma inscrição curiosa que afirma, essencialmente, que os arquitetos ptolemaicos (gregos), do século I a.C., alegavam que o plano real do templo datava da lendária era pré-histórica, quando os "Companheiros de Horus" governaram o Egito.

O templo é ricamente decorado com inscrições e hieróglifos. Para mim, o mais interessante deviam ser os baixos-relevos da sala designada nº XVII, que mostram cenas distintamente invulgares do que parecem ser objetos elétricos. Nessas representações, uma grande lâmpada de vidro, com um filamento em formato de serpente, está colocada sobre uma coluna de djed, e ela tem um cabo saindo por sua parte traseira.

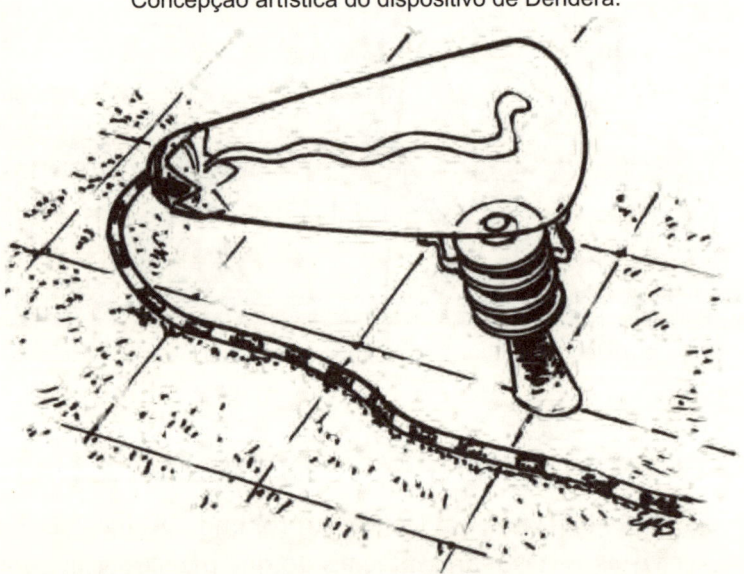

Concepção artística do dispositivo de Dendera.

O famoso cientista britânico Ivan T. Sanderson discute essas decorações de parede e a eletricidade egípcia antiga em seu livro *Investigating the Unexplained*.[31] As colunas de djed são interessantes, pois geralmente se associam a Osíris. Dizem que elas representam

---

31. *Investigating the Unexplained*, Ivan T. Sanderson. Eaglewood Cliffs, (NJ): Prentice Hall, 1972.

a coluna na qual ele foi encontrado por Ísis, em Biblos, no Líbano. As colunas de djed são explicadas como sendo isoladores, embora pareçam dispositivos geradores de eletricidade por causa do estranho formato de "condensador" no topo das colunas. Um engenheiro elétrico chamado Alfred Bielek explicou a decoração das paredes a Sanderson representando algum tipo de projetor, com o cabo sendo um grupo de condutores polivalentes, em vez de um único cabo de alta voltagem.

A explicação da egiptologia banal para esse curioso relevo é que se trata de uma flor de lótus que desabrocha, e o globo de vidro é o aroma do desabrochar. Nenhuma explicação é fornecida para a serpente no globo, ou para a estranha figura de um babuíno ou os sacerdotes de miniatura puxados pelo que parecem ser cabos.

Quem são as figuras gigantes que ficam por trás desses dispositivos de luz? Qual é sua função? Quem são os veneradores em miniatura? Eles veneram esses dispositivos elétricos? Por que eles estão suspensos nas colunas de djed? Os cabos parecem estar conectados a uma caixa, na qual se ajoelha uma figura com um globo em sua cabeça. Essa caixa é a fonte de energia para os dispositivos elétricos?

Quanto mais observamos a cena, mais interessante ela se torna. Raramente os egiptólogos a mencionam, embora ela seja apresentada a quase todos os turistas que visitam o Templo de Dendera, e é a imagem mais famosa daquela estrutura magnífica, com exceção do famoso zodíaco. Que eu saiba, os hieróglifos da imagem não foram traduzidos ou publicados.

Parte da evidência para os antigos aparelhos elétricos egípcios envolve o mistério de como as tumbas e as passagens subterrâneas foram generosamente pintadas e decoradas. Uma teoria engenhosa diz que os corredores e as câmaras eram iluminados por uma série de espelhos, que traziam a luz do Sol pela entrada. No entanto, muitas tumbas são extremamente elaboradas, com curvas muito profundas e sinuosas para que isso funcionasse. Paredes e tetos não apresentam sinais de fuligem de tochas de fogo; então, como esses corredores eram iluminados para facilitar o trabalho dos artesãos?

Babuínos veneram um globo sustentado por um ankh e uma coluna de djed. Um dispositivo elétrico?

Luzes elétricas no antigo Egito?

Quando observamos algumas das coisas estranhas representadas nas paredes dos templos e das tumbas, em papiros ou mesmo na cerâmica, vemos, com frequência, representações desconcertantes que parecem ser de algum tipo de dispositivo elétrico. Muitas são manifestações de colunas de djed associadas ao deus Osíris, e possuem algum tipo de globo ou disco em suas cabeças.

Em geral, esses objetos assemelham-se a algum tipo de máquina, e muitos parecem ser uma luz ou uma espécie de lâmpada de projetor, como as pinturas e os relevos nas paredes em Dendera. Outros parecem globos brilhantes presos em uma coluna de djed. Isso poderia ser algum tipo

Osíris.

de lâmpada? Um objeto como esse poderia ter sido um gerador de energia mantido dentro da Arca da Aliança?

A explicação exata de por que uma coluna de djed tem a típica aparência de uma coluna com uma base larga e quatro barras paralelas, na verdade, é insuficiente. Os egiptólogos não conseguem explicar com precisão esse desenho, só afirmam não se tratar de um dispositivo elétrico. As explicações variam muito e incluem o seguinte:

1) São quatro pilares ou colunas vistos um por trás do outro.
2) É a espinha dorsal de um homem, especificamente de Osíris.
3) É um cedro do Líbano, onde Osíris certa vez se banhou.
4) É uma barra à volta da qual são presos maços de fibras.

As colunas de djed eram um estilo e fetiche populares, e as pessoas carregavam miniaturas de colunas de djed feitas em cerâmica. Elas seriam réplicas em argila de lanternas importantes? A coluna de djed era associada ao deus chefe de Mênfis, Ptá, chamado de "Nobre Djed". Geralmente, Ptá é representado de pé e segurando um bastão com uma coluna de djed no topo.

Também havia o Festival da Coluna de Djed, que acontecia no tempo da colheita, no primeiro dia do mês de Sem. O festival envolvia o levantamento de uma grande coluna de madeira na qual eram atados maços de trigo.

A coluna de djed está associada à fertilidade, a símbolos fálicos, colheita, morte e renascimento. Quando ela é vista acompanhada por globos, serpentes e ankhs, podemos nos perguntar se não são componentes de algum dispositivo maior. A coluna de djed poderia ser a bateria, enquanto o globo é uma bola de vidro selada com um gás ou filamento que seria eletrificado pela bateria – grande ou pequena. O ankh pode representar a luz e a energia criadas ou, simplesmente, ser uma forma de decoração.

Outro objeto curioso era um cetro chamado Was, às vezes carregado por deuses ou homens. Teoriza-se que seja em parte um cetro de vistoria e em parte varinha de adivinhação. O Was também pode ter sido um dispositivo elétrico, pois Ptá era representado com um bastão semelhante ao cetro Was, mas com uma coluna de djed na ponta. Um cetro com algumas joias, como rubis, com a eletrônica apropriada poderia ser um pequeno *laser*. Os pequenos *lasers* portáteis de hoje utilizam rubis sintéticos e pequenas baterias como fonte de energia.

Também é interessante notar o desenho da serpente dentro das lâmpadas, nos relevos das paredes de Dendera. Essa energia de gás de serpente e plasma no interior de uma luz eletrificada, como uma bola de plasma ou um sinal de neon, pode ter sido um dispositivo importante nos templos do antigo Egito. A serpente é utilizada em outros desenhos, enrolando-se em torno de um ovo ou de um cetro. Isso parece indicar que a serpente representa uma forma de energia, possivelmente um plasma de gás brilhante, como neon, ou talvez apenas um simples filamento de resistência, como em uma lâmpada.

Quando observamos as estátuas de granito e basalto finamente elaboradas das dinastias do Egito, vemos que são tão bem talhadas e polidas que parecem ser feitas de ferramentas elétricas. Essas ferramentas teriam de ser semelhantes às ferramentas de cantaria que utilizamos hoje. O engenheiro Christopher Dunn escreveu exatamente acerca desse tópico em seus livros *Lost Technologies of Ancient Egypt*[32] e *The Giza Power Plant*.[33]

Coluna de djed com ankh e globo.

Aparentemente, há aparelhos de alta tecnologia representados em painéis hieroglíficos egípcios em um dintel no Templo de

---

32. *Lost Technologies of Ancient Egypt*, Christopher Dunn. Rochester (VT): Bear & Company, 2010..

33. *The Giza Power Plant*, Christopher Dunn. Rochester (VT): Bear & Company, 1998.

Abidos, no sul do Egito, um local que não é distante do Templo de Dendera. Em Abidos, hieróglifos e símbolos são talhados em uma rocha de granito e mostram o que parece ser um helicóptero, um foguete, um disco voador e um avião a jato. Essas imagens incomuns podem ser interpretadas pelo leitor da maneira que ele quiser, mas elas são autênticas. Os egiptólogos tradicionais não comentam a respeito desses hieróglifos, exceto para dizer que alguns são compostos por dois hieróglifos sobrepostos[34].

Eletricidade e religião

Uma imagem em papiros da 18ª dinastia mostra "babuínos sagrados" e sacerdotes venerando uma coluna de djed e um ankh com mãos segurando um globo. Ivan Sanderson comparou o objeto a geradores estáticos, como o gerador de Van de Graaff ou de Wimshurst. Sanderson pediu a Michael R. Freedman, um engenheiro elétrico, que desenhasse planos para sua versão de um gerador de eletricidade estática de uma coluna de djed. De fato, era realmente muito semelhante ao gerador moderno de Van de Graaff encontrado em muitos laboratórios de ciências de escolas do ensino médio.

Em tal aparelho, a eletricidade estática se desenvolve dentro do globo, e Freedman diz:

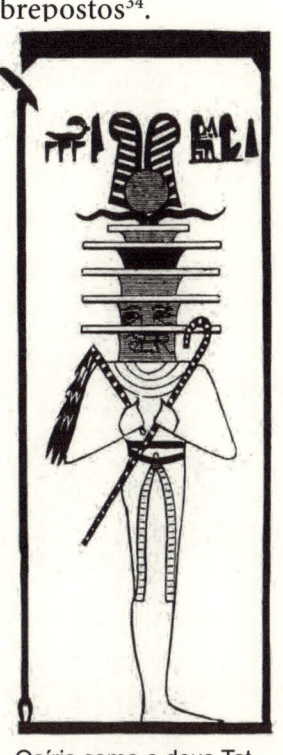

Osíris como o deus Tat.

> Qual melhor "brinquedo" para um sacerdote egípcio da Antiguidade? [...] e tal instrumento poderia ser utilizado para controlar tanto o faraó quanto o felá (camponês), simplesmente ilustrando, sobretudo de forma gráfica, os poderes de deus; dos quais, claro, apenas os sacerdotes sabiam os verdadeiros segredos. Bastava colocar uma haste de metal, ou um bastão banhado com algum metal, nas proximidades da esfera, e

---

34. Ver *Technology of the Gods*, de David Hatcher Children, *op. cit.*

o tal sacerdote produziria uma demonstração maravilhosa, com arcos elétricos e altos estrondos. Mesmo com nada mais elaborado do que um anel em seu dedo, um sacerdote poderia apontar para o "símbolo da vida" e ser atacado por um grande raio, e continuaria vivo e sem sinais de danos; mostrando, assim, os poderes onipotentes dos deuses – sem mencionar dele mesmo – para preservar a vida do fiel.[35]

Embora o dispositivo possa ter sido exótico, mas simples, gerador estático, também pode ter sido uma torre de luz elétrica e lâmpada autogeradora. Uma bola elétrica brilhante no centro de um templo ornamentado teria sido uma visão impressionante. Os egípcios usavam iluminação elétrica? Parece que sim!

Osíris como o deus Asar.

Autores como Jerry Ziegler, em seus livros *YHWH*[36] e *Indra Girt by Maruts*,[37] afirmam que dispositivos elétricos de vários tipos eram utilizados nos templos e frequentemente empregados como oráculos ou impressionantes manifestações das divindades. Ziegler cita em seus livros uma grande quantidade de fontes antigas sobre a iluminação da Antiguidade, fogos sagrados e oráculos. Ele argumenta que a Arca da Aliança, assim como as chamas sagradas dos oráculos mitraicos e zoroastrianos, eram antigos dispositivos elétricos utilizados para impressionar a congregação.[38] Antigas lendas hebraicas falam de uma joia cintilante que Noé pendurou na Arca para fornecer uma fonte constante de iluminação.[39] E, no capítulo 5, notamos a menção a objetos

---

35. Ver *Investigation the Unex plained*, de Iven T. SAnderson, *op cit*.
36. *YHWH*, Jerry Ziegler. Morton (IL): Star Publishers, 1985.
37. *Indra Girt by Maruts*, Jerry Ziegler. Stanford (CT): Next Millennium Publishers, 1994.
38. Ver *YHWH*, de Jerry Ziegler, *op. cit*.
39. *The World´s Last Mysteries*, Nigel Blundell. London: Octopus Books, 1980.

semelhantes no palácio do rei Salomão, por volta de 950 a.C.

Parece que os aparelhos elétricos da antiguidade eram utilizados apenas por sacerdócios especiais e não pelas massas. Há um livro semelhante ao de Ziegler, *Ka: A Handbook of Mithology, Sacred Practices, Electrical Phenomena, and their Linguistic Connections in the Ancient World*, de Hugh Crosthwaite.[40] O fascinante livro de Crosthwaite, publicado em 1992, afirma que os povos antigos construíram simples – e mais complicados – dispositivos elétricos que eram utilizados em cerimônias religiosas. Esses "fogos" sagrados variavam entre discos de âmbar, que criavam faíscas de eletricidade estática quando friccionados um no outro (facilmente visíveis em uma sala escura), e condensadores elétricos estáticos, como a famosa Arca da Aliança.

O deus Ptá segurando um cetro especial.

O importante no livro de Crosthwaite é que ele mostra o quanto da religião primitiva foi construído em torno de fenômenos elétricos. Os muitos templos famosos de outrora teriam, como seu centro de atração, uma luz elétrica de algum tipo que impressionava o peregrino e proporcionava algo sobre o qual ele realmente poderia refletir. Cidades pequenas, rurais, não teriam luzes elétricas, e a maioria das pessoas desconheceriam efeitos elétricos.

---

40. *Ka: A Handbook of Mythology, Sacred Practices, Electrical Phenomena, and their Linguistic Connections in the Ancient Word*, H. Crosthwaite. Princeton (NJ): Metron Publications, 1992.

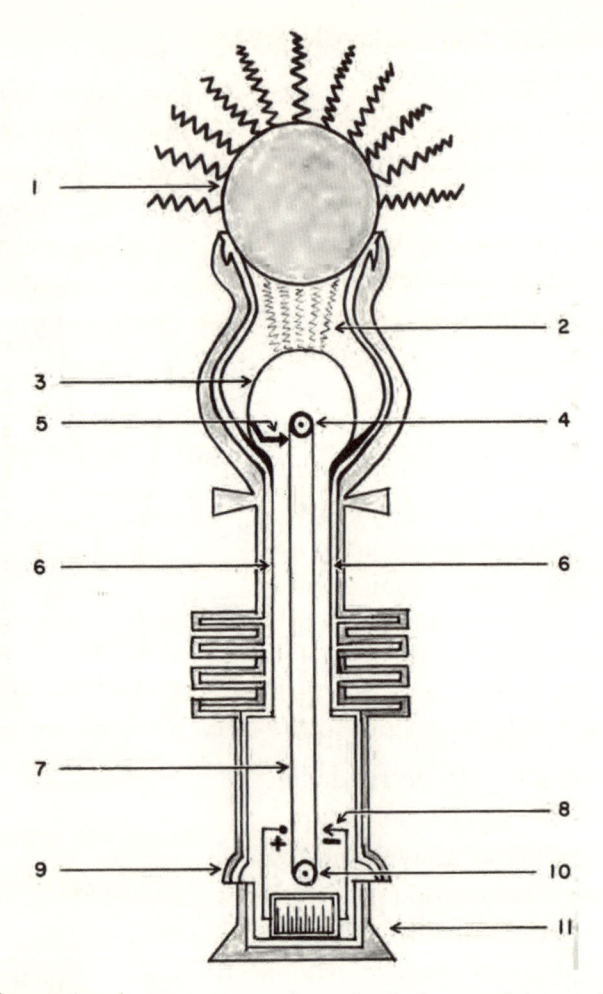

Diagrama demonstrando como uma coluna de djed, com globo, poderia ser um dispositivo elétrico.

Crosthwaite diz que o *Ka* dos antigos egípcios está relacionado com fenômenos elétricos, e que muitos dos ensinamentos das chamadas Religiões de Mistérios, como em Delfos, na Grécia, também estavam associados a vários dispositivos elétricos. Ao longo do tempo, a civilização entrou na Idade das Trevas, e as religiões antigas foram aniquiladas pelo Cristianismo e pelo Islamismo.

Chamas elétricas eternas

O autor e estudioso austro-russo Andrew Tomas, que era um grande conhecedor dos textos clássicos, tanto do Oriente quanto do Ocidente, tem um capítulo intitulado "Eletricidade no Passado Remoto" em seu livro de 1971, *We Are Not the First*.[41] Esse capítulo possui uma lista longa de autores clássicos que fizeram afirmações em seus trabalhos comprovando a realidade de lâmpadas na antiguidade. Algumas dessas lâmpadas sempre acesas poderiam utilizar dispositivos elétricos de diversos tipos.

Tomas menciona que Luciano (d.C. 120-180), o satírico grego, forneceu um relato detalhado de suas viagens. Em Hierápolis, na Síria, ele viu uma joia reluzente na testa da deusa Hera que iluminava todo o templo durante a noite. Próximo dali, dizia-se que o templo romano de Júpiter, em Balbeque, era iluminado por "pedras incandescentes".[42]

Uma bela lâmpada dourada, no tempo de Minerva, que diziam brilhar por um período de um ano, foi descrita por Pausânias, historiador do século II. Santo Agostinho (d.C. 354-430) escreveu a respeito de uma lâmpada sempre acesa que nem o vento nem a chuva podiam apagar.

Tomás conta que quando o sepulcro de Pallas, filho de Evander, imortalizado por Virgílio em sua *Eneida*, foi aberto em Roma, em 1401, a tumba foi encontrada iluminada por uma lanterna perpétua que aparentemente estava acesa há centenas de anos.[43]

Tomas também diz que Numa Pompílio, o segundo rei de Roma, tinha uma luz perpétua brilhando na cúpula de seu templo. Plutarco escreveu acerca de uma lâmpada que ardia na entrada de

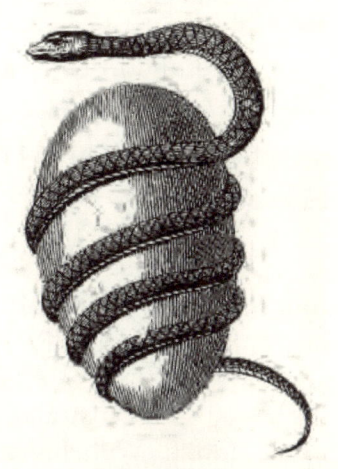

O ovo cósmico.

---

41. *We Are Not the First*, Andrews Tomas, *op. cit.*
42. *Idem, ibidem.*
43. *Idem, ibidem.*

um templo dedicado a Júpiter-Ámon, e seus sacerdotes afirmavam que ela permaneceu acesa durante séculos.

Ele alega que uma lâmpada sempre acesa foi encontrada em Antioquia durante o reinado de Justiniano de Bizâncio (século VI d.C.). Uma inscrição indicava que ela ardeu por mais de 500 anos. Durante o início da Idade Média, uma lâmpada perpétua, feita no século III, foi encontrada na Inglaterra, e ela proporcionou iluminação por muitos séculos.

Tomas também menciona um sarcófago contendo o corpo de uma moça aristocrata que foi encontrado em um mausoléu na Via Ápia, perto de Roma, em abril de 1485. Quando o mausoléu selado, que abrigava o sarcófago, foi aberto, uma lâmpada acesa impressionou os homens que o abriram. Ela ficou acesa por 1.500 anos! Quando o unguento escuro que impedia a decomposição do corpo foi removido, a menina parecia viva, com lábios vermelhos, cabelo escuro e figura formosa. O corpo foi exibido em Roma e visto por 20 mil pessoas.

Citações de Tomas sobre outros exemplos de iluminação antiga:

No templo de Trevandro, Travancore, o reverendo S. Mateer da Missão Protestante de Londres viu uma "grande lâmpada dourada, que foi acesa há 120 anos", em um poço profundo, dentro do templo.

Descobertas de lâmpadas sempre acesas em templos da Índia e a tradição da era dourada das lâmpadas mágicas dos Nagas – os deuses e deusas serpentes que vivem em moradias subterrâneas nos Himalaias – levantam a possibilidade da utilização de luz elétrica em uma era esquecida. Se tomarmos por base o texto *Agastya Samhita*, que fornece instruções precisas para a construção de baterias elétricas, essa especulação não parece extravagante.

Na Austrália, soube de uma aldeia na selva, perto do Monte Wilhelmina, na parte ocidental da Nova Guiné, ou Irian. Afastada da civilização, essa aldeia possui um "sistema de iluminação artificial igual, se não superior, ao do século XX", como afirmou C. S. Downey em uma conferência sobre iluminação de rua e tráfego em Pretória, na África do Sul, em 1953.

Comerciantes que penetraram esse pequeno vilarejo perdido entre altas montanhas disseram que eles "ficaram apavorados ao verem muitas luas suspensas no ar e brilhando com grande luminosidade durante toda a noite". Essas luas artificiais eram bolas de pedra enormes colocadas sobre colunas. Depois do pôr do Sol, elas começavam a brilhar com uma luz estranha, parecida com neon, iluminando todas as ruas.

Ion Idriess é um conhecido escritor australiano que viveu entre os nativos do Estreito de Torres. Em seu livro *Drums of Mer*, ele conta uma história sobre os *booyas* que ouviu dos aborígines anciãos. Um *booya* é uma pedra redonda colocada no bocal de um bambu grande. Havia apenas três desses cetros de pedra conhecidos nas ilhas. Quando um chefe apontava a pedra redonda na direção do céu, um raio de luz azul esverdeada surgia. Essa "luz fria" era tão brilhante que os espectadores pareciam ser envolvidos por ela. Já que o Estreito de Torres banha as margens da Nova Guiné, podemos perceber alguma ligação entre esses *booyas* e as "luas" do Monte Wilhelmina.[44]

Outras luzes misteriosas e "pedras brilhantes" foram relatadas em cidades perdidas à volta do mundo. Dizem que o Tibete possui essas pedras brilhantes e lanternas colocadas sobre colunas pelas cidades. Tomas relata que o padre Evariste-Regis Huc (1813-1860), que viajou extensivamente pela Ásia no século XIX, descreveu uma lâmpada sempre acesa que ele vira; e o explorador russo da Ásia Central, Nicholas Roerich, relatou que a lendária cidade secreta budista de Sambala era iluminada por uma joia reluzente em uma torre.

Tomas declara:

> A história mostra que sacerdotes da Índia, Suméria, Babilônia e Egito, assim como seus confrades do outro lado do Atlântico – no México e no Peru – eram guardiões da ciência. Parece provável que, em uma época remota, esses homens

---

44. *Idem, ibidem*.

cultos eram forçados a se retirar a partes inacessíveis do mundo para salvar seu conhecimento acumulado da devastação das guerras e das agitações geológicas. Nós ainda não temos certeza do que aconteceu a Creta, Angkor ou Iucatã, e por que essas civilizações sofisticadas acabaram de repente. Se seus sacerdotes possuíam clarividência, eles deveriam ter antecipado essas calamidades.

Nesse caso, eles teriam levado seu patrimônio para centros secretos, como o poeta russo Valery Briusov descreveu em verso:

Os poetas e sábios,

Guardiões da Fé Secreta,

Esconderam suas Tochas Acesas

Nos desertos, catacumbas e cavernas.[45]

Lentes de cristal, espelhos solares e discos luminosos

Embora haja alguma dúvida entre os arqueólogos mais conservadores de que as sociedades antigas, como a dos egípcios, usavam eletricidade, todos eles concordam que aquelas sociedades possuíam uma tecnologia de vidro relativamente sofisticada, assim como de lentes de vidro e cristal. A arte antiga da fusão de vidro e metalurgia remonta às tênues brumas da civilização humana.

O pesquisador britânico Harold T. Wilkins menciona discos luminosos em seu livro publicado em 1952, *Secret Cities of Old South America*.[46] Wilkins diz: "O Qu-ran muçulmano, ou Alcorão, diz que o velho Noé plantou um ébano e cortou pranchas dele para construir seu grande navio para o dilúvio, o que não é improvável. Podemos vislumbrar algum conhecimento de física e eletro ou quimioluminescência por parte do velho Noé da Atlântida. O Alcorão diz que ele colocou nas paredes da Arca *dois discos luminosos para fazer (ou*

---

45. *Idem, ibidem.*
46. *Secret Cities of Old South America*, Harold Wilkins, 1952, London, reimpressão Kempton (IL), Adventures Unlimited Press, 1998.

marcar) o dia e a noite". Essa é uma versão ligeiramente diferente da lenda que menciona a joia reluzente de Noé.

Um livro fascinante que trata das antigas lentes de aumento foi publicado em 1953 por Flavia Anderson e seu título é *The Ancient Secret: Fire from the Sun*.[47] Trata-se de um dos meus livros favoritos sobre tecnologia antiga, e a Sra. Anderson será lembrada por ter escrito um belo trabalho. Anderson diz que as lendas do Graal são baseadas na existência de lentes antigas confeccionadas a partir de cristais de rochas triturados, que eram utilizados em cerimônias realizadas nos grandes templos do Egito e do Mediterrâneo Oriental.

O ovo cósmico em uma moeda de Tiro.

As lentes eram colocadas em suportes elaborados de metais preciosos e, geralmente, tinham outras pedras preciosas em torno da lente central. Embora essa lente central fosse uma importante relíquia sagrada, nada mais era além de uma lente de aumento comum utilizada hoje. Essas lentes ficavam suspensas em um dispositivo conhecido como ostensório. Um ostensório (Anderson descreve um ostensório do século XVI em seu livro) utilizava parafusos para prender um cristal ou uma lente de vidro no local, um suporte de prata/cobre/ouro. A autora sugere que velas eram acesas com essas lentes, as quais eram usadas em cerimônias religiosas. Mais tarde, elas seriam utilizadas para desenvolver telescópios, algo de que os egípcios, e outros, tinham conhecimento prévio.

Anderson mostra que lentes de cristal eram colocadas dessa maneira pelos babilônios naquilo que eles chamaram de "Árvores do Graal". A Árvore do Graal parece ser uma lente presa no centro do

---

47. *The Ancient Secret: Fire from the Sun*, Flavia Anderson. Kent (England): R.I.L.K.O. Books, Orpington, 1953.

suporte de metal, lembrando uma combinação entre uma árvore e o Sol. Ao lado da Árvore do Graal, em sua representação, está um "herói solar em conflito com um monstro com cabeça de águia".

Flavia Anderson diz que essas lentes de cristal eram extremamente valiosas e costumavam simbolizar nobreza ou autoridade. Ela fornece vários exemplos de lentes de cristal sendo colocadas em joias maravilhosas. Carlos Magno, por exemplo, tinha um talismã de cristal especial. Anderson diz:

> Em Dendera, no Egito, há uma escultura de um faraó oferecendo um colar maravilhoso à deusa Hator diante da "capela" do templo, conhecida como "Câmara do Nascimento" (onde provavelmente o renascimento do Sol era celebrado a cada ano). A misteriosa rainha arturiana na prosa *Percival*, cuja mão aponta para seu colar e seu pingente "estrela", que afirmam conter o mistério do Graal, poderia, no entanto, estar apontando para um talismã de cristal como aquele de Carlos Magno... Que a cultura do Egito e do Oriente Próximo tenham se expandido, de alguma forma desconhecida, até o México e o Peru, é uma suposição antiga... Os espanhóis registraram, em sua chegada ao Peru, que os sacerdotes pagãos costumavam acender seus fogos sagrados a partir dos raios do Sol, por meio de um cálice côncavo colocado sobre um bracelete de metal.[48]

Anderson diz que a lenda da fênix, que se ergue das cinzas do fogo que a consumiu, pode ser baseada em certos rituais que utilizavam um cristal de aumento. A lente era usada para focar o Sol em alguma palha seca, ou outro pavio e, então, um pássaro treinado brincava no fogo. Anderson demonstra em seu livro que um pássaro treinado, nesse caso uma gralha, pode brincar no fogo dessa maneira e não se queimar ou se machucar de forma alguma.

Enquanto as lentes de cristal, ou vidro, eram utilizadas pelos ancestrais para focar o Sol e acender fogos (com frequência, em cerimônias religiosas), provavelmente essa era uma tecnologia secundária em relação às luzes elétricas atuais ou outros dispositivos elétricos, como o gerador de Van de Graaff.

---

48. Ver *The Ancient Secret: Fire from the Sun*, de Flavia Anderson, *op, cit.*

Na literatura antiga, há várias histórias famosas que falam de lentes ou espelhos gigantes que eram utilizados em batalhas. A mais interessante entre essas narrativas é a dos gregos que usam um temível "espelho solar", que Arquimedes preparou em Siracusa, entre 212 a 215 a.C., para incinerar a tropa romana invasora. Ele, supostamente, focou o gigante espelho solar nos navios da frota romana e ateou fogo neles! Arquimedes foi reconhecido pela vitória naval, embora no fim das contas os romanos tenham levado a melhor contra os gregos.

Para recriar e provar os acontecimentos em Siracusa, Tonnis Sakkas, um engenheiro ateniense, colocou no foco do Sol 70 espelhos com estrutura de cobre, cada um deles medindo 90 x 150 centímetros, e conseguiu incendiar uma canoa no porto de Falero (atual Porto de Pireu), a uma distância de 60 metros.[49]

Robin Collins, em seu livro *Laser Beams from Star Cities*, diz que antigas lendas chinesas referem-se ao terrível espelho "yin-yang" utilizado por super-homens beligerantes para queimar o inimigo. Outro instrumento de guerra, possivelmente utilizado pelos ancestrais, seria o eletroímã. Collins menciona que as histórias do livro *As Mil e Uma Noites* citam os eletroímãs gigantes que tiravam os pregos dos navios como forma de conquistar o inimigo. [50]

Perseu possuía um capacete mágico que, quando colocado em sua cabeça, instantaneamente o tornava invisível. Robin Collins pergunta: "Seria o 'capacete' um dispositivo eletrônico para difratar ou desviar raios de luz, funcionando como um agente protetor? A 'névoa mágica' produzida pelos druidas para torná-los invisíveis pode estar relacionada a dispositivos de difração de luz".[51]

Collins diz:
> Não é tecnicamente impossível para os espelhos solares refletirem radiação de luz e calor (e eletromagnética?) a partir de um núcleo central de radiação; por exemplo, um plasma com fonte de energia por radiação posicionado no

---

49. *Laser Beams from Star Cities*, Robyn Collins. London:, Sphere Books, 1947.
50. *Idem, ibidem.*
51. *Idem, ibidem.*

centro de um espelho com liga cristalina/metálica e preso por um campo magnético. Luzes de rua fotovoltaicas são, hoje, experimentais na URSS e, em 1964, cientistas da Universidade Columbia desenvolveram um plasma "flutuante" (gás ionizado), com apenas alguns centímetros de comprimento, que emitia radiação de calor com uma velocidade de propagação de mais de 200 mil C., e um brilho três vezes mais intenso do que a fonte de luz artificial mais brilhante conhecida pelo homem. O plasma era tão brilhante, ou mais brilhante, que o Sol! Por isso, talvez haja mais do que um grão de verdade nas lendas antiquadas dos motores de destruição com espelhos solares![52]

Muitos dos relatos antigos sobre espelhos mágicos e "fogos celestiais" podem ser histórias de uma tecnologia excepcionalmente avançada. Por exemplo, os cristais poderiam ser desenvolvidos com substâncias fosforescentes ou luminescentes que lhes permitiram absorver a energia solar durante o dia, e ser uma pedra rígida de luz reluzente, durante a noite.

A ideia de que certos templos possuíam luzes sofisticadas, assim como motores a vapor, ou até motores elétricos que abriam portas grandes automaticamente e, assim, impressionavam ainda mais os visitantes, não é tão exagerada. Artimanhas do templo, como as utilizadas pelo *Mágico de Oz*, podem ter sido mais comuns do que gostaríamos de pensar, com oráculos sagrados em seus assentos sobre um poço de vapor, enquanto esferas brilhantes, verdes ou azuis, iluminam as imensas paredes de pedra de suas câmaras sagradas. Até hoje, muitas igrejas ao redor do mundo utilizam luzes e efeitos especiais, como refletores ou iluminação de Natal para decorar suas estruturas. Por que não seria assim em tempos antigos?

A Arca da Aliança — desligada

Acredito que a famosa Arca da Aliança era, em parte, um dispositivo elétrico ancestral com origem egípcia. Havia perigos ao lidar

---

52. *Idem, ibidem.*

com a Arca, e isso geralmente era feito pelos levitas, que utilizavam roupas protetoras.

Quando a Arca esteve em Israel e foi colocada na casa especial, perto de Siló, ela tinha mais de 40 anos. No entanto, ainda funcionava até muito pouco antes de ser instalada no Templo do rei Salomão. A Bíblia relata uma tragédia que aconteceu com o sacerdote Uzá, quando a Arca foi tocada incorretamente. Em 2 Samuel, capítulo 6, a Arca é transportada para Jerusalém em carros de bois, e isso rendeu a ela uma viagem instável. Como a Bíblia diz:

> E quando eles chegaram à eira de Nacom, Uzá colocou a mão sobre a arca de Deus, e segurou-a, pois os bois a balançaram.
>
> E a fúria do Senhor despertou contra Uzá; e Deus golpeou-o ali, por seu erro; e ali ele foi morto pela Arca de Deus.

Uzá foi imediatamente morto pela força que provinha da Arca! No entanto, parece que outros, nas proximidades, não ficaram feridos, muito menos tiveram o mesmo destino dele. Em vez de pensarmos que Deus queria matar Uzá por sua tentativa de firmar a Arca, temos a impressão de um acidente trágico causado pela descarga súbita de um dispositivo elétrico poderoso. As pessoas não compreendiam como a Arca funcionava e, portanto, culpavam a ira de Deus quando alguém era morto por ela, a única explicação possível em suas mentes.

Como vimos anteriormente, se a Arca não permanecesse no solo por um longo período, a carga elétrica aumentava na caixa e na estátua podendo causar um terrível (até fatal) choque em quem a tocasse. Após a Arca descarregar, no entanto, seria bastante seguro tocá-la. Uma vez que o baú era uma construção, em forma de sanduíche, de madeira e metal, um condutor e um não condutor, ele constituía o que é conhecido como condensador elétrico. Um condensador como a Arca acumularia eletricidade estática durante um período de dias (ou anos) até ser, de súbito, descarregada em uma pessoa, ou alicerçada por meio de um condutor, como um arame ou haste de metal. Por outro lado, talvez ela contivesse algo muito mais poderoso que o acúmulo de estática.

Radiações da Arca e eletrônica do templo

Em seu livro, *The Yahweh Encounters: Bible Astronauts, Ark Radiations and Temple Electronics*,[53] Ann Madden Jones diz que a Bíblia revela que as Escrituras estão repletas de dados tecnológicos, e falam de uma visita à Terra feita por seres celestiais que criaram o homem. Uma prova interessante é apresentada, e a autora diz que o tabernáculo do Êxodo e o Templo de Salomão, com a Arca como ponto central, eram transmissores de micro-ondas que se comunicavam com naves espaciais em órbita.

Jones, que é graduada pela Universidade George Washington e pela Universidade da Carolina do Norte, também discute em seu livro previsões bíblicas acerca da tecnologia do século XXI, inclusive dispositivos em órbita capazes de controlar o pensamento e exterminadores a *laser*. Ela fornece uma comparação entre óvnis (UFOs) ancestrais e modernos, e descrições bíblicas dos horrores de uma ditadura global. A autora também detalha o momento de desastres cósmicos, que ocorrerão logo antes da volta de Jesus e suas espaçonaves.

De acordo com Jones, a Arca da Aliança é a peça central de um complicado sistema de comunicação, e ela diz que a Arca continha tanto material radioativo que por volta de 64 mil pessoas morreram por causa do seu uso indevido! Três capítulos de seu livro abrangem os detalhes e circuitos do sistema, e incluem diagramas de como todo o templo, com a Arca, era um gigante sistema de micro-ondas.

O restante do livro trata da discussão do Gênesis por meio do Livro do Apocalipse, e envolve raptos por extraterrestres e voos espaciais, anjos robôs, sistemas de defesa do tipo IED, guerras nucleares, engenharia genética e controle e ressurreição mediante transplantação de padrões elétricos do código genético. Essencialmente, Jones utiliza a tecnologia moderna e aplica-a em todas as histórias estranhas da Bíblia.

Nos três capítulos a respeito da tecnologia do templo, ela discute descrições de circuitos bíblicos que envolvem física dos plasmas,

---

53. *The Yahweh Encounters: Bible Astronauts, Ark Radiation and Temple* Ann Madden Jones. Chapel Hill (NC) Sandbird Publishing, 1995.

lasers de cristal, alto-falantes iônicos, holografia sônica, ressonadores de micro-ondas e 12 antenas de metal, com 1,82 metro de diâmetro, sobre rodas. Os detalhes da construção e procedimentos operacionais (rituais) que ela discute são tirados diretamente de passagens da Bíblia que abordam os planos de Deus dados a Moisés e Salomão. Como veremos no próximo capítulo, esses planos eram muito específicos.

Mais no início do livro, Jones especula se Moisés viu a Terra Prometida a partir de uma aeronave no final de sua vida. Ela cita o Deuteronômio 34:1-3:

> Então, Moisés subiu ao Monte Nebo, vindo das planícies do Moabe até o cume de Pisgá, do outro lado de Jericó. Ali, o Senhor mostrou a ele toda a terra – de Gileade a Dã, toda a Naftali, o território de Efraim e Manassé, toda a região de Judá até o Mar Mediterrâneo, o Negev e toda a região do Vale de Jericó, a Cidade das Palmeiras, até Zoar.

Jones pergunta-se como Moisés, um idoso frágil, com supostamente 120 anos, poderia escalar o Monte Nebo, uma montanha alta e escarpada. E ela diz que, mesmo que ele subisse a montanha, não poderia avistar locais tão distantes como os que são descritos, como a terra de Dã, o Mar Mediterrâneo ou a cidade de Zoar, na extremidade sul do Mar Morto. Jones diz:

> Será possível que Moisés voou através do Rio Jordão até a região montanhosa no lado ocidental [do Mar Morto] para ver os locais (como a terra prometida e o Mediterrâneo) que ele não poderia ver do lado oriental?

> A distância dos locais mencionados que foram apresentados a Moisés, o tempo necessário para chegar a eles e as dificuldades para um idoso em subir montanhas a pé, ou mesmo no lombo de um animal, nos convencem de que Moisés, na verdade, foi transportado a esses lugares sem esforço, muito provavelmente por uma nave espacial chamada a "coluna de fogo e fumaça". [54]

---

54. *Idem, ibidem.*

Jones inclui uma discussão a respeito da roupa protetora usada pelo irmão de Moisés, Aarão. Ela diz que esse traje servia para proteger o sacerdote encarregado da Arca contra radioatividade, alta voltagem e micro-ondas.

Ela menciona que em Êxodo 39 lemos a respeito de uma vestimenta chamada éfode, que era um colete metálico entrelaçado com faixas sobre os ombros. Uma grande pedra de ônix era colocada em cada uma dessas faixas. O éfode era, então, colocado na posição com a "faixa curiosa", que tinha uma bolsa sobre o peito chamado de peitoral do julgamento. Era nessa bolsa que os objetos de "cristal" desconhecidos, denominados o Urim e o Tumim, ficavam. Fios de ouro por todo o éfode faziam do peitoral e da faixa vestimentas duras e pesadas.

Jones diz:

> A ordem na qual as vestimentas sacerdotais deveriam ser usadas revela sua função protetora e, em parte, seu papel no sistema de comunicação. Primeiro, o linho ou manto bordado era vestido, junto à pele de Aarão. Essa era uma camada isolante, já que não há menção de nenhum trabalho habilidoso feito em ouro.
>
> [...] Por cima do manto, era colocado uma túnica de éfode, um traje longo que ia do pescoço aos calcanhares, feito de lã [...] Presos à barra da túnica, ficavam os sinos de ouro que se arrastavam pelo chão. Diziam que os sinos produziam um ruído para indicar a Deus que alguém estava no tabernáculo e, assim, a pessoa não seria assassinada. Quando os sinos dourados da túnica varriam o chão, eles criavam um campo elétrico em toda a vestimenta. Josefo escreveu a respeito de faíscas e estalidos associados aos sinos. Os sons poderiam ser descargas eletrostáticas.
>
> Sobre a túnica do éfode, ficava o próprio éfode, uma longa bata com muito "trabalho habilidoso" que utilizava ouro entrelaçado no tecido de lã, púrpura ou escarlate. Essa peça seria o equivalente a uma rede ou tela de arame, ou ao que chamamos hoje de gaiola de Faraday. A função da gaiola de

Faraday é proteger contra a exposição a radiações eletromagnéticas, como as micro-ondas.

[...] Um turbante era colocado na cabeça do sumo sacerdote, com uma coroa de ouro atada a ele por um laço azul, na frente do turbante. Esse "azul" permanecia na testa do sacerdote.[55]

Jones acredita que essa coroa de ouro diante da testa do sacerdote, combinada com os "cristais" e outras pedras do éfode, criava algum tipo de dispositivo de comunicação para o sacerdote que usava tal traje. Porque nas proximidades da Arca da Aliança, ela mesma um possível transmissor – e o próprio desenho do templo contribuindo para isso –, um sistema de comunicação controlador da mente é ativado, e o sacerdote recebe instruções vindas de uma espaçonave em órbita à volta do planeta Terra. Essa espaçonave é ocupada por nossos controladores astronautas ancestrais, que orbitam a Terra e, ocasionalmente, interagem com humanos como Moisés, com o intuito de conduzir a humanidade na direção que eles desejam. Eles são os anjos da Bíblia.

Não apenas o sacerdote recebe comunicação e sinais de controle mental por meio de sua vestimenta protetora, mas também todo o templo, construído com toneladas de ouro, e a Arca da Aliança funcionando como um ressonador de micro-ondas transmitem mensagens de controle mental à população de Jerusalém. Essencialmente, Jones diz que a Arca, aliada ao desenho do templo, poderia alimentar uma estação terrestre que se "comunicava" com uma espaçonave em órbita da Terra.

O livro de Jones é uma explicação fascinante da Arca da Aliança e de muitas coisas associadas a ela, mas, às vezes, ele passa dos limites. Sem dúvida, a autora parece estar no caminho certo em relação a aeronaves envolvidas em muitos dos estranhos incidentes do Antigo Testamento, bem como na questão de a Arca ser algum tipo de dispositivo de energia – no caso, um ressonador de micro-ondas –, além de o éfode se tratar, na verdade, de algum tipo de traje protetor que

---

55. Idem, Ibidem.

funcionava como uma gaiola de Faraday para proteger o utilizador de ondas eletromagnéticas perigosas.

No entanto, ela é claramente uma defensora da teoria de extraterrestres no passado, e acredita que só extraterrestres teriam a tecnologia de aeronaves e micro-ondas no ano 1000 a.C. Ela não conhece os relatos dos vimanas nos épicos hindus, assim, os seus "anjos em espaçonaves" devem ser astronautas de outro planeta que decidiram usar Moisés como uma de suas ferramentas na Terra. Ela dá um passo além e afirma que eles emitiam uma mensagem de controle mental por meio de micro-ondas que afeta grande parte das pessoas próximas ao enorme dispositivo, que incorporava toda a gigantesca estrutura do templo.

Poderia haver astronautas ancestrais orbitando a Terra, mas prefiro pensar que o dispositivo de energia foi algo trazido do Egito, durante o Êxodo. A coluna de fumaça e fogo realmente parece uma aeronave de algum tipo, e Moisés de fato parece interagir com seres em aeronaves que lhe dão direções e mesmo ajuda militar. Esses seres seriam os mesmos, ou descendentes, dos responsáveis pela destruição de Sodoma e Gomorra. Mas eles eram extraterrestres?

É difícil ver o mundo antigo como totalmente primitivo. Construções megalíticas como Balbeque, no Líbano, e a Grande Pirâmide, no Egito, são exemplos de um mundo antigo que incluía a habilidade de extração e a movimentação de pedras enormes para, em seguida, colocá-las em paredes de edifícios que continuam a nos impressionar nos dias de hoje. Como os engenheiros e cientistas responsáveis por essas estruturas – inclusive obeliscos – não conheceriam a eletricidade?

De forma semelhante, os muitos objetos mágicos e fabulosos que o rei Salomão tinha em seus palácios e templos são famosos até hoje. Tudo foi dado a ele por extraterrestres? Parece que o rei Salomão também sabia como operar a Arca. Vamos, agora, analisar essa figura impressionante e lendária da história, e sua relação com a Etiópia e a Índia.

Eletricidade Antiga e a Arca da Aliança

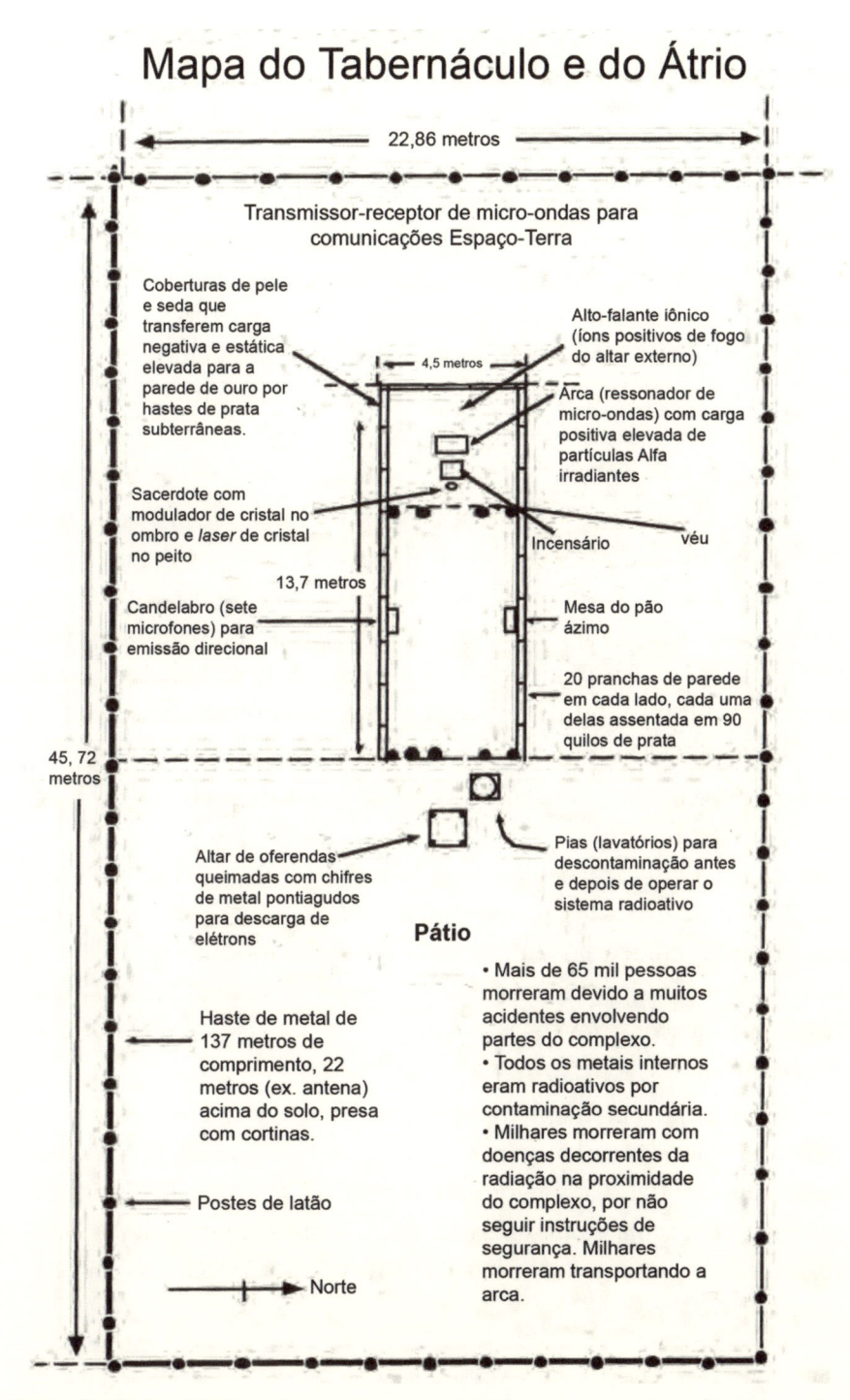

Mapa do Tabernáculo e do Átrio

← 22,86 metros →

Transmissor-receptor de micro-ondas para comunicações Espaço-Terra

Coberturas de pele e seda que transferem carga negativa e estática elevada para a parede de ouro por hastes de prata subterrâneas.

Alto-falante iônico (íons positivos de fogo do altar externo)

← 4,5 metros →

Arca (ressonador de micro-ondas) com carga positiva elevada de partículas Alfa irradiantes

Sacerdote com modulador de cristal no ombro e *laser* de cristal no peito

Incensário

véu

13,7 metros

Candelabro (sete microfones) para emissão direcional

Mesa do pão ázimo

20 pranchas de parede em cada lado, cada uma delas assentada em 90 quilos de prata

45,72 metros

Altar de oferendas queimadas com chifres de metal pontiagudos para descarga de elétrons

Pias (lavatórios) para descontaminação antes e depois de operar o sistema radioativo

Pátio

• Mais de 65 mil pessoas morreram devido a muitos acidentes envolvendo partes do complexo.
• Todos os metais internos eram radioativos por contaminação secundária.
• Milhares morreram com doenças decorrentes da radiação na proximidade do complexo, por não seguir instruções de segurança. Milhares morreram transportando a arca.

Haste de metal de 137 metros de comprimento, 22 metros (ex. antena) acima do solo, presa com cortinas.

Postes de latão

→ Norte

Ilustração de Ann Madden Jones de sua Arca da Aliança ressonadora de micro-ondas.

CAPÍTULO 7

Os Navios do Rei Salomão, Axum e a Região de Ofir

O rei Salomão construiu uma frota de navios em Eziom-Géber, que fica ao lado de Eilat, na costa do Mar Vermelho, na região do Edom. E Hirão enviou a marinha de seus servos, marinheiros que tinham conhecimento marítimo, com os servos de Salomão. E eles chegaram a Ofir, e pegaram o ouro dali, 420 talentos, e o levaram para o rei Salomão... Uma vez a cada três anos a frota chegava trazendo ouro, prata, marfim, macacos, pavões... uma quantidade muito grande de sândalo e pedras preciosas.
– *1 Reis 9:26-28*

Uma das coisas curiosas no *Kebra Nagast*, além das carruagens voadoras, é a menção de uma guerra com a Índia. As relações que Israel, a Arábia, o Egito e a Etiópia tinham com a civilização avançada da Índia antiga foi muito bem observada por numerosos acadêmicos. Parece que os antigos épicos hindus estavam familiarizados com os primeiros bispos cristãos do Concílio de Niceia, como testemunha o *Kebra Nagast*.

Ali encontramos as mesmas máquinas voadoras – vimanas ou carruagens de Sião – mencionadas nos livros épicos da Índia e da Etiópia. Como vimos no popular épico hindu *Ramayana*, o príncipe

Rama corre para salvar sua esposa sequestrada. Dizem que ele voou em seu vimana através do oceano até o oeste da Índia, uma terra chamada Lanka. Lanka é governada por um rei de pele escura chamado Ravana, um mago experiente, técnico e devoto de Shiva.[56]

Após várias batalhas aéreas e outras aventuras, Rama resgata sua esposa com sucesso, e eles retornam para as florestas de Ayodha, no norte da Índia. Ravana, o vilão, não é um tipo tão mau na história, pois ele é rei e sacerdote, mas realmente tem a pele escura. Será possível que a Etiópia seja a Lanka do *Ramayana*? No mínimo, parece que os autores do *Kebra Nagast* tentaram incluir a história da Etiópia em uma estrutura semelhante aos épicos hindus que, como todos sabiam, incluíam naves aéreas, batalhas e armas impressionantes.

A construção do templo

O *Kebra Nagast* conta-nos que Salomão ofereceu a Sabá uma espaçonave e, mais tarde, seu filho Menelique também possui uma. A Bíblia não fala da espaçonave de Salomão, mas conta-nos que ele e seu reino tornaram-se fabulosamente ricos ao enviar uma frota de navios à misteriosa região de Ofir para trazer 20 toneladas de ouro, especiarias e outros produtos.

Gravura antiga da construção do Templo de Salomão.

---

56. Ver *Vimana: Flying Machines of the Ancients*, David Hatcher Childress, *op cit.*

Temos informação sobre o rei Salomão nos livros 1 de Reis e 2 de Crônicas, do Antigo Testamento. O livro 1 de Reis fornece a história geral de Salomão e como Israel se tornou poderoso durante seu reinado. Ele também fala da morte de Salomão e da divisão de Israel em dois estados, Israel e Judá. O livro 2 de Crônicas continua o relato da vida de Salomão e da construção do templo.

Nos primeiros capítulos de 1 Reis, Salomão torna-se rei de Israel. Em 1 Reis 3, ele faz uma aliança com o faraó egípcio, casando-se com sua filha, e pede sabedoria a Deus em um sonho.

Em 1 Reis 5, sabemos que o rei fenício Hirão, de Tiro (o Líbano de hoje), envia representantes a Salomão quando sabe que ele se tornou rei. Salomão escreveu uma carta para ser levada a Hirão pelos embaixadores, afirmando sua intenção de construir "um templo em nome do Senhor", agora que havia uma paz relativa na região, e ele poderia voltar sua atenção para essa tarefa. Pede que os cedros do Líbano sejam cortados, e estabelece um sistema rotativo para que os trabalhadores israelitas recrutados possam ir a Tiro trabalhar com os especialistas em carpintaria e cantaria de Hirão. 1 Reis 5:17-18 diz:

> Sob o comando do rei, eles removeram grandes blocos de pedra de alta qualidade para constituir a fundação de pedra lavrada para o templo. Os artesãos de Salomão e de Hirão, e os trabalhadores de Biblos, cortaram e prepararam a madeira e as pedras para a construção do templo.

Em 1 Reis 6, nós sabemos mais sobre Salomão e a construção do grande templo, que deveria abrigar a Arca e impressionar qualquer um que nele entrasse, com a grandeza de Javé. O templo é decorado com muito ouro e ornamentos, e levou sete anos para ser construído. Em 1 Reis 6:7, contam-nos que nenhum martelo ou ferramentas de ferro foram utilizados no sítio do templo:

> Para a construção do templo, apenas blocos lavrados na pedreira eram utilizados, e nenhum martelo, cinzel ou qualquer outra ferramenta de ferro foi ouvida no sítio do templo enquanto ele era construído.

Em virtude dessa afirmação curiosa, nasceu uma lenda que dizia que o rei Salomão possuía uma substância mágica – ou "verme" – do tamanho de um grão de cevada, que cortava pedras. Esse objeto mágico, chamado de shamir, era utilizado para cortar qualquer tipo de metal ou pedra e era, essencialmente, mais rígido que qualquer outra substância.

É difícil encontrar muita informação sobre o shamir, mas vamos analisar o que a *Wikipédia* diz quando escrevemos "o Shamir de Salomão":

> Na Guemará [parte do Talmude], o Shamir é um verme ou substância que tinha o poder de cortar ou desintegrar pedra, ferro e diamante. Dizem que o rei Salomão o utilizou na construção do Primeiro Templo, em Jerusalém, em vez de ferramentas de corte. Para a construção do Templo, que promovia a paz, era inapropriado o uso de ferramentas que também causassem guerras e derramamento de sangue.
>
> Mencionado ao longo do Talmude e do Midrash, o Shamir tem a reputação de ter existido no tempo de Moisés. Moisés supostamente utilizou o Shamir para gravar o Hoshen (peitoral do sumo sacerdote) com pedras que eram inseridas no peitoral. O rei Salomão, ciente da existência do Shamir, mas sem saber do seu paradeiro, encomendou uma busca que surgiu com um "grão do Shamir do tamanho de um grão de cevada".
>
> Os artesãos de Salomão teriam utilizado o Shamir na construção do Templo de Salomão. O material a ser trabalhado, fosse pedra, madeira ou metal, era afetado ao ser "apresentado ao Shamir". Seguindo essa linha de pensamento (tudo que pode ser "apresentado" a alguma coisa deve ter olhos para ver), estudiosos rabínicos antigos descreveram o Shamir quase como um ser vivo. Outras fontes primitivas, no entanto, descrevem-no como uma pedra verde. Para o armazenamento, o Shamir deveria sempre ser embrulhado em lã e guardado em um recipiente feito de chumbo. Qualquer outro tipo de recipiente explodiria e desintegraria sob o olhar do Shamir. Dizem que o Shamir foi perdido, ou perdeu sua potência (assim como o "gotejamento do favo de mel"), na época da destruição do Primeiro Templo, pelas mãos de Nabucodonosor, em 586 a.C.
>
> De acordo com a lenda deuterocanônica de Asmodeus, o Shamir foi dado a Salomão como um presente de Asmodeus, o rei dos demônios. Outra versão da história afirma

que Asmodeus, capturado, disse a Salomão que o Shamir fora confiado aos cuidados de uma galinha-d'angola. Salomão, então, envia seu fiel escudeiro, Benaías, em uma missão para recuperá-lo.

O verme shamir também foi utilizado pelo rei Salomão para gravar pedras preciosas. Aparentemente, ele também utilizou o sangue do verme shamir para entalhar joias com um selo ou desenho místico. Uma entrevista feita com o Dr. George Frederick Kunz, um especialista na tradição de pedras preciosas e joalheria, gerou a crença de que pedras preciosas entalhadas daquela forma teriam qualidades mágicas e, geralmente, tinham seus próprios poderes ou a noção de um anjo da guarda associados ou à gema ou às pedras preciosas especificamente entalhadas.

Então, o que era o shamir? É tentador pensar que ele era algum tipo de tecnologia a *laser*, com um "olho" do shamir sendo o feixe de luz emitido pelo foco do *laser*, que poderia facilmente perfurar pedras, metais ou madeira. O primeiro *laser* moderno, desenvolvido em 1960, utilizava um cristal de rubi sintético para emitir luz vermelha, e o shamir é associado a pedras. Por que o shamir devia ser mantido em uma caixa de chumbo? Em geral, o chumbo é utilizado como uma camada protetora contra o excesso de radiação. "Laser" significa, em português, Amplificação da Luz pela Emissão Estimulada de Radiação, e lesões causadas pela radiação são possíveis mesmo com raios de força moderada. Mas ter um aparelho a *laser* do tamanho de um grão de cevada parece improvável, mesmo pelos padrões atuais de miniaturização.

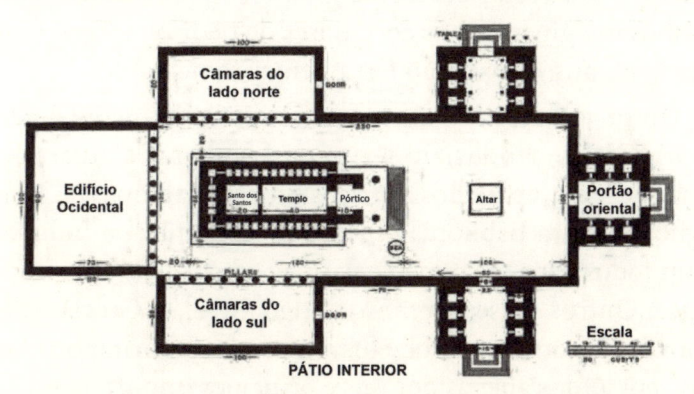

Planta do Templo de Salomão, como descrito pela Bíblia.

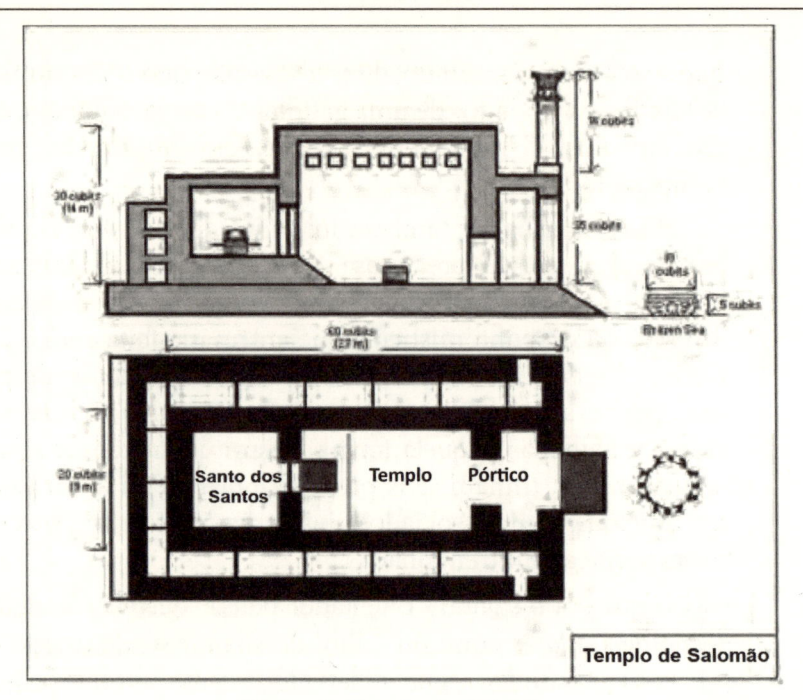

Planta do Templo de Salomão.

O comentário geral é que se trata de um diamante, a substância mais rígida do mundo mineral. Na verdade, o shamir poderia ser algum tipo de furadeira ou serra com diamante capaz de cortar outras pedras, e serrar e perfurar pedras extremamente rígidas como o granito ou mesmo o basalto. Ser "apresentado" ao shamir poderia significar algo parecido com ter um objeto colocado em um torno ou serra de diamante. Hoje, são necessárias serras e furadeiras de diamante para cortar blocos de granitos modernos em pedreiras, e podemos imaginar que os cortadores de pedras antigos – alguns deles, pelo menos – possuíam ferramentas semelhantes.

Outra vez, será que alguma civilização altamente desenvolvida, ou várias delas, produziam serras ou furadeiras de diamante, ferramentas de ferro, aparelhos elétricos e mesmo aeronaves? Países como o Egito antigo, a Babilônia, a Hattusa dos hititas, a Índia e a China seriam todos capazes, a meu ver, de produzir tais coisas, em tempos antigos. Outros países, como o antigo Israel, a Grécia ou a Etiópia teriam de importar esses objetos, e eles eram, portanto, objetos "mágicos" possuídos apenas por reis e príncipes importantes.

Um *website* fascinante, chamado BibleSearchers.com, possui informação interessante sobre o shamir que, muito provavelmente, era composto de pequenos pedaços de diamante, safira e/ou rubi, com provável origem da Índia:

Na Mishná Avon 5:6, o shamir foi criado no sexto dia da criação e dado ao pássaro poupa (a galinha-d'angola), que o manteve sob sua custódia, ao longo dos tempos, no Jardim do Éden. Algumas vezes, esse pássaro maravilhoso pegou o verme e o carregou por toda a terra, levando-o firme em seu bico, permitindo que ele descesse apenas para criar uma fissura em algum pico de montanha desolada, para que as sementes das plantas e das árvores pudessem brotar e fornecer seu alimento.

Quando os israelitas acampavam perto do Monte Horebe/Sinai, o Senhor trouxe o shamir o entregou-o a Besaliel, para gravar os nomes das 12 tribos nas 12 pedras do peitoral do sumo sacerdote, Aarão. Em seguida, o Senhor levou-o de volta para a custódia do pássaro poupa. Ali, ele o manteve em uma caixa de chumbo, com cevada fresca, embrulhado em um tecido de lã. Foi assim até Salomão precisar dele para a construção do Templo do Senhor, em Jerusalém. Desde aquele dia, o shamir está perdido.[57]

Como acontece com todas as reflexões rabínicas talmúdicas, sempre havia uma divergência. Judah R. Nehemiah afirmava que as pedras eram retiradas e, então, levadas para o templo já preparadas para sua construção. Parece que a argumentação do rabino Nehemiah ganhou a questão, e muitos estudiosos de hoje acreditam que isso realmente é verdade.

Claro, a maioria das reflexões talmúdicas era debatida durante o governo imperial romano. Em latim, o shamir era conhecido como *peça de coríndon*, a substância de safiras e rubis, e a gema mais rígida conhecida além do diamante. A substância das lendas possui uma essência verdadeira, e agora sabemos o "resto da história".

---

57. *The Classic Tales: 4.000 Years of Jewish Lore*, Ellen Frankel. New York: Jason Aronson, 1996.

Esses estudiosos bíblicos acreditam que havia mais de um shamir, e que seriam nada menos do que ferramentas elétricas, especificamente furadeiras de diamante e outras peças. O *website* BibleSearchers diz:

> Toda a passagem do Livro de Reis sugere que havia certa dignidade e quietude, um decoro que deveria ser respeitado quando os empreiteiros e os artesãos sentiam a presença do Senhor na Casa que eles construíam. Deveria haver a espiritualidade da Presença. Batidas e golpes de instrumentos de ferro não podiam ser ouvidos. A literalidade da mensagem também teria uma ligação espiritual? No entanto, dentro da Casa do Senhor, não havia interdições do Senhor contra o zumbido de furadeiras de diamante conforme eles cortavam, poliam e davam o acabamento às gigantescas paredes de calcário. Ou quando podavam as pontas dos cedros do Líbano, ou entalhavam a madeira nos pórticos, ou perfuravam buracos no calcário para colocar vigas e colunas estabilizadoras, para ornamentar as arestas dos tetos do Santo,[58] colocar imagens entalhadas dentro do mar de metal fundido, ou nas grandes portas que davam acesso ao próprio templo. Será que não chegou o momento de considerar que Salomão, com toda a sua sabedoria e riqueza, também tinha acesso às tecnologias que consideramos modernas, para um dia nos surpreendermos ao descobrir que nossos ancestrais também as utilizavam?
>
> [...] Talvez, entre os tesouros escondidos no Templo de Salomão, encontremos indícios de sofisticação tecnológica, como furadeiras ou serras de diamante e coríndon, que os estudiosos sempre acharam que não existiam no século XI a.C.

O *website* BibleSearchers diz que o rei Salomão viveu entre 1001 e 1100 a.C., embora outros forneçam uma data por volta de 970 a 931 a.C. Qualquer que seja o período da construção do Templo de Salomão, ele devia ser um trabalho de construção enorme, com partes do edifício feitas em pedras de granito (ashlar) gigantes, mas provavelmente elas já estavam no local há muito tempo.

Praticamente toda essa construção foi feita por fenícios de Tiro, Biblos e outras cidades fenícias a leste do Mediterrâneo. Na verdade, foi sorte o rei Salomão ter um rei fenício que o amava, assim como

---

58. N.T.: O Santo dos Santos ou o Santíssimo.

aos seus compatriotas, e que faria de tudo para ajudá-lo a construir sua nação e torná-la próspera.

Salomão instala a Arca da Aliança no templo

Em 1 Reis 7, lemos que Salomão levou 13 anos para edificar seu palácio em Jerusalém, e que ele o chamou de Casa da Floresta do Líbano, aparentemente como reconhecimento pela grande quantidade de madeira de cedro utilizada na construção. O capítulo prossegue com seu trabalho no templo, em Jerusalém. Nesse momento, somos apresentados a um indivíduo excepcional, de Tiro, chamado Hiram* mas era um artesão, e não um rei. 1 Reis 7:13-14 diz:

> O rei Salomão enviou um mensageiro a Tiro e mandou trazer Hiram, cuja mãe era uma viúva da tribo de Naftali, e cujo pai era de Tiro e um artesão habilidoso com o bronze. Hiram era pleno de sabedoria, compreensão e conhecimento de todos os trabalhos realizados com bronze. Ele foi até o rei Salomão e realizou todo o trabalho que lhe foi designado.

Em 2 Crônicas 2:14, o rei Hirão escreve a Salomão sobre o artífice que envia para auxiliar a erigir o templo, e ele atribui a Hiram Abiff, o artífice, outros vastos conhecimentos:

> Ele é especialista no trabalho com ouro e prata, bronze e ferro, pedra e madeira, e com fios púrpuras, azuis e carmesins, e linho fino. Ele possui experiência em todos os tipos de entalhes e pode executar qualquer desenho que lhe seja pedido. Ele trabalhará com seus operários qualificados e com aqueles do meu senhor, Davi, seu pai.

Aparentemente, Hiram serviu como supervisor de todos os tipos de trabalhos diferentes para concluir o templo. As especificações de muitos aspectos do templo são bastante detalhadas e impressionantes e, realmente, construções e mobiliários refinados foram preparados. É interessante notar que esse Hiram é a figura arquetípica da Maçonaria. O grupo utiliza muitas imagens em torno do "filho da viúva" em seus rituais de 3º Grau, e os dois pilares recriados em muitas Lojas maçônicas são uma referência direta ao trabalho de Hiram. De acordo com 2 Crônicas 3:15-17:

---

*N.E.: Sugerimos a leitura de *O Livro de Hiram*, de Christopher Knight e Robert Lomas, publicado pela Madras Editora.

Para a frente do templo ele criou dois pilares que, juntos, formavam 35 cúbitos de comprimento, cada um com cinco cúbitos de altura. Ele preparou correntes entrelaçadas e colocou-as no topo dos pilares. Também fez 100 romãs e prendeu-as às correntes. Ergueu os pilares na frente do templo, um voltado para o sul, e o outro para o norte. Aquele voltado para o sul, ele chamou de Jaquim e o voltado para norte, de Boaz.

Duas estátuas gigantes de querubins alados, cobertos de ouro, foram construídas para adornar o Santo dentro do qual a Arca seria mantida. Em 2 Crônicas 3:10-13, nós sabemos:

Para o Santo, ele fez um par de esculturas de querubins e revestiu-as com ouro. A envergadura das asas dos querubins era de 20 cúbitos. Uma das asas do primeiro querubim tinha cinco cúbitos de comprimento e tocava a parede do templo, e sua outra asa, também com cinco cúbitos de comprimento, tocava a asa do outro querubim. Do mesmo modo, uma asa do segundo querubim possuía cinco cúbitos de comprimento e tocava a outra parede do templo e, sua outra asa, também com cinco cúbitos de comprimento, tocava a asa do primeiro querubim. As asas desses querubins estendiam-se por 20 cúbitos. Eles ficavam de pé, voltados para a sala principal.

Detalhes como esses destacam-se como um pouco estranhos, especialmente tendo em conta a teoria dos circuitos do templo de Ann Madden Jones. Por que as asas dos querubins tocavam, exatamente, cada parede, e eles mesmos, no centro?

Em 1 Reis 8, Salomão manda que a Arca seja colocada dentro do templo. 1 Reis 8:1-11 diz:

Então Salomão reuniu os anciãos de Israel e todos os chefes das tribos, os líderes dos pais das casas do povo de Israel, diante do rei Salomão, em Jerusalém, para tirar a Arca da Aliança do Senhor da cidade de Davi, que é Sião.

[...] e eles trouxeram a Arca do Senhor, o tabernáculo, e todos os recipientes sagrados que estavam na tenda; os sacerdotes e os levitas trouxeram-nos.

[...] Então, os sacerdotes trouxeram a Arca da Aliança do Senhor para seu lugar, no santuário interno da casa, no Santo dos Santos, por baixo das asas dos querubins.

Pois os querubins estendiam suas asas sobre o lugar da Arca, de modo que ofuscavam a Arca e suas varas.

E as varas eram tão compridas que as extremidades delas eram vistas do Santo dos Santos, diante do santuário interno; mas elas não podiam ser vistas do lado de fora. E estão lá até hoje.

Não havia nada na Arca, exceto as duas tábuas de pedra que Moisés colocou nela, em Horebe, quando o Senhor fez a aliança com o povo de Israel, quando eles saíram da terra do Egito.

E quando os sacerdotes saíam do Santo dos Santos, uma nuvem entrava na casa do Senhor, tanto que os sacerdotes não conseguiam ministrar por causa da nuvem, pois a glória do Senhor tomava toda a casa do Senhor.

A nuvem emanou da Arca e encheu não apenas o Santo dos Santos, mas também todo o templo, tornando-se uma nuvem escura que aterrorizou as pessoas – o que não é surpreendente, tendo em conta a história dos encontros mortais associados com a Arca e a nuvem. No versículo seguinte, Salomão tenta acalmar a multidão, dizendo: "O Senhor disse que estaria nessa nuvem escura".

Aparentemente, ninguém se feriu durante esse incidente, e o povo de Jerusalém e de Israel ficou feliz com o templo. Em seguida, dizem-nos que Salomão oferece ao rei Hirão 20 cidades por todos os suprimentos e pela sua ajuda para o programa de construção de Salomão. 1 Reis 9:10-12 diz:

Após se passarem 20 anos, durante os quais Salomão construiu esses dois edifícios – o templo do Senhor e o palácio real –, o rei Salomão ofereceu 20 cidades da Galileia a Hirão, rei de Tiro, porque Hirão forneceu a ele todo o cedro, o zimbro e o ouro que ele desejou. Mas quando Hirão deixou Tiro para conhecer as cidades que Salomão lhe dera, não ficou satisfeito com elas.

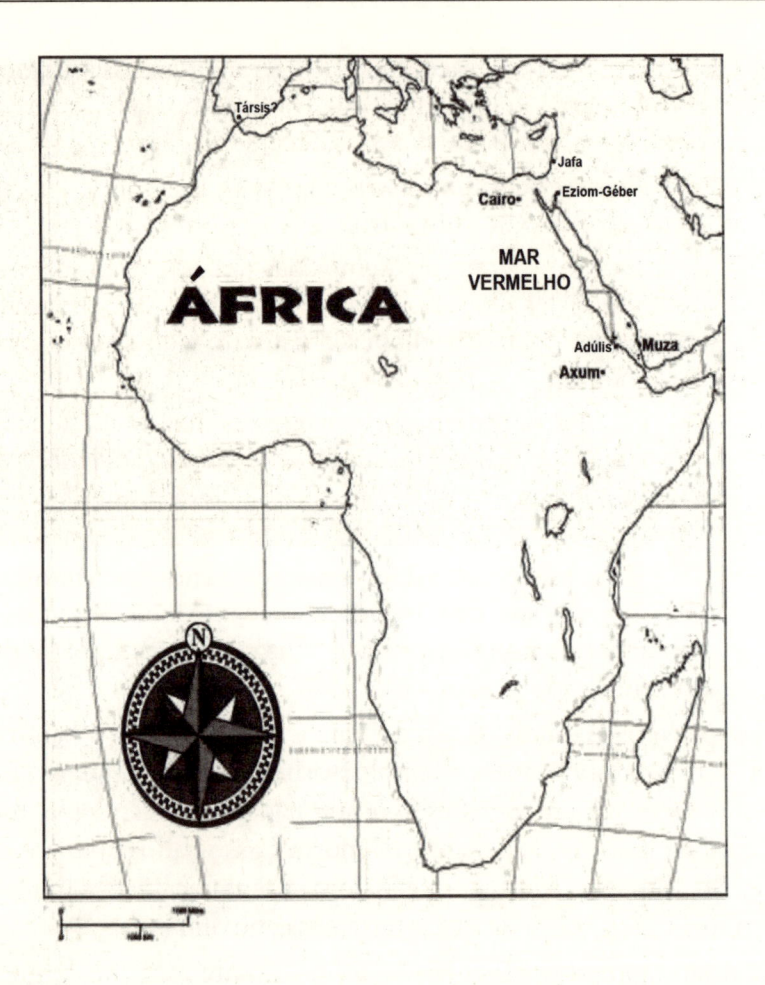

Então, Hirão sugere que eles obtenham acesso ao Mar Vermelho pela terra vizinha de Edom, e estabeleçam uma frota de navios fenícios para velejar pelo Oceano Índico e trazer ouro e outras cargas valiosas. Em 1 Reis 9:26-28, descobrimos:

> E o rei Salomão criou uma marinha com navios em Eziom-Géber, que fica ao lado de Eilat, nas margens do Mar Vermelho, na terra de Edom.
>
> E Hirão enviou a marinha, seus servos, marinheiros que tinham conhecimento do mar, com os servos de Salomão.
>
> E eles chegaram a Ofir e levaram dali ouro, 420 talentos, e o levaram para o rei Salomão.

A Arca de Deus

Indiana Jones ergue a Arca da Aliança no filme *Os Caçadores da Arca Perdida*.

Moisés e Josué no tabernáculo, diante da Arca da Aliança (Tissot).

Concepção artística da Arca da Aliança.

Réplicas como essa da Arca da Aliança estão disponíveis na internet.

A Arca de Deus

Moeda de ouro que retrata a Arca da Aliança emitida por uma ilha do Pacífico chamada Niue.

Josué atravessando o Rio Jordão com a Arca da Aliança, quadro de Benjamin West.

IV
A Arca de Deus

Moisés com um véu sobre o rosto.

Coluna de fumaça e fogo sobre o tabernáculo.

Concepção artística de uma coluna de fumaça e fogo sobre o tabernáculo.

O gigantesco Muro Ocidental no Templo de Salomão e as pedras perfeitamente encaixadas por baixo dele (David Shankbone).

Fotografia atual do lado sul do Monte do Templo.

Fotografia aérea do Monte do Templo com a mesquita de Al-Aqsa e sua cúpula dourada.

A Arca de Deus

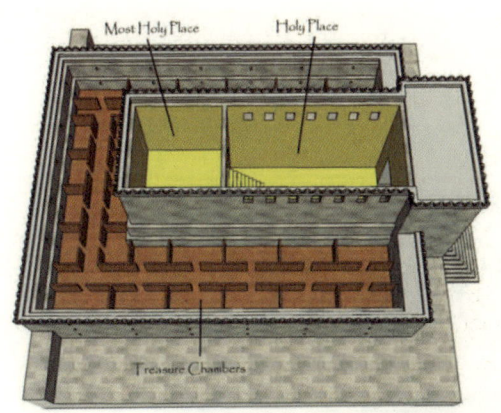

VII

À esquerda, vista de perto da sala do Santo dos Santos, com o teto removido.

Acima, concepção do artista do interior do templo. *À esquerda*, a Arca encontrada na tumba de Tutancâmon, com um desenho incrustado de uma cena de caça.

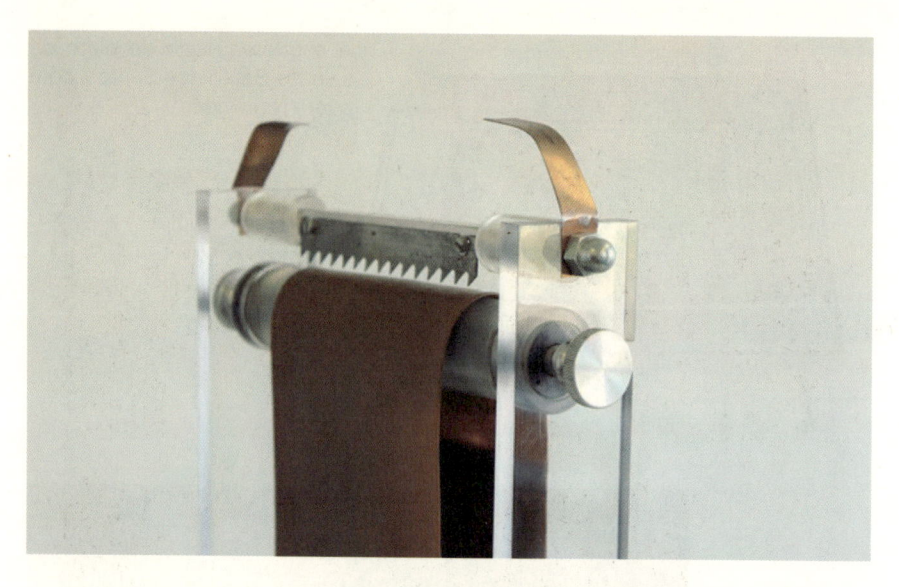

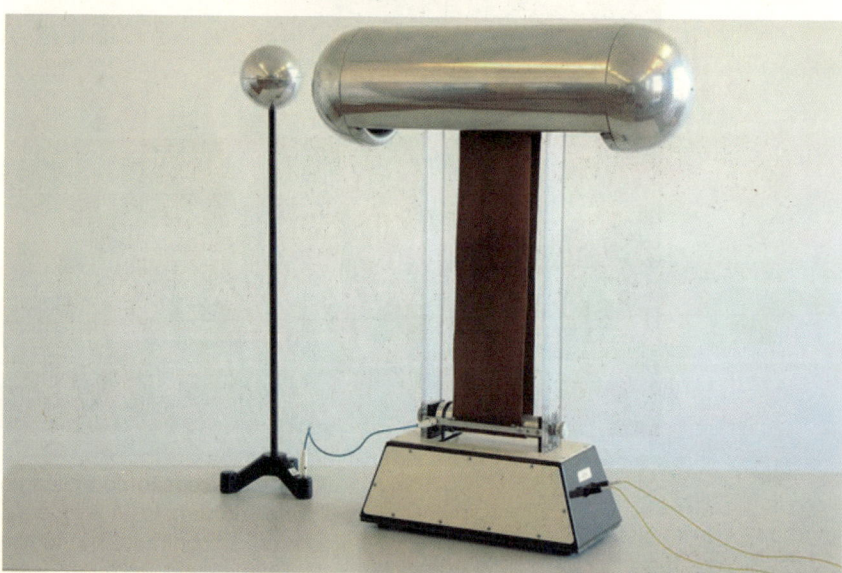

Acima: duas imagens de um gerador de Van de Graaff que mostram o cinto e o pente. *Direita*: faísca produzida por um gerador de Van de Graaff.

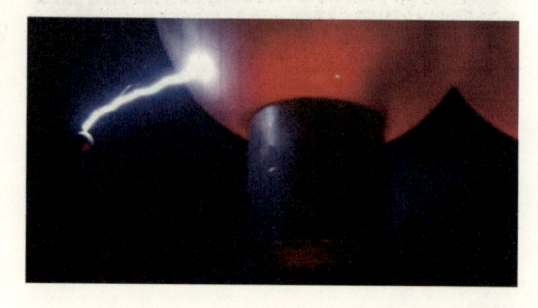

A Igreja da Tábua, em Axum, que os etíopes acreditam abrigar a Arca da Aliança.

O rei Salomão recebe a rainha de Sabá (Giovanni de Min, 1850).

Cena de papiro egípcio que mostra um asno etíope trabalhando.

A Arca de Deus XI

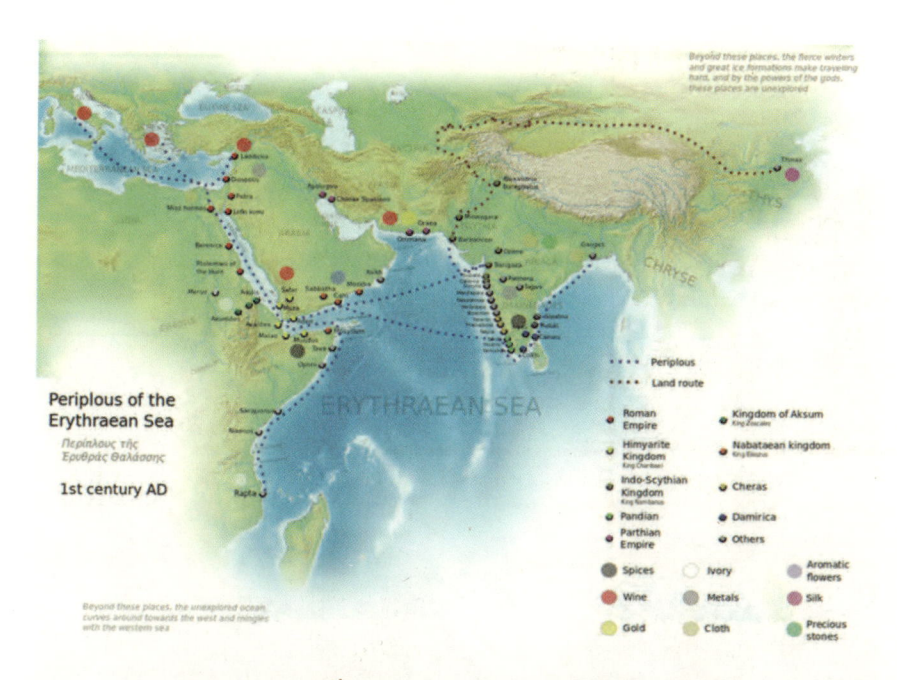

Mapa do Périplo do Mar Eritreu (*George Tisiagalakis*).

Alguns dos obeliscos ainda de pé na região central de Axum.

Um dos altos obeliscos ainda de pé em Axum.

Cortes de pedras angulares para grampos de metal podem ser vistos em antigas estruturas de Axum, iguais a esse, no Egito.

Pedaços do Grande Obelisco de Axum caíram sobre essa gigantesca estrutura chamada Tumba de Nefas Mewcha.

Pedaços do Grande Obelisco de Axum, que pesava 520 toneladas.

Fotografia de 12 pedras que fazem parte do peitoral de um sacerdote, entalhadas com os nomes das 12 tribos de Israel.

Fotografia colorida, tirada por Tom Crotser, da "Arca" que ele afirmou ter visto no Monte Pisga.

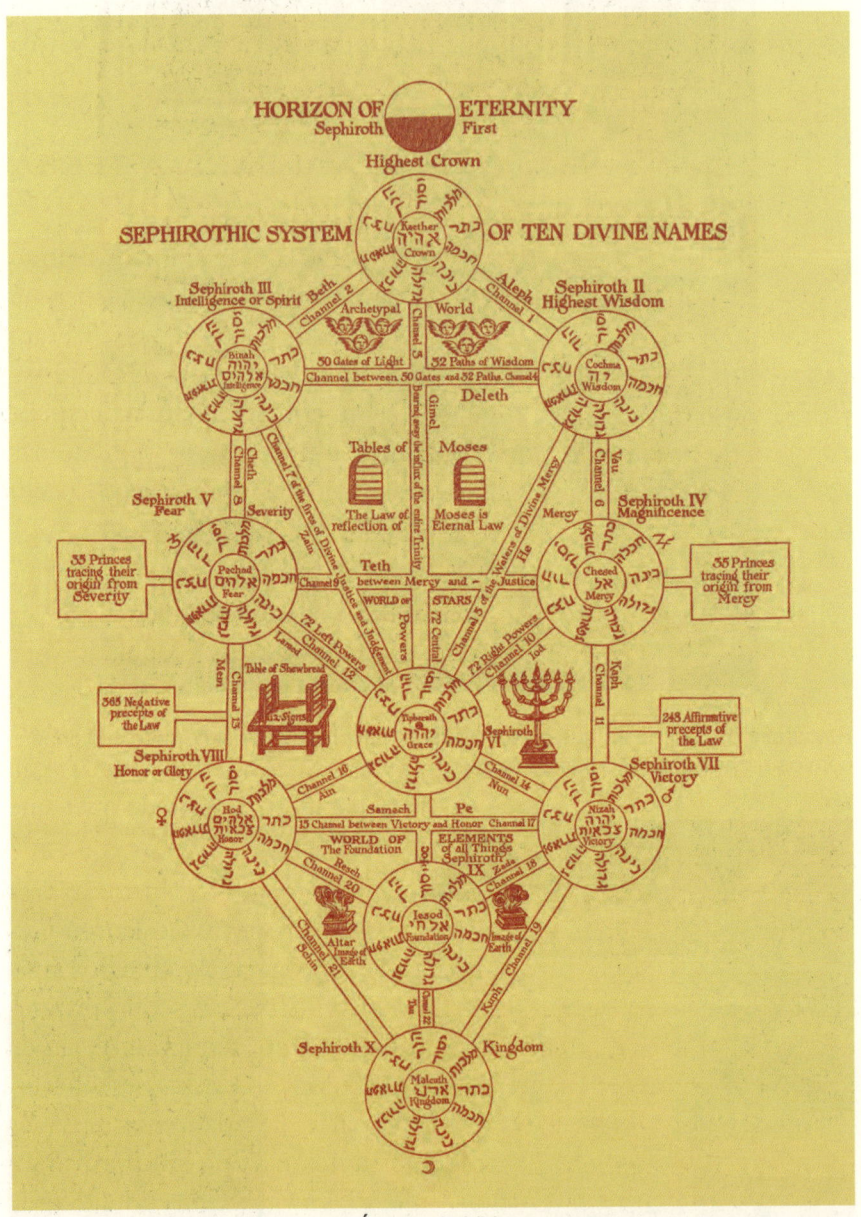

Árvore da Vida

Esta é a primeira vez que ouvimos falar de uma terra lendária chamada Ofir, e sabemos depois que se trata de uma viagem de três anos, um local com ouro abundante, especiarias e outros artigos valiosos.

A frota do rei Salomão vai para a terra de Ofir

Em algum momento por volta de 950 a.C., Salomão e Hirão construíram um porto e uma frota de navios, em Eziom-Géber, na extremidade bem a norte do Mar Vermelho. Esses navios fizeram uma série de viagens de três anos para a misteriosa terra de Ofir. Esse porto e frota impressionantes não ficavam em Israel nem na Fenícia, mas no reino de Edom. Edom possuía seu próprio porto, Eilat, mas por meio da diplomacia e casamento, Salomão conseguiu que os fenícios construíssem um porto quase militar no Mar Vermelho.

Isso concedeu a Israel a vantagem de ter portos no Mediterrâneo e no Mar Vermelho, com acesso para o Oceano Índico. Uma vez que os navios de Salomão seriam, em grande parte, tripulados por fenícios altamente capacitados, a frota de Salomão era, de fato, uma marinha fenícia no Oceano Índico. E uma marinha fenícia no Oceano Índico poderia chegar a lugares remotos, como o sudeste da Ásia e a Indonésia. Até poderia viajar pelo Pacífico. Para onde quer que fosse, seu porto de origem era Eziom-Géber.

Vestígios do porto perderam-se no tempo, e os historiadores não sabem ao certo onde realmente ficava o porto de Eziom-Géber. Alguns duvidam até mesmo de sua existência. No final dos anos 1930, o famoso arqueólogo israelita Nelson Glueck descobriu ruínas em Tell el-Kheleifeh, onde ele identificou fornos para a fundição de cobre e forjas metálicas que datam do século X a.C. Essas descobertas levaram à crença de que o local fazia parte da cidade portuária do rei Salomão, Eziom-Géber. Trabalhos adicionais no sítio provaram que ele não poderia passar do século VIII a.C., e Glueck mudou de opinião em 1965.[59, 60]

---

59. *Vanished Cities*, Hermann e Georg Schreiber. New York: Alfred A. Knopf, 1957.
60. *Secrets of the Bible Seas*, Alexander Flinder. London: Severn House, 1985.

O arqueólogo britânico Alexander Flinder localizou Eziom-Géber em uma ilha ao lado da costa de Eilat, e relata essa descoberta em seu livro de 1985, *Secrets of the Bible Seas*. No livro, ele afirma que uma pequena ilha ao lado da costa de Eilat – chamada Ilha de Corais ou Jezirat Faraun – era a localização de Eziom-Géber. Flinder realmente fez uma recuperação por meio de arqueologia subaquática em um navio antigo, próximo a essa ilha, e diz que se trata de um porto natural. Essa ilha e um porto na costa eram provavelmente utilizados em conjunto. Alguns pensam que Eziom-Géber está por baixo do moderno porto de Aqaba, na Jordânia.

Os navios construídos em Eziom-Géber eram feitos com cedros do Líbano trazidos pelo deserto de Edom até o Mar Vermelho, uma tarefa gigantesca em si mesma.

Então, fenícios especialistas em construção naval ajudaram a tripulação de Salomão a construir a frota de navios, talvez 60 ou mais. Marinheiros dos dois países, em seguida, realizaram a viagem de três anos até Ofir e a volta. De fato, uma viagem longa e estranha! Para onde eles foram?

A REGIÃO DE OFIR

A misteriosa região de Ofir é um local que se chega pelo Mar Vermelho e pelo Oceano Índico, e poderia ficar em vários lugares, como África, Índia, Indonésia, Austrália ou, até mesmo, o Peru. Os acadêmicos continuam confusos sobre onde Ofir fica – ou ficava – e muitos locais foram propostos.

Outro misterioso local mencionado pela Bíblia é Ufaz. Pode ser um outro nome para Ofir, mas os estudiosos não têm certeza. Ufaz é mencionada apenas duas vezes na Bíblia, em Jeremias e em Daniel:

> Prata batida é trazida de Társis e ouro de Ufaz. Tudo é trabalho do artesão e do ourives, revestido de azul e púrpura – tudo feito por trabalhadores qualificados (Jeremias 10:9).

> Eu olhei para cima e vi, diante de mim, um homem vestido com linho, um cinto de ouro refinado de Ufaz à volta de sua cintura (Daniel 10:5).

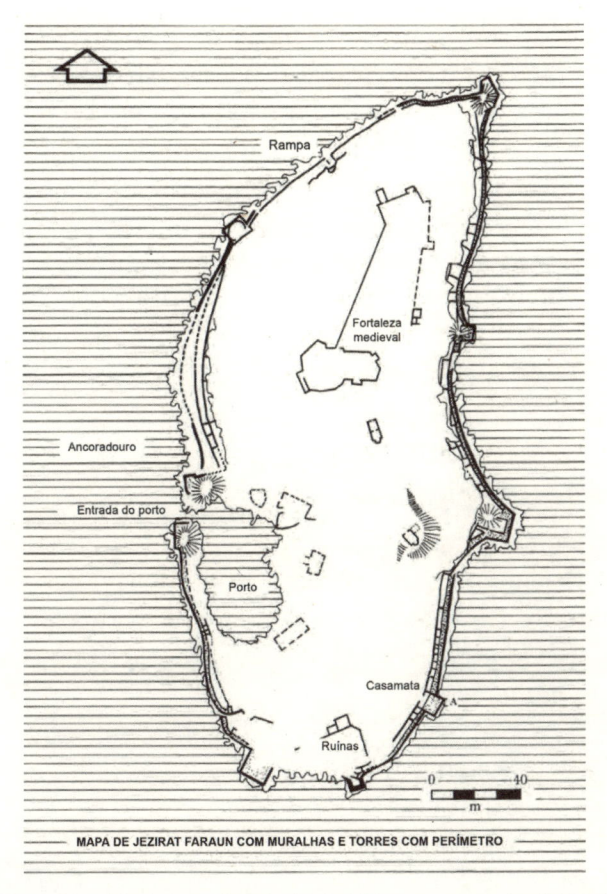

Os Navios do Rei Salomão, Axum e a Região de Ofir 171

MAPA DE JEZIRAT FARAUN COM MURALHAS E TORRES COM PERÍMETRO

Mapa de Alexander Flinder da ilha de Jezirat Faraun, que ele diz ser Eziom-Géber.

Alguns estudiosos acreditam que Ufaz (Ofir?) é um lugar próximo ao Rio Hífasis (atual Beás), no noroeste da Índia, a sudeste do Punja que, hoje, ocupa parte da Índia e parte do Paquistão. De fato, essa é uma área central da civilização do Vale do Indo. Outros sugerem que Ufaz era uma colônia indiana no Iêmen. A Índia possui colônias em Omã e no sul do Iêmen, e as roupas e os costumes dessas áreas eram muito semelhantes aos da Índia. Naturalmente, uma grande quantidade de tráfego naval existia entre a costa oeste da Índia e do Sri Lanka para o Iêmen, Omã e vários reinos do Golfo.

Nos portos de Omã e do Iêmen também havia um grande tráfego naval para a África Oriental, com ilhas como Lamu, Pemba e Zanzibar tornando-se cidades-estados que eram governadas por

Omã. Esse tipo de comércio acontecia desde, pelo menos, 2000 a.C., e o assentamento de Madagáscar do sudeste asiático também teria ocorrido durante esse período, culminando em uma imensa migração de Bornéu, por volta de 350 a.C. É a partir das primeiras explorações dessas ilhas que nos chegaram as histórias de Simbad, no livro *As Mil e Uma Noites*. Simbad era um capitão omani que, tradicionalmente, possuía uma casa na ilha queniana de Lamu.

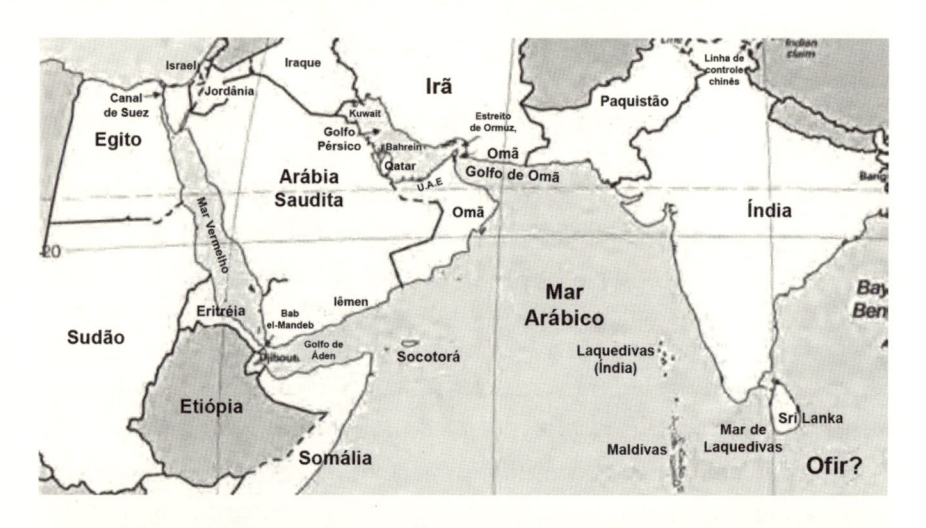

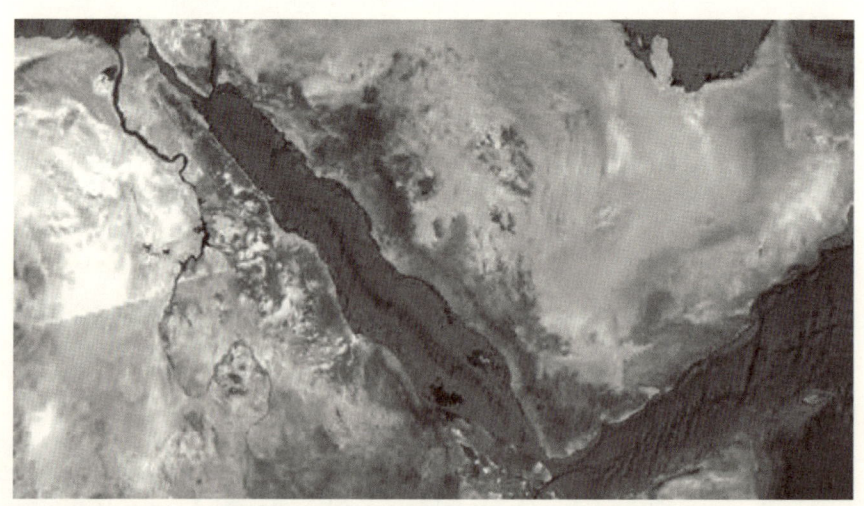

Fotografia de satélite do Mar Vermelho a partir do Sinai até o Golfo de Áden.

Estudiosos da Bíblia, arqueólogos e outros tentaram determinar a localização exata de Ofir. O companheiro de Vasco da Gama, Tomé Lopes, argumentou que Ofir teria sido um nome antigo para a Grande Zimbabwe, no Zimbabwe, o centro principal do comércio subsaariano de ouro no período da Renascença, embora as ruínas da Grande Zimbabwe sejam atribuídas hoje à era medieval, muito depois de Salomão ter vivido. Milton, em seu poema épico *Paraíso Perdido*, identifica Sofala, em Moçambique, como Ofir, e isso era comum entre muitos outros trabalhos de literatura e ciências.

Geralmente, acredita-se que Ofir esteja em algum lugar na Índia, embora vários escritores do século XIX, como H. Rider Haggard, no livro *As Minas do Rei Salomão* (1885), tenham situado Ofir na África do Sul ou no Zimbabwe. Mas as ruínas no Zimbabwe, e outras ruínas em Moçambique, não eram consideradas antigas o suficiente para serem as minas do rei Salomão, e lugares como a Somália ficavam muito próximos ao Mar Vermelho. Entretanto, os historiadores ainda ignoram muitas ligações entre civilizações remotas e situam a terra de Ofir ao longo da costa da Arábia, de onde uma viagem de barco leva apenas alguns dias até Eziom-Géber.

A atitude míope de estudiosos bíblicos e historiadores pode ser resumida nesta afirmação de Manfred Barthel, o pesquisador alemão que escreveu *What the Bible Really Says*: "O Zimbabwe era muito recente, a Índia muito distante e os Urais muito frios... É que Ofir ficasse em algum lugar nas margens do Mar Vermelho".[61]

Do mesmo modo, os estudiosos alemães Hermann e Georg Schreiber dizem em seu livro *Vanished Cities*:

> Em uma ocasião, surgiu a ideia de que a Ofir da Bíblia ficasse no local que hoje chamamos Peru. Mas isso está fora de questão: nenhuma frota mercante velejaria tão longe no século X a.C. As Ilhas Salomão, a norte da Austrália, também foram sugeridas. Mas isso é um absurdo total; tudo o que elas têm em comum com o rei Salomão é o nome, que receberam, aliás, em 1568. Além do mais, não há ouro nas Ilhas Salomão. Também é impossível equiparar Ofir com o porto espanhol de Tartesso, como certa enciclopédia eclesiástica moderna

---

61. *What the Bible Really Says*, Manfred Barthel. London: Souvenir Press, 1982.

faz; ninguém que quisesse velejar de Jerusalém para a Espanha construiria seus navios no Mar Vermelho!

Flávio Josefo, o grande historiador judeu do século I a.C., deduziu que Ofir ficasse situada no extremo da Índia. Mas a Índia estava mais interessada em importar do que exportar ouro.

A busca pela famosa terra de ouro ficaria, portanto, restrita fundamentalmente ao sul da Arábia e à costa africana. A Arábia, no entanto, também está fora de questão. Se Ofir ficasse ali, como alguns estudiosos ainda afirmam, Salomão não precisaria da ajuda do rei de Tiro; ele simplesmente teria utilizado as antigas rotas das caravanas da Península Arábica.[62]

Os Schreibers podem ter bons argumentos, mas ao mesmo tempo eles caem na estranha lógica dos isolacionistas, aqueles que acreditam que o homem antigo nunca se aventurou além da terra e do conhecido. Manfred Barthel é um exemplo mais típico de isolacionista, porque para ele até a Índia é muito longe para a frota de Salomão.

Hoje, os estudiosos têm poucas dúvidas quanto ao extenso comércio marítimo entre o Mar Vermelho e a Índia. A verdadeira questão é: quanto tempo levaria para realizar uma viagem de ida e volta entre a Índia e o Mar Vermelho? Três anos?

Uma viagem em uma trirreme fenícia (três pares de remos além das velas) de Eziom-Géber ao porto axumita de Adúlis levaria, talvez, uma semana. Mais algumas semanas e o navio alcançaria os portos ao longo da costa sul da Arábia. Mesmo uma viagem de Eziom-Géber ao porto de Poovar, no sul da Índia, levaria apenas cerca de seis meses. Essa é, com certeza, a viagem que os navios do rei Salomão fizeram. Parece que sua primeira parada principal foi em um porto na extremidade sul da Índia.

Poovar é o porto mais austral na costa ocidental da Índia e possui um ancoradouro natural. Poovar era um centro comercial de sândalo, madeira, marfim e especiarias. Provavelmente, o ouro também era comercializado ali, mas vinha de outra fonte, talvez um local chamado Parvaim.

---

62. Ver *Vanished Cities*, Hermann e Georg Schreiber, *op. cit.*

Poovar é mencionada pelo escritor romano Plinio, o Velho, e o grande viajante Marco Polo escreveu sobre as ligações entre Poovar e a Grécia e Roma. Esse porto antigo seria de fácil acesso para os navios de Eziom-Géber, Adúlis, Iêmen ou Omã, assim como para Sumatra, Bornéu, Java e outras localidades no sudeste asiático.

A *Wikipédia* nos fornece esta informação a respeito de Ofir, que fica na Índia ou é um nome para a Índia em geral:

> Um dicionário da Bíblia, de Sir William Smith, publicado em 1863, observa que a palavra hebraica para o pavão, Thukki, deriva do tâmil clássico para o pavão, Thogkai, e do cingalês, "tokei", e se junta a outras palavras do tâmil clássico para marfim, tecido de algodão e macacos, preservadas na Bíblia hebraica. Essa teoria da localização de Ofir em Tamilakam é apoiada por outros historiadores. Ofir, referindo-se ao país do porto de Társis, pode muito bem se identificar com a nação da tribo tâmil Velir-Naga, Oviyar, na antiga Jaffna, que vivia em torno das famosas cidades portuárias de Mantai e Kudiramalai, casa do histórico templo Thiruketheeswaram.
>
> [...] No início do século XIX, Max Müller e outros estudiosos identificaram Ofir com Abhira, perto do Rio Indo, no estado atual do Gujarat, na Índia. De acordo com Benjamin Walker, Ofir seria uma cidade da tribo de Abhira.
>
> O dicionário bíblico de Easton (1897) acrescenta uma relação com "Sofir", o nome copta para a Índia. Josefo relacionou-o ao "Cophen, um rio indiano, que em uma parte da Ásia fica adjacente a ele" (*Antiquities of the Jews* 1:6); às vezes associado a uma parte do Afeganistão.

Em meu livro *Lost Cities of Ancient Lemuria and the Pacific*,[63] propus que a Austrália era a região de Ofir. Sugeri que os fenícios e outros colonizadores faziam mineração no ocidente australiano. Essa pequena colônia, estabelecida em uma zona de mineração, em última instância, veria os navios de Salomão partir com uma carga de ouro, prata, cobre e pedras preciosas em direção a um porto como o de Poovar.

---

63. *Lost Cities of Ancient Lemuria and the Pacific*, David Hatcher Childress. Kempton(IL): AUP, 1988.

Curiosamente, há petróglifos no Rio Finke, na Austrália, que mostram não menos do que dez candelabros judaicos tradicionais, ou menorá.[64] Será que esses petróglifos mostravam o caminho para a Ofir do rei Salomão?

Há evidências de que exploradores egípcios estiveram no sul da Austrália. Na cidade de Gympie, em Queensland, foi encontrada uma suposta pirâmide, agora destruída, juntamente com uma estátua de 91 centímetros do deus egípcio Toth, com a forma de um babuíno, além de várias relíquias egípcias e fenícias, todas atualmente no museu local. Além do mais, o mesmo lugar tornou-se conhecido como "a cidade que salvou Queensland", em virtude da corrida do ouro nos finais dos anos 1800.

Em uma viagem à Austrália em julho de 2015, eu fazia parte de um grupo ao qual foi mostrada uma série de hieróglifos egípcios na fissura de uma rocha, a norte da Nova Gales do Sul, perto da cidade de Gosford, que dizem ser crônicas de uma expedição à Austrália. Alguns historiadores australianos dizem que se trata de uma falsificação elaborada, enquanto outros creem que são hieróglifos genuínos com milhares de anos de idade. É um conceito popular na Austrália que os egípcios e outros exploraram o país, com várias inscrições e artefatos egípcios sendo apresentados. [65]

Se a Austrália era Ofir, então, ao deixar o continente, a frota devia parar na Sumatra e, em seguida, atracar em Poovar, na extremidade sul da Índia. Aqui, eles teriam obtido o marfim, o sândalo, as especiarias e os pavões e, então, seguido viagem de volta para o Iêmen, singrando o Mar Vermelho. Nessa teoria, a viagem a Ofir seria uma viagem à Índia e, dali, para a Austrália, onde o minério seria triturado e fundido. Isso teria levado algum tempo, provavelmente um ano inteiro.

---

64. *Picture-Writing of the American Indians*, Garrick Mallory. Smithsonian Institute, reimpresso por Dover Books, 1889.

65. Ver *Lost Cities of Ancient Lemuria and the Pacific*, de David Hatcher Childress, *op.cit.*

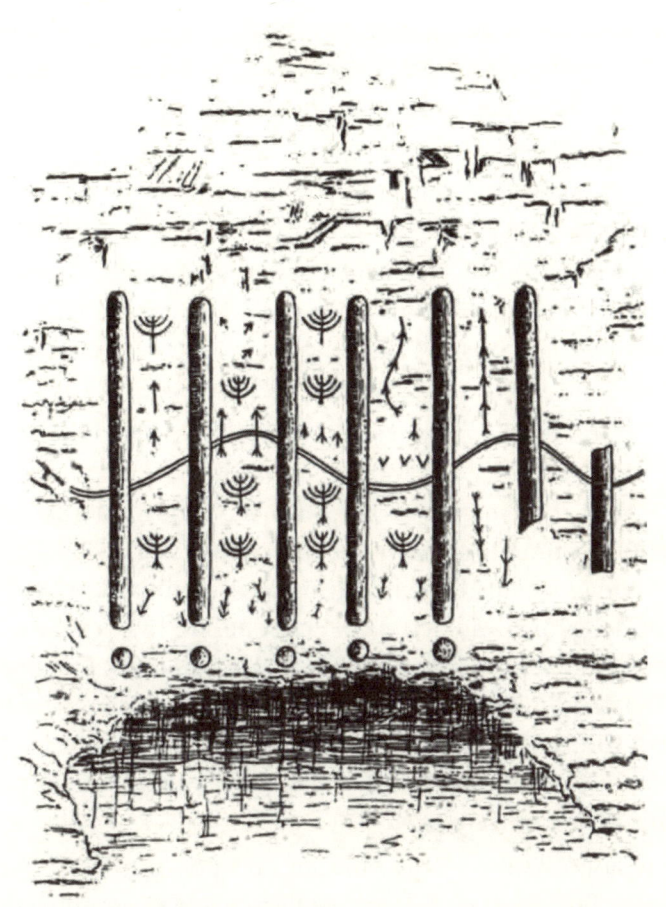

Gravura antiga dos petróglifos do Rio Finke, descobertos em 1873.

A América do Sul seria a região de Ofir?

Parece óbvio que Ofir se localizasse muito além da Arábia e, provavelmente, além de Poovar, na extremidade da Índia. Os três anos de viagem, na verdade, levariam os marinheiros até a Índia, Indonésia e além. Se você soubesse para onde iria, atravessaria o Pacífico até o México ou o Peru e voltaria em três anos? A resposta é: provavelmente, sim.

Alguns exploradores do Novo Mundo cogitaram se o Peru, ou o México, seria a fonte da fortuna de Salomão, como foi dito na Bíblia. Um desses exploradores era o almirante espanhol Alvaro Mendana, que descobriu as Ilhas Salomão em 1568, enquanto procurava a região perdida de Ofir.

Alvaro Mendana (1º de outubro de 1542–18 de outubro de 1595) foi um navegador espanhol, muito conhecido pelas duas viagens que conduziu a partir do Peru pelo Pacífico, em 1567, e em 1595, em busca da Terra Australis. Um cronista espanhol chamado Sarmiento disse que a riqueza Ínca viera de uma região além, para o oeste, e quando Mendana e sua tripulação partiram em busca dessa terra, eles se depararam com as Ilhas Salomão. Tentaram estabelecer uma colônia ali, mas, no fim, retornaram ao Peru.

Mendana e seu grupo acreditavam que o arquipélago fosse a região de Ofir da Bíblia e, assim, chamou-lhe "As Ilhas de Salomão". Embora haja algumas minas de ouro nas Ilhas Salomão, nenhum historiador realmente acha que elas sejam a região de Ofir. Mas é possível que os navios dos ancestrais passassem pelas Ilhas Salomão no caminho para o México e o Peru, quando, na verdade, a cordilheira dos Andes seria a fonte do ouro de Salomão. Lugares antigos como Tiwanaku e Puma Punku possuíam folhas de ouro presas afixadas em todas as paredes. O ouro era tão abundante no Peru, no início da conquista espanhola, que quase todos os conquistadores tornaram-se muito ricos.

O teólogo Benito Arias Montano propôs, em 1571, que o Peru era Ofir. De fato, a origem do nome Peru não é realmente conhecida, e Montano sugeriu que o nome seria, na verdade, O-Per. Montano argumentou que os peruanos nativos seriam, portanto, descendentes da pessoa chamada Ofir (mencionada em uma das genealogias bíblicas do Gênesis) e de Sem. Montano também acreditava que Iucatã fora nomeada segundo Ioktan, pai de Ofir, que segundo ele teria sido uma rainha Inca. O maior problema com essa teoria é que a genealogia da Bíblia nomeia Ofir como filho de Ioktan.

Que o Peru tenha seu nome derivado de Ofir é improvável, mas uma viagem do Oceano Índico ao Pacífico, em direção ao Peru, não está fora de questão. Essa viagem levaria, mais ou menos, um ano, a distância especificada pela Bíblia. Haveria tempo suficiente no Peru para ajudar a fundir o ouro e preparar a carga. Também para produzir alimentos para a viagem de volta.

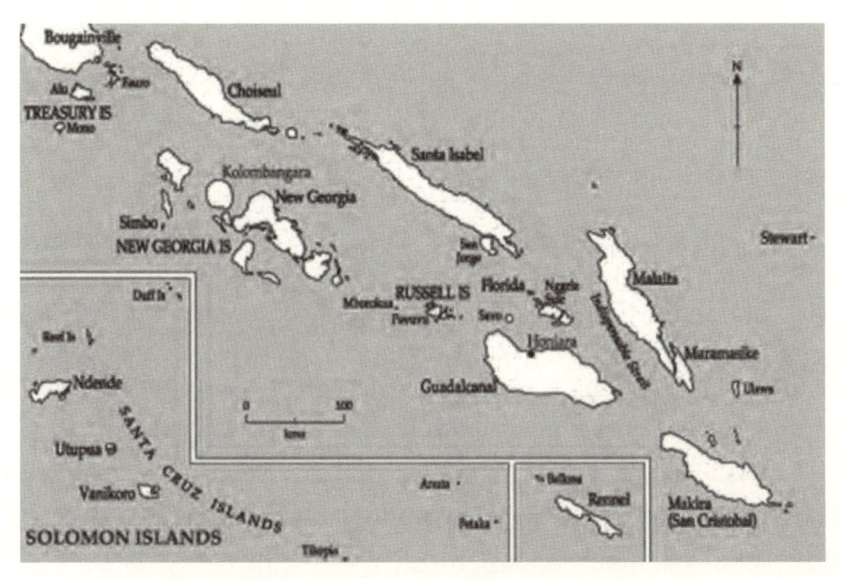

Mapa das Ilhas Salomão, outrora consideradas Ofir.

A viagem de regresso poderia levá-los, primeiro, à Ilha de Páscoa, como Thor Heyerdahl teorizou e, dali, a oeste, para a Polinésia e Melanésia e, por fim, para os portos indianos que, naquela época, ficavam na Indonésia. Então, os viajantes atracariam no sul da Índia para apanhar sândalo e produtos exóticos, e zarpar para casa. O lastro desses barcos era, literalmente, uma carga de puro ouro.

Barry Fell, em seu livro *Saga America*,[66] sustenta que os egípcios mineravam ouro em Sumatra. Os fenícios teriam assumido o controle dessas minas e trabalharam ali para o rei Salomão. De fato, em 1875, um artigo do *Anthropological Institute Journal* examinou o tema dos caracteres do alfabeto fenício na Sumatra.[67] Teriam esses personagens fenícios sido abandonados pelos marinheiros da frota de Salomão?

De modo semelhante, Thor Heyerdahl mostra claramente, em seu livro *The Maldive Mystery*,[68] como os antigos navegadores fenícios passariam pelo canal equatorial, nas Maldivas, com uma parada

---

66. *Saga America*, Barry Fell. New York, Times Books, 1983.
67. *Ancient Man: A Handbook of Puzzling Artifacts*, William Corliss. Glenn Amr (MD), Sourcebook Project, 1978.
68. *The Maldive Mystery*, Thor Heyerdahl. Bethesda(MD): Adler and Adler, 1986.

ali no Templo do Sol e, então, velejariam rumo a Sumatra. E claro, mais adiante, para Austrália, Nova Zelândia e Pacífico. O fato de que os egípcios e os fenícios, assim como os antigos indianos e chineses, exploraram o vasto Pacífico há milhares de anos é discutido em meu livro *Lost Cities of Ancient Lemuria and the Pacific*.

De repente, vemos que a ideia dos navios de Salomão chegarem a um lugar tão distante como o Peru não é nada improvável. E é uma proeza, de fato, dentro das possibilidades dos navios. Os fenícios eram bravos e excelentes marinheiros, e seus navios eram grandes e bem equipados, muito melhores do que os navios de Colombo. A região de Ofir teria de ser uma terra de ouro, e o Peru, certamente, era um lugar assim.

Orville Hope, em seu livro *6000 Years of Seafaring*,[69] afirma que a Ofir do rei Salomão ficava, na verdade, no Novo México, onde foram encontradas inscrições judaicas, refinarias e fortificações perto de Albuquerque. Essas inscrições judaicas antigas podem ser autênticas, mas é improvável que os navios de Salomão tenham deixado o Mar Vermelho contornando a África, a oeste do Golfo do México, em sua viagem para as tais minas.

Pode muito bem ser que os hebreus, velejando com seus amigos, os fenícios, de fato também tenham ido para a costa oeste das Américas, mas essas viagens provavelmente partiram dos portos mediterrâneos em direção ao Atlântico, seguindo uma rota que os fenícios e seus sucessores, os cartaginenses, utilizaram por muitas centenas de anos.

O MISTERIOSO OURO DE PARVAIM

Outro local misterioso mencionado na Bíblia é Parvaim. O que era o ouro de Parvaim? Apenas uma vez, no Antigo Testamento, a utilização do ouro de Parvaim é mencionada. Quando Salomão iniciou a construção da Casa do Senhor, ele utilizou esse tipo especial de ouro no Santo dos Santos.

Lemos em 2 Crônicas 3:3-7:

> A fundação que Salomão estabeleceu para a construção do templo de Deus possuía 60 cúbitos de comprimento e 20 cúbitos de largura (utilizando a antiga medida padrão para

---

69. *6000 Years of Seafaring*, Orville Hope. Gastonia(NC): Hope Associates, 1983.

cúbito). O pórtico, diante do templo, possuía 20 cúbitos de comprimento, cruzando a largura do edifício, e 20 cúbitos de altura.

Ele revestiu o interior com ouro puro. Cobriu a sala principal com painéis de zimbro, e a envolveu em ouro fino, e decorou-a com desenhos de palmeiras e correntes. Ele adornou o templo com pedras preciosas. E o ouro que ele utilizou, era ouro de Parvaim. Ele revestiu as vigas do teto, batentes das portas, paredes e portas do templo com ouro, e entalhou querubins nas paredes.

Aparentemente, a palavra Parvaim é um termo muito específico do hebraico, utilizado apenas uma vez na Escritura, como citado anteriormente. A Bíblia, com frequência, fala sobre ouro puro, mas o ouro de Parvaim é especial, possivelmente com uma cor avermelhada, da misteriosa região de Parvaim. Onde ficava Parvaim? Na verdade, Parvaim é uma palavra do sânscrito, que deriva de "purva". Temos a seguinte definição do *Dicionário Bíblico,* de Smith, em Biblesudtytools.com:

Parvaim (regiões orientais), o nome do lugar ou país desconhecido onde o ouro era adquirido para a decoração do Templo de Salomão (2 Crônicas 3:6). Podemos notar a conjetura que é derivada do sânscrito purva, "oriental", que é um termo genérico para o oriente.

Assim, mais uma vez, somos levados de volta à Índia como a área de onde Salomão importava o ouro e outros produtos valiosos. Parece haver poucas dúvidas de que o antigo Israel e a antiga Índia estavam ligados de muitas maneiras. Se o rei Salomão possuía uma aeronave, possivelmente um vimana produzido na Índia, será que ele faria viagens de Jerusalém para a Índia para visitar os reis locais e realizar suas transações comerciais?

Se ele realmente visitou esses destinos remotos em seu vimana, incluindo, por exemplo, as siderurgias em Tiwanaku, o rei Salomão e seus almirantes poderiam determinar qual o melhor caminho para velejar, e quais portos remotos poderiam ser portos de escala. Algumas viagens têm de ser feitas por via aérea e outras pelo mar. Embora tenhamos aeronaves em nossa época, a maioria da nossa carga é transportada, em longas distâncias, por navios.

E quanto a uma frota de navios realizando uma longa viagem até o Peru – não se engane quanto à possibilidade de velejar pelo Oceano Pacífico, em poucos meses, sem sequer atracar em ilhas para água ou comida; isso já foi feito muitas vezes no passado. O capitão Bligh realizou essa viagem em um barco pequeno e aberto, desde o Taiti até a Indonésia, sem ver uma ilha pelo caminho. De forma semelhante, Magalhães atravessou o Pacífico inteiro e chegou às Filipinas sem nunca avistar outra ilha.

Com certeza, a Índia estava envolvida na importação de artigos valiosos de Ofir, e era uma parada importante para a frota, mas parece muito perto de Eziom-Géber para ser uma viagem de três anos. O ouro da Índia poderia ser o ouro de Parvaim e valer mais do que "ouro puro". O outro ouro, menos valioso que o de Parvaim, consistia na maior parte do metal, proveniente da Austrália, Sumatra, Peru ou outras localidades.

Parece que uma viagem de ida e volta para um porto como Poovar, no sul da Índia, deveria realmente durar um ano. A frota passou dois anos trabalhando para algum sultão na Índia, antes de voltar para casa? Seria realmente uma viagem de três anos para ir e voltar de Ofir? E o que eram, exatamente, os navios de Társis?

Os navios de Társis

As embarcações marítimas fenícias costumavam ser denominadas "navios de Társis", de acordo com o porto fenício, ou ilha, chamado de Tartesso. Esse importante centro naval ficava, talvez, na ilha da Sardenha ou em um porto no sul da Espanha, chamado Tartesso.

Társis era uma região conhecida pela prata, e era diferente das minas de Salomão e do ouro que vinha de Eziom-Géber. Ela fica em algum lugar do Mediterrâneo, e a Sardenha pode ter sido a ilha principal para a grande marinha de navios de carga, equipados com aríetes de bronze, vagando pelo Mediterrâneo. Os viajantes não só percorriam o Mediterrâneo, mas também o controlavam; e com a fundação de Cartago, na costa norte-africana, assim como Lixo e Morodor, na costa atlântica do Marrocos, eles eram os comerciantes dominantes do mundo ocidental, na época.

As embarcações da frota fenícia, feitas por construtores navais de Israel, Tiro e Biblos, em Eziom-Géber, também eram chamadas de navios de Társis, embora não navegassem pelo Mediterrâneo. Em Isaías 60:9, compreendemos que esses e outros navios percorriam longas distâncias realizando um comércio elaborado:

> Eles são navios dos confins do mundo, de regiões que confiam em mim, lideradas pelos grandes navios de Társis. Trazem os indivíduos de Israel de longe, para casa, transportando sua prata e seu ouro. Eles honrarão o Senhor seu Deus, o Santo de Israel, pois Ele os preencheu de esplendor.

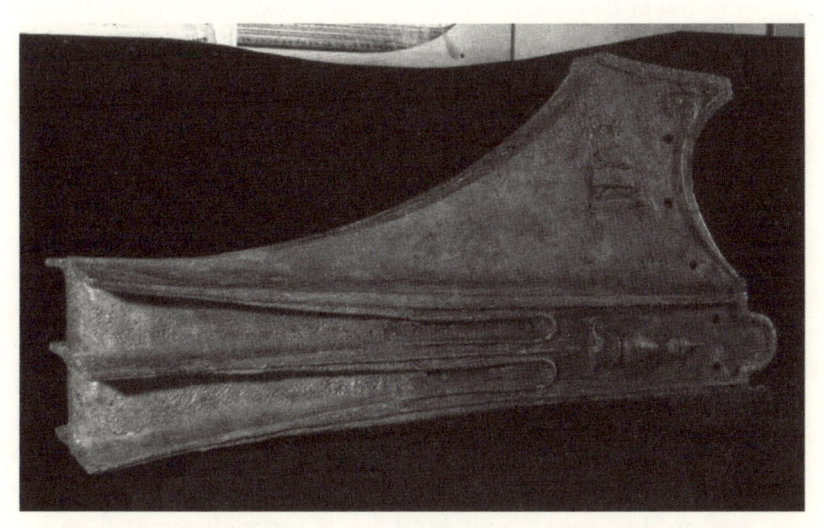

Grande aríete de bronze que ficava preso na proa do navio fenício.

Depois de Salomão, seu herdeiro, Jeosafá, também tinha uma frota de navios fenícios, construída em Eziom-Géber, para ir a Ofir, mas parece que uma tempestade destruiu a frota e as viagens a Ofir cessaram. Em 1 Reis 22:48, lemos:

> Jeosafá fez navios de Társis para ir a Ofir buscar ouro, mas não o fizeram, pois os navios foram destruídos em Eziom-Géber.

Os navios de Társis são mencionados em traduções modernas da Bíblia simplesmente como "navios comerciais". Detalhe curioso, parece que Társis era o centro principal para a marinha fenícia, em vez de Tiro, Biblos ou outras cidades do leste mediterrâneo. Mas onde ficava Társis? Descobri a seguinte discussão interessante no *website* hope-of-Israel.org:

> É significativo que a principal base de operação para os "navios de Társis" não fosse Tiro, mas um lugar logo na saída das Colunas de Hércules, chamado pelos romanos de "Gades". Esse local ficava do lado Atlântico de Gibraltar, perto da foz do Rio Guadalquivir, no sudoeste da Espanha. Mais tarde, esse porto passou a ser chamado de Cádiz – por volta do século XII. Em tempos mais modernos, Cádiz tornou-se a base principal para a marinha espanhola, sob o reinado de Filipe II. No *Dicionário da Bíblia,* de Davis, nós vemos esse porto definitivamente identificado com Társis. "Acredita-se que Társis era Tartesso, no sul da Espanha, próximo a Gibraltar [...] navios de Társis eram, originalmente, navios comerciais que iam e vinham de Társis; mas, por fim, seriam embarcações do tamanho daquela de primeira classe, que viajam para qualquer lugar".
>
> Desse modo, vemos que grandes navios de alto-mar realizavam comércio de mercadorias de Társis para os quatro pontos cardeais. Sabemos, pelas palavras de Ezequiel, que "navios saíam de Társis" e comercializavam ferro, estanho e chumbo. Embora houvesse minas produzindo estanho na Espanha, elas se esgotaram e os navios velejaram para outras partes em busca de seus muito estimados estanho e chumbo, que foram encontrados, por fim, na Cornuália e em Somerset, na Inglaterra. Eles também comercializavam o apreciadíssimo âmbar do Mar do Norte.

Alguns concordam que Társis provavelmente era Tartesso, mas outros acreditam que o local ficava afastado do continente. Trechos de escrituras citados na *Wikipédia* relacionados a Társis parecem fazer distinção entre Társis e a região costeira. Uma citação diz que os habitantes da costa "atravessavam até Társis". Após alguma calamidade profetizada ter destruído Tiro e a costa ao seu redor, os sobreviventes foram enviados a Társis e outros locais, incluindo regiões costeiras distantes. Uma discussão sobre o tema na *Wikipédia* diz:

> Salmo 72 (72:10), um salmo geralmente interpretado como messiânico pelas tradições judaicas e cristãs, diz: "que os reis de Társis e das regiões costeiras rendam tributos a ele;

que os reis de Sabá e de Seba tragam presentes!" Esse versículo é o texto original para a antífona litúrgica *Reges Tharsis* da música catedrática cristã. Em 2013, Thompson e Skaggs reconheceram que essa passagem é composta, formulaicamente, por uma cadeia de escalas correlacionadas que indicam que Társis era uma ilha grande.

Isaías contém três profecias que mencionam Társis. A primeira, 2:16, diz: "contra todos os navios de Társis, e contra todas as belas embarcações". Em seguida, Társis é mencionada exaustivamente no capítulo 23 contra Tiro. 23:1 e 14 repetem: "Lamentem, ó navios de Társis, pois Tiro está devastada, sem casas ou portos!"; e 23:6: "Atravessem até Társis; lamentem, ó habitantes da costa!" 23:10 identifica Tiro como a "filha de Társis". Essas profecias são invertidas em Isaías 60:9: "Pois as regiões costeiras terão esperança por mim, os navios de Társis primeiro, para trazerem seus filhos de longe"; e 66:19: "e estabelecerei um sinal entre eles. E, dentre eles, enviarei sobreviventes para as nações, para Társis, Pul e Lud, que armam o arco, para Tubal e Javã, para as costas distantes, que não ouviram de minha fama ou viram minha glória. E eles declararão minha glória entre as nações".

Como mencionado anteriormente, Jeremias disse que Társis é uma fonte de prata, e menciona o misterioso Ufaz, dizendo: "Prata batida é trazida de Társis e ouro de Ufaz".

Portanto, parece que a maior parte da prata vem de Társis e dos portos mediterrâneos, e o ouro vem do porto de Eziom-Géber, no Mar Vermelho, que traz ouro da Índia e mais além.

A RAINHA DE SABÁ E AXUM

Os navios que iam para Ofir são mencionados em meio a uma descrição da visita da rainha de Sabá à corte de Salomão. Embora os comentários acerca da marinha pareçam um aparte que interrompe a narrativa, temos a impressão de que os navios paravam em um porto, no Mar Vermelho, que ficava em seu reino; a rainha ouviu os relatos acerca do rei Salomão por meio dos marinheiros. Em 1 Reis 10:1-15, lemos:

E quando a rainha de Sabá ouviu falar da fama de Salomão em relação ao nome do Senhor, ela foi testá-lo com perguntas difíceis. E ela foi a Jerusalém com uma grande comitiva, com camelos que carregavam especiarias e muito ouro e pedras preciosas; e quando ela estava diante de Salomão, disse-lhe tudo que estava em seu coração. E Salomão respondeu a todas as suas perguntas; não havia nada secreto sobre o rei que ele não tivesse dito a ela.

E quando a rainha de Sabá viu toda a sabedoria de Salomão, e a casa que ele construíra, e a carne em sua mesa, e a quantidade de servos que ele tinha, e a presença de seus ministros, e suas vestimentas, e seus copeiros, e sua ascensão, que o conduzia à casa do Senhor, ficou assombrada.

E ela disse ao rei: "Era verdade tudo que ouvi em minha terra sobre seus atos e sua sabedoria. No entanto, não acreditei em tais palavras até vir e ver com meus próprios olhos; e veja, nem a metade me contaram. Sua sabedoria e prosperidade excedem a fama de que ouvi falar. Felizes são os seus homens, felizes são os seus servos, que estão continuamente diante do Senhor, e que ouvem sua sabedoria. Abençoado seja o Senhor seu Deus, que se deleitou no Senhor, e o colocou no trono de Israel! Porque Deus amou Israel para sempre, portanto, Ele o fez rei para decidir julgamento e justiça".

E ela ofereceu ao rei 120 talentos de ouro, e especiarias em grande quantidade, e pedras preciosas; não houve maior abundância em especiarias como essa carga que a rainha de Sabá ofereceu ao rei Salomão.

E também a frota de Hirão, que trouxe ouro de Ofir, trouxe de Ofir uma grande quantidade de madeira de almugue e pedras preciosas. E o rei fez colunas com as madeiras de almugue para a casa de Deus e para a casa do rei, também harpas e saltérios para os cantores. Nunca mais surgiram as tais madeiras de almugue, e nunca mais foram vistas até hoje.

E o rei Salomão ofereceu à rainha de Sabá tudo o que ela desejou, tudo que ela pediu, além daquilo que Salomão lhe oferecera de seu tesouro real. Então, ela regressou ao seu país, com seus servos.

Agora, o peso de ouro que chegava às mãos de Salomão, em um ano, era 666 talentos de ouro, além daquilo que ele recebia dos comerciantes, e do tráfico dos comerciantes de especiarias, e de todos os reis da Arábia, e dos governadores do país.

Quando a rainha de Sabá deixou Axum? Onde ficava Ofir? De onde vinha todo esse ouro, não apenas o de Salomão, como também o de Sabá?

A região de Sabá

É evidente que a rainha de Sabá governou um país rico, fortemente envolvido em relações comerciais. De fato, o *Kebra Nagast* diz que foi de um comerciante rico que Sabá ouviu falar de Salomão.

Por diversas razões, muitos historiadores modernos têm dúvidas de que a rainha de Sabá sequer existiu, e se existiu, que ela fosse de Axum. Acho que estão errados em ambos os questionamentos. E, certamente, milhões de etíopes acreditam que ela foi uma rainha de Axum, assim como milhões de hindus, na Índia, acreditam que Krishna e Rama foram pessoas reais.

A visita da rainha de Sabá ao rei Salomão tratou-se de uma viagem comercial, pois a rainha levou com ela cerca de 120 talentos de ouro, além de grande variedade de especiarias e pedras preciosas. Como a Bíblia registrou: "nunca mais se viu tal abundância de especiarias como aquela que a rainha de Sabá ofereceu ao rei Salomão". A rainha também desejava testar a sabedoria do rei, e ver com os próprios olhos sua corte magnífica. No momento de sua partida, Salomão oferece tudo que ela deseja, além de seu tesouro real. "Então, ela regressou ao seu país, com seus servos" (I Reis).

Assim, os 120 talentos de ouro eram, em grande parte, para fazer negócio, com a rainha recebendo o "tesouro real" em troca. No entanto, até o dia de hoje, os estudiosos não chegam a uma conclusão quanto a quem seria a rainha de Sabá e de onde ela vinha. Seu nome não é citado na Bíblia, apenas o título: rainha de Sabá.

A atriz Betty Blythe como a rainha de Sabá, em 1921.

Os sabeus são mencionados duas vezes no Alcorão. O Alcorão cita a rainha de Sabá e a chama de *Bilkis*, no 27º capítulo. Nesse capítulo, Suleiman (Salomão) ouve histórias do pássaro poupa a respeito do reino de Sabá. Ele é governado por uma rainha cujo povo venera o Sol e os planetas, em vez de Deus. Suleiman (Salomão) envia uma carta convidando-a a se submeter completamente ao Deus Único, Alá, Senhor dos Mundos.

A rainha de Sabá fica indecisa antes de responder e pede orientação aos seus conselheiros. Eles respondem que o país possui "grande solidez" quanto à sua prontidão para travar uma guerra, caso necessário. Ela responde que teme, caso eles percam, pois Suleiman poderia se comportar como a maioria dos reis: "entraria no país, espoliando-o e tornando as pessoas mais honrosas de seu povo as mais baixas".

A rainha decide encontrar-se com Suleiman e envia-lhe uma carta. Suleiman recebe a carta e pergunta se alguém pode trazer o trono da rainha até ele, antes que ela chegue. Um gênio, sob o comando de Suleiman, diz então ao rei que ele trará o trono de *Bilkis* antes que Suleiman se erga de seu assento.

Isso é feito, e quando a rainha chega à corte de Salomão, mostram-lhe o trono e perguntam: seu trono se parece com esse? Ela responde a eles que aquele trono era realmente como o dela. Quando a rainha entra no palácio de cristal de Salomão, aceita o monoteísmo abraâmico e a veneração ao Deus único, Alá.

Mas essa história curiosa do Alcorão não diz exatamente de onde *Bilkis* é, exceto que era ela a rainha de Sabá. Onde, exatamente, ficava Sabá? A maior parte dos estudiosos concorda que o sudoeste da Arábia (grande parte do que hoje é o Iêmen) fazia parte do reino de Sabá. Mas Sabá ficava de ambos os lados do Mar Vermelho, também na Eritreia e na Etiópia? Parece que sim. Se esse era o caso, haveria muitas cidades em Sabá; seria Axum a capital, em algum momento, como afirma *o Kebra Nagast*?

Segundo o famoso explorador da Arábia, H. St. John Philby, em seu livro *The Queen of Sheba*,[70] a lenda árabe que diz que *Bilkis* era a rainha de Sabá está errada. Ele salienta, como faz o famoso arqueólogo Wendell Phillips, que o nome *Bilkis* não surge nos registros sabeus, que Phillip afirma remontarem até 800 a.C.[71]

Philby acredita que a verdadeira rainha de Sabá realmente veio do norte da Arábia e é, de alguma forma, confundida com a das lendas de Zenóbia, a última rainha de Palmira, na Síria. Essa é uma identificação improvável, pois Zenóbia viveu no século III d.C., e não se enquadra no perfil de forma alguma. No entanto, Philby escreveu um livro inteiro sobre o assunto; fica claro que, como muitos estudiosos, ele não quer admitir que uma grande corte, como a de Sabá, existiu no sul da Arábia ou na Etiópia.

Parece que a região de Sabá era muito mais extensa do que vários estudiosos se atrevem a admitir, não por falta de evidência para apoiar essa teoria, mas apenas porque os historiadores têm ideias

---

70. *The Queen of Sheba*, H. St. John Philby. London: Quartet books, 1981.
71 *Qataban and Shea*, Wendell Phillips. New York: Harcourt, Brace & Co., 1955.

preconcebidas acerca do mundo antigo, e essa parte do mundo foi, de certa forma, excluída da história – a Etiópia especialmente. De fato, a breve história da visita da rainha de Sabá nos fornece, 3 mil anos depois, pistas sobre a vida do sul da Arábia, e no chifre da África, nos séculos I e II a.C.

O reino de Sabá é, muito provavelmente, anterior ao ano 800 a.C., e algumas das estruturas em Axum podem ajudar a comprovar. Como já mencionei, um problema com a afirmação do *Kebra Nagast* de que a rainha de Sabá, chamada Makeda, era de Axum, é que muitos historiadores não acreditam que essa cidade existia na época. Penso que esses historiadores estão errados, e discutiremos a antiguidade de Axum em breve. As histórias do *Kebra Nagast* são anteriores ao Alcorão, mas parece que Maomé desconhecia o livro. Como vimos, no entanto, há algumas questões acerca de quando as histórias foram reunidas em um volume.

Embora pouco seja conhecido sobre a antiga Sabá, sustento que se tratava de um país enorme, com cidades portuárias ricas em ambos os lados do Mar Vermelho; alguns dos megálitos mais impressionantes do mundo existem em Axum. Há boa constatação de que esses megálitos possuem 3 mil anos de idade, como veremos.

Que a caravana da rainha estivesse carregada de especiarias é perfeitamente natural. O reino dela não incluiria apenas a região de Hadramaute, no Dofar, uma fonte importante de olíbano no mundo, mas também controlava o próspero comércio com a Índia e as ilhas de especiarias da Indonésia. Sabá controlava praticamente toda a produção de olíbano, que é cultivado no sul da Arábia, na Etiópia e no norte da Somália. Hoje, o norte da Somália é o maior produtor de olíbano, e o Vaticano é o principal comprador da colheita.

A cidade perdida de Ubar foi redescoberta no início dos anos 1990, em Omã, por meio da utilização de fotografia por satélite; e acredita-se que ela foi um centro oriental de comércio de olíbano ao longo da "Rota do Incenso". Ubar e Omã ficam na extremidade leste da zona de produção de olíbano.

Conforme o estudioso alemão Joachim Leithauser já salientou, se não fosse a incrível demanda por especiarias e ervas aromáticas, que em sua maioria vinham do sudeste asiático e da Índia, o mundo nunca teria sido explorado. Noz-moscada, cravo, canela, cardamomo e outras especiarias valiam, literalmente, seu peso em ouro. O olíbano, no entanto, vinha do sul da Arábia e do chifre da África.

O comércio de especiarias já existia milhares de anos antes da época do rei Salomão, e parece natural que o império de Sabá controlasse uma parte desse comércio durante o reinado da referida rainha. Os babilônios e os persas possuíam suas próprias embarcações comerciais que tornavam a viagem fácil, mas era Sabá quem controlava o comércio no Mar Vermelho. Portos como os de Adúlis e de Áden controlavam o tráfego em cidades comerciais do Egito, de Israel e do sul do Mediterrâneo. Algumas das principais cidades de Sabá eram Axum, Wukro e Adúlis, na Etiópia, e Najran, Zafar, Marib, Áden, Timna e Qana, no sudoeste da Arábia.

O antigo reino de Sabá – a terra de Sabá – deve ter existido por volta de 1200 a.C., e mesmo antes disso. Há poucas dúvidas de que durante as primeiras dinastias do Egito havia comércio e contato entre a Etiópia e a Arábia, incluindo o tráfego marítimo. Sabá teria incluído a maior parte do sul da Arábia e do norte da Etiópia durante a época do rei Salomão. A questão é se Axum seria a capital. A maioria dos historiadores diz que a capital de Sabá era Marib, um oásis a leste de Saná, no atual Iêmen. No entanto, o mais provável é que Marib tenha sido a capital de Sabá quando o país entrou em declínio, por volta do século III a.C., alguns 600 anos depois de Salomão. Sabá e Menelique trocavam presentes e voavam sobre os oceanos.

Acredita-se que a grande barragem de Marib tenha sido construída por volta de 800 a.C., antes de se tornar a capital de Sabá. A área foi conquistada pelos himiaritas por volta de 100 d.C. Marib parece um sítio incomum para a capital de uma Sabá unida, especialmente porque algumas de suas cidades mais importantes eram portos no Mar Vermelho. Parece que Sabá era centrada em Axum nos seus primórdios, e Marib tornou-se a cidade dominante mais tarde. O *Kebra Nagast*, basicamente, nos relata isso, mas os historiadores persistem em sua dúvida quanto à antiguidade de Axum.

TotH e os babuínos de Sabá

O babuíno-sagrado vive na Etiópia e no Iêmen (babuíno com face de cão), o mais nortenho de todos os babuínos africanos. Esse babuíno é nativo do chifre da África e da extremidade a sudoeste da península Arábica, essencialmente a área da antiga Sabá. O babuíno-sagrado é menor do que os outros babuínos. Eles vivem em áreas semidesertas e precisam de penhascos para dormir, para evitar predadores, que são os leopardos e as hienas. O babuíno-sagrado é onívoro e se adapta ao seu hábitat relativamente seco. Como esse babuíno chegou a ambos os lados do Mar Vermelho? Presumidamente por uma ponte terrestre, mas ele era sagrado no Egito, e até mantidos como animal de estimação. Muitas imagens em tumbas mostram o animal em uma coleira ou brincando com as crianças da casa. Acredita-se que alguns babuínos foram treinados por seus proprietários para apanhar figos das árvores para eles.

O babuíno *hamadryas* surge em vários papéis na antiga religião egípcia e por isso, às vezes, é chamado de "babuíno-sagrado". No entanto, os babuínos não são nativos do Egito, e eram importados da Etiópia ou do Iêmen. Os babuínos-sagrados eram até treinados como guardiões de templos ou algo semelhante. Esse foi, essencialmente, o enredo do livro de Michael Crichton, *Congo* (1980), transformado em filme em 1995, no qual gerações de gorilas treinados guardavam a mina de diamante egípcia que também abriga os templos.

O deus egípcio Toth era frequentemente representado na forma de um babuíno-sagrado, às vezes portando uma Lua crescente na cabeça. Toth também era representado como uma figura com cabeça de íbis. Hapi, um dos quatro filhos de Hórus que guardavam os órgãos dos falecidos na antiga religião egípcia, também é representado com a cabeça de um babuíno com face de cão. Hapi protegia os pulmões e, portanto, a cabeça de um babuíno funciona como tampa do vaso canópico que abrigava os pulmões.

Toth tinha muitos papéis proeminentes na mitologia egípcia, incluindo a manutenção do universo e a arbitragem de disputas entre deuses, além de ser uma das duas divindades (a outra era Maat) que ficavam de ambos os lados do barco de Rá. Toth também estava associado à arte da magia, ao desenvolvimento da ciência e ao sistema de escrita.

Como animal sagrado de Toth, o babuíno era mostrado direcionando os escribas em suas tarefas. Dizem que os babuínos executavam os deveres de Toth como deus da medição. Às vezes, eles são vistos com as escalas que pesavam o coração do falecido durante o julgamento do morto, e são representados nos bicos dos relógios de água.

Toth, deus egípcio da ciência e do conhecimento, representado como um babuíno.

Assim, vemos que o Egito tinha relações próximas não apenas com a Núbia, ao sul, mas também com a Etiópia. Rios importantes que deságuam no Nilo nascem na Etiópia, e incluem o Nilo Azul, cuja foz é o Lago Tana. Quando olhamos para Axum, suas semelhanças com cidades egípcias, como Assuão ou Luxor, são impressionantes. Assim como essas cidades, Axum possui edifícios megalíticos e obeliscos com milhares de anos. O obelisco do Templo de Luxor data de aproximadamente 1400 a.C. Axum poderia pertencer a esse mesmo período?

A ANTIGUIDADE DE AXUM

Entre as inúmeras coisas do *Kebra Nagast* que os historiadores modernos tendem a ignorar está a antiguidade de Axum e de seus monumentos. O livro descreve eventos que teriam ocorrido por volta de 950 a.C. ou antes. No entanto, o livro começa no Concílio de Niceia e é claramente uma coleção de trabalhos compilados por volta de 400 d.C. ou depois. Esses relatos de carruagens voadoras e a remoção da Arca da Aliança de Jerusalém são todos considerados fantasias fictícias por estudiosos modernos. Além disso, Axum não poderia ser a cidade da rainha de Sabá, pois os historiadores dizem que ela provavelmente não existia em 950 a.C.

Gravura antiga dos obeliscos de Axum feita pelo artista britânico Henry Salt, 1809.

Contudo, é possível que o *Kebra Nagast* conte uma história que corresponde à verdade? Com certeza, milhões de etíopes acreditam que o relato seja uma versão verdadeira do que aconteceu há milhares de anos. A Etiópia é tão importante quanto o *Kebra Nagast* afirma que é? Os etíopes possuíam algum tipo de veículo voador naquela época? A Arca da Aliança – ou a réplica – foi retirada de Jerusalém e levada para a Etiópia?

Graham Hancock, em seu livro de 1992, *The Sign and the Seal*,[72] não menciona carruagens voadoras, mas cita a Arca da Aliança voando, como já vimos.

Hancock acredita que a Arca da Aliança pode ter sido levada de Jerusalém e, então, pelo Egito, como descrito no *Kebra Nagast* e, em seguida, levada ao Lago Tana, a foz do Nilo Azul. No entanto, isso não aconteceu durante a época de Menelique, mas no período logo a seguir ao governo do rei Uzias (em torno de 781-740 a.C.). Hancock acha que Uzias ficou diante da Arca da Aliança por volta de 730 a.C., quando ele foi atacado pela lepra, conforme mencionado em 2 Crônicas 26:16-21:

> Mas depois de Uzias tornar-se poderoso, seu orgulho levou à sua queda. Ele foi infiel ao Senhor seu Deus, e entrou no templo do Senhor para queimar incenso no altar de incensos. Azarias, o sacerdote, acompanhado por 80 corajosos sacerdotes do Senhor, entrou com ele. Eles confrontaram o rei Uzias e disseram: "Não é correto, Uzias, você queimar incenso para o Senhor. Isso é para os sacerdotes, os descendentes de Aarão, que foram consagrados para queimar incenso. Deixe o santuário, pois você foi infiel; e você não será honrado pelo Senhor Deus".
>
> Uzias, que tinha em sua mão um incensário pronto para ser aceso, ficou zangado. Enquanto ele vociferava com os sacerdotes em sua presença, diante do altar de incensos do templo do Senhor, a lepra irrompeu em sua testa. Quando Azarias, o sumo sacerdote, e todos os outros sacerdotes olharam para ele, viram que ele tinha lepra na testa, então eles o tiraram dali. De fato, ele desejava sair, porque o Senhor o afligira.
>
> O rei Uzias teve lepra até o dia de sua morte. Ele viveu em uma casa separada – leproso e banido do templo do Senhor. Jotão, seu filho, encarregou-se do palácio e governou o povo da região.

Hancock acredita que, em algum momento logo depois do reinado de Uzias, a Arca da Aliança foi levada para uma comunidade judaica na Ilha Elefantina, no sul do Egito, e, em seguida, para o Lago

---

72. Ver *The Sign and the Seal...*, de Graham Hancock, *op. cit.*

Tana. Ela foi mantida, por algum tempo, em um templo em uma das muitas ilhas desse grande lago, nas montanhas do oeste da Etiópia. Há muitas igrejas antigas e templos nessas ilhas, até hoje. Hancock acha que a Arca teria chegado ali por volta de 640 a.C. e, por fim, foi levada para Axum, onde, segundo a Igreja Ortodoxa Etíope, ela reside atualmente.

É razoável pensar que a Arca sagrada dos etíopes realmente esteja no Lago Tana (Hancock cita, especificamente, a ilha de Tana Cherqos) e agora se localize na Igreja de Santa Maria de Sião, em Axum. Talvez, a Arca fosse, primeiro, levada de Jerusalém para Axum por Menelique e, então, mais tarde, durante uma invasão, transportada para a ilha de Tana Cherqos. Posteriormente, ela foi devolvida a Axum. Mas essa seria a verdadeira Arca da Aliança de Jerusalém ou é uma cópia? Se for a genuína, por que não acreditaríamos no antigo livro, o *Kebra Nagast*? Assim como cremos em certos relatos dos livros do Êxodo, Números e Reis, penso que devemos acreditar que pelo menos algumas das citações do *Kebra Nagast* são verdadeiras. Os etíopes certamente são dessa opinião!

O problema é que os historiadores tradicionais não acham que Axum fosse a capital em 950 a.C., e preferem datar o início do Império de Axum por volta de 400 a.C. Os historiadores tradicionais acreditam que os primeiros edifícios monumentais da Etiópia são os de Yeha, a leste de Axum, datados por volta de 700 a.C. Assim, a pergunta é se Axum é mais antiga que Yeha como afirma o *Kebra Nagast*.

Fotografia da expedição arqueológica alemã de 1906, da escavação da Estela 6.

Os Navios do Rei Salomão, Axum e a Região de Ofir 197

Fotografia da expedição arqueológica alemã. Na imagem, a base de uma estátua gigantesca.

Primeiro, vamos analisar Axum, seus trabalhos monumentais impressionantes e a dinastia axumita. Dizem que Axum é o lugar de habitação contínua mais antigo da África. Embora fique há muitos dias de caminhada para o interior, Axum era a capital de um império marítimo que se estendia até a Arábia e através do Oceano Índico. No entanto, há pouca coisa escrita, ou conhecida, a respeito das longas viagens navais realizadas pelos reis axumitas, que zarpavam do Porto de Adúlis, no Mar Vermelho, em direção ao Oceano Índico. Também podemos imaginar que os navios do Golfo Pérsico, Índia, Sri Lanka e Indonésia atracavam no Porto de Adúlis. Outras viagens levariam à costa ocidental africana.

A *Wikipédia* diz o seguinte sobre Axum e a Dinastia Axumita:

> Axum era uma potência naval e comercial que governou a região por volta de 400 a.C. até o século X. Em 1980, a Unesco acrescentou os sítios arqueológicos de Axum à sua lista de Patrimônio Mundial graças ao seu valor histórico. Localizada na Zona Mehakelegnaw da região de Tigré, perto da Base das Montanhas Adwa, Axum possui uma elevação de 2.131 metros.
>
> Axum era o centro da potência comercial marítima conhecida como o Império de Axum, que antecede as primeiras menções escritas da era romana. Por volta de 356, seu governante foi convertido ao Cristianismo por Frumêncio. Posteriormente, sob o reinado de Calebe, Axum tornou-se quase

uma aliada de Bizâncio contra o Império Persa. O registro histórico é pouco claro, e os registros antigos da igreja são as principais fontes contemporâneas.

Acredita-se que Axum tenha entrado em um longo e lento declínio após o século VII em razão, em parte, dos persas (seguidores do Zoroastrismo) e, por fim, com os árabes disputando antigas rotas comerciais do Mar Vermelho. No fim, Axum foi excluída dos principais mercados de Alexandria, Bizâncio e do sul da Europa; e suas relações comerciais foram capturadas pelos comerciantes árabes da época. O Império de Axum acabou sendo destruído por Gudit e, com parte da população de Axum expulsa para o sul, sua civilização se deteriorou. Conforme o poder do reino diminuía, a influência da cidade também perdia ímpeto, e acredita-se que Axum perdeu sua população durante esse declínio, assim como Roma e outras cidades também foram excluídas do fluxo dos acontecimentos mundiais. O último rei (simbólico) conhecido foi coroado por volta do século X, mas a influência e poder do reino terminaram muito antes disso.

[...] O Império de Axum possuía sua própria língua escrita, o Ge'ez, e desenvolveu uma arquitetura distinta exemplificada por obeliscos gigantes, o mais antigo dos quais (embora muito menor) data de 5000-2000 a.C. O império teve seu auge sob o rei Ezana, batizado como Abramo, no século IV (foi quando o império adotou oficialmente o Cristianismo).

A Igreja Ortodoxa Etíope afirma que a Igreja de Santa Maria de Sião, em Axum, abriga a Arca da Aliança bíblica, na qual estão as Tábuas da Lei, onde foram escritos os Dez Mandamentos. Os registros históricos e as tradições etíopes sugerem que foi de Axum que Makeda, a rainha da Sabá, partiu para visitar o rei Salomão, em Jerusalém. Ela teve um filho, Menelique, cujo pai era Salomão. Ele cresceu na Etiópia, mas viajou a Jerusalém quando jovem, para visitar a terra de seu pai. Ele viveu vários anos em Jerusalém antes de retornar para seu país com a Arca da Aliança. De acordo com a Igreja Ortodoxa Etíope e com as tradições etíopes, a Arca ainda existe em Axum. Essa mesma igreja era o sítio onde os imperadores etíopes foram coroados durante séculos, até o reinado de Fasilides e, novamente, começando com João IV da

Etiópia e até o final do império. Axum é considerada a cidade mais sagrada da Etiópia, e é um destino importante para os peregrinos.

Assim, já temos um problema com esses dados da *Wikipédia* acerca de Axum, pois Axum não foi um reinado vibrante, com um porto marítimo, até perto de 400 a.C., mas dizem que alguns dos obeliscos mais antigos da cidade são de 500-2000 a.C.! Embora a *Wikip*édia diga que esses obeliscos mais antigos eram muito menores que os posteriores, discordo e afirmo que os obeliscos maiores são provavelmente os mais antigos. O mais gigantesco dos obeliscos de Axum, a Grande Estela, foi quebrado em inúmeros pedaços e outrora pesava 520 toneladas (estima-se)!

Parece que esses obeliscos gigantes são do mesmo período em que os grandes obeliscos do Egito foram erguidos, por volta de 2000 a.C., ou antes. Há uma diferença de 1.600 anos entre a fundação do Império de Axum e a construção de seus primeiros monumentos, aliás, gigantescos. Parece que o Império de Axum, ou pelo menos a cidade de Axum, foi fundado muito antes de 400 a.C. e talvez remonte a 3000 ou 5000 a.C. ou até antes. Os monumentos de Axum são, sem dúvida, os mais estupendos em todo o país da Etiópia – que possui uma riqueza de edifícios e megálitos impressionante – e são, com certeza, os mais antigos. Eles são tão antigos que não há dados sobre a construção desses obeliscos – pelo menos dos primeiros deles – e como foram cortados, revestidos, movidos e erguidos é um mistério completo para os arqueólogos. Muitos imaginam elefantes ajudando a transportar essas torres de pedras gigantescas pela estrada até o sítio de sua montagem. A pedreira fica mais ou menos a 6,5 quilômetros a oeste do parque dos obeliscos, no centro da cidade.

Fotografia de 1949 de um obelisco de Axum.

Graham Hancock reproduz este diálogo interessante com o sumo sacerdote da igreja que supostamente abriga a Arca, em seu livro *The Sign and the Seal*:

"Quão poderoso"?, perguntei. "O que você quer dizer?"

A postura do guardião endureceu e ele ficou mais alerta. Houve uma pausa. Então, ele deu uma risadinha e me fez a seguinte pergunta: "Você viu as estelas?"

"Sim", respondi, "Eu as vi."

"Como você acha que elas foram erguidas?"

Confessei que não sabia.

"A Arca foi utilizada", o monge sussurrou sombriamente. "Foram usados a Arca e o fogo Celestial. Sozinhos, os homens jamais conseguiriam fazer tal coisa".[73]

Fotografia de 1949 do gigantesco Obelisco de Axum tombado, que pesa mais de 520 toneladas.

De fato, os obeliscos gigantescos (estelas) de Axum são tão impressionantes como qualquer um do Egito, e parece que Axum era uma espécie de cidade-satélite egípcia, e os mesmos engenheiros, canteiros e arquitetos que construíram as estruturas megalíticas no Egito o fizeram em Axum. O Lago Tana é a foz do Nilo Azul,

---

73. Ver *The Sign and the Seal: The Quest for the Lost Ark of the Covenant*, de Graham Hancock, *op. cit.*

onde cresce papiro que era transformado em barcos de bambu, assim como no Egito. Axum fica mais a norte do que o Lago Tana, mas é próximo do Rio Tekezé, que deságua no Rio Atbara, que por sua vez encontra o Nilo a norte de Cartum. Certamente, havia uma forte relação comercial com o Egito e o Nilo, e é fácil perceber como Axum e o Lago Tana podem ter sido colônias do Egito.

Observemos os obeliscos que se encontram em Axum.

A Grande Estela tem 33 metros de comprimento, 3,84 metros de largura, 2,35 metros de profundidade e pesa 520 toneladas.

O Obelisco de Axum, também chamado de Estela de Roma (24,6 metros de altura, 2,32 metros de largura, 1,36 metro de profundidade e pesa 170 toneladas) caiu e quebrou em três pedaços (supostamente durante o século IV d.C.). Ele foi removido pelo exército italiano em 1937, voltou para a Etiópia em 2005 e foi reinstalado no dia 31 de julho de 2008.

O segundo obelisco mais alto é a Estela do rei Ezana. Esse obelisco tem 20,6 metros de altura acima da placa de base frontal, 2,65 metros de largura, 1,18 metro de profundidade e pesa 160 toneladas.

Três outras estelas possuem as seguintes medidas: 18,2 metros de altura, 1,56 metro de largura, 76 centímetros de profundidade com peso de 56 toneladas; 15,8 metros de altura, 2,35 metros de largura, 1 metro de profundidade, com peso de 75 toneladas; 15,3 metros de altura, 1,47 metro de largura, 78 centímetros de profundidade e o peso de 43 toneladas.

De pé no Campo da Estela do Norte, em 2014, observei, admirado, a Grande Estela, que acreditam ser o maior bloco único de pedra jamais erguido. Por alguma razão, arqueólogos acreditam que ela caiu e quebrou durante a construção. Não consigo ver o porquê disso, e parece provável que ela permaneceu ereta por centenas ou mesmo milhares de anos e, então, caiu. Talvez durante um terremoto, por volta de 400 a.C.

Quando esse obelisco gigante, de 520 toneladas, caiu, ele colidiu com uma imensa placa de pedra de 360 toneladas, que é o teto da câmara central do que se chamou a tumba de Nefas Mewcha. Isso abalou a parte superior do obelisco e destruiu a câmara central da tumba, espalhando os grandes suportes do telhado como se fossem pequenos galhos quebrados.

Fotografia de 1949 do maior obelisco em pé, em Axum.

O guia *Lonely Planet* diz acerca da Etiópia:

> A tumba megalítica de Nefas Mewcha consiste em uma câmara central grande retangular envolvida, em três lados, por uma passagem. A tumba é incomum pelas suas grandes dimensões, a sofisticação da estrutura e o tamanho das pedras utilizadas para sua construção (a pedra que serve de telhado para a câmara central mede 17,3 metros por 6,4 metros, e

pesa cerca de 360 toneladas!). A força da Grande Estela caindo sobre esse telhado causou o espetacular colapso da tumba.

A população local acredita que, por baixo dessa tumba, exista uma "máquina sagrada", o instrumento original que os axumitas utilizavam para fundir rochas para moldar a estela e as tumbas. O mesmo tipo de máquina também deve ter sido utilizado para criar algumas das igrejas em pedras talhadas de Tigré.[74]

Essa máquina mágica é bastante interessante, e parece haver um paralelo com o que foi dito a Graham Hancock, em 1983, pelo sumo sacerdote da igreja que abriga a Arca.

Sem dúvida, esse sacerdote acreditava que a Arca tinha o poder de utilizar o fogo celeste para cortar e erguer megálitos, e também pensava que a Arca foi levada para lá por volta de 950 a.C., por Menelique. Portanto, parece que esse e outros sacerdotes acreditavam que os obeliscos foram erguidos nessa época.

Partes da Grande Estela são tão gigantescas que o caminho do turista, em certo ponto, vai para baixo da parte principal do obelisco, que fica em um ângulo, na inclinação parcialmente escavada. De fato, muito pouco trabalho arqueológico e de escavação foi feito aqui, e pensa-se que alguns obeliscos estejam enterrados no parque.

Curiosamente, a datação estimada para esse obelisco enorme e para a gigantesca estrutura caída, chamada de tumba de Nefas Mewcha, foi o final do século IV d.C., perto da conversão ao Cristianismo da maior parte da Etiópia.

Esse bloco maciço teve de ser cortado e lavrado na montanha a oeste da cidade e, em seguida, arrastado de alguma forma até ali, o centro de Axum. Depois, ele foi erguido e alinhado verticalmente em relação ao chão. Como isso foi feito não se sabe, nem há registros da construção de nenhum dos obeliscos, embora alguns sejam atribuídos a certos reis antigos. Algumas vezes, a Grande Estela é mencionada como Estela do rei Ramhai. Uma estrutura impressionante, no canto setentrional do Campo Estelar Norte, é chamada de Tumba do rei Ramhai, mas é, em geral, conhecida como Tumba da Porta Falsa.

---

74. *Ethiopia, Djibouti & Somaliland*. London: Lonely Planet Books Ltd, 2013.

Ali, uma grande placa de pedra foi talhada com uma porta falsa, que lembra bastante os numerosos entalhes dos templos e tumbas egípcios.

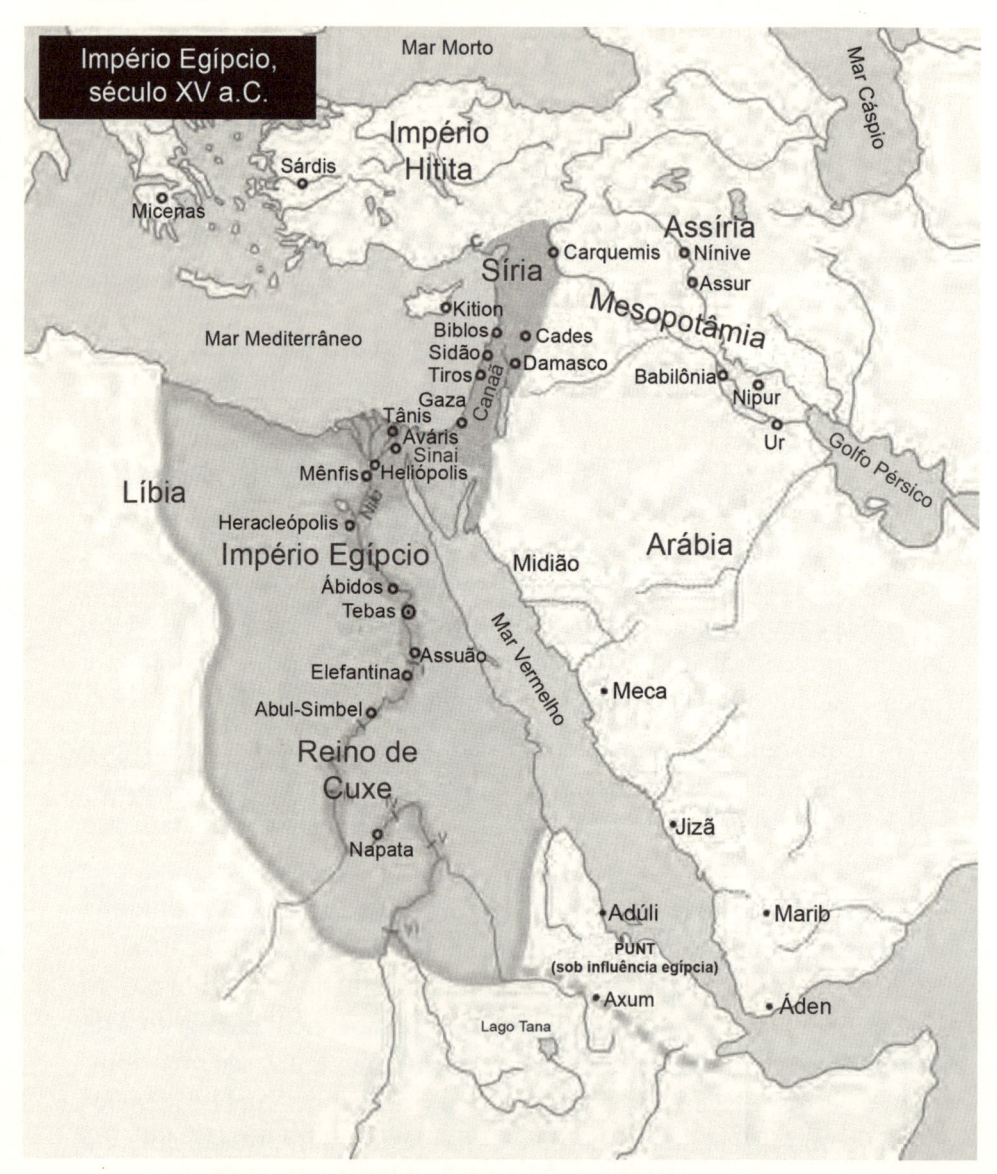

Império Egípcio, século XV a.C.

[Mapa mostrando: Mar Morto, Império Hitita, Sárdis, Micenas, Assíria, Carquemis, Nínive, Assur, Síria, Mesopotâmia, Kition, Biblos, Cades, Sidão, Damasco, Babilônia, Mar Mediterrâneo, Tiros, Canaã, Nipur, Gaza, Tânis, Avaris, Ur, Sinai, Mênfis, Heliópolis, Golfo Pérsico, Líbia, Heracleópolis, Império Egípcio, Midiã, Arábia, Ábidos, Tebas, Assuão, Mar Vermelho, Elefantina, Meca, Abul-Simbel, Reino de Cuxe, Napata, Jizã, Adúli, Marib, PUNT (sob influência egípcia), Axum, Áden, Lago Tana, Mar Cáspio]

Parece que os obeliscos são do tempo em que, no Egito, também eram erigidos: por volta de 2000 a.C. Ao longo do tempo, sepultamentos foram feitos à volta dos obeliscos e, portanto, hoje, eles são erroneamente associados a tumbas. Pensa-se que, de alguma forma, cada estela está ali para marcar uma tumba. Não há evidência alguma disso e, no Egito, os obeliscos e as estelas não estão associados a sepultamentos de forma nenhuma, mas são delimitadores de fronteiras e monumentos – representando talvez um raio de Sol.

Nenhum dos obeliscos etíopes tem quaisquer inscrições, mas a maioria possui alguma articulação e esculturas. Parece que, na época, o Cristianismo estava sendo introduzido na Etiópia, por volta de 350 d.C.; muitos dos obeliscos caíram ou foram derrubados. Diz-se que o rei Ezana (c. 321-360 d.C.) introduziu o Cristianismo na Etiópia. Ele foi influenciado a se tornar um cristão, durante a infância, pelo seu tutor Frumêncio, um monge cristão da Síria. Frumêncio tornou-se o primeiro bispo e fundador da Igreja Ortodoxa Etíope. Nessa época, os reis axumitas governavam a Etiópia, a Eritreia, o Iêmen, o sul da Arábia Saudita, o norte da Somália, o norte do Sudão e o sul do Egito. Tratava-se de um império poderoso que abrangia os dois lados do Mar Vermelho. Eles veneravam o Sol, a Lua e um deus chamado Astar. Também é mencionado que havia uma grande comunidade judaica dento do império.

Dizem que o rei Ezana baniu a prática pagã de erigir estelas de sepultamento, e elas foram negligenciadas. Ao longo do tempo, muitas dessas estelas caíram no chão, mas um dos grandes obeliscos permaneceu de pé. Ele foi chamado de Estela do rei Ezana. No entanto, parece que não foi ele que a ergueu. Essa estela é o ponto central do famoso quadro *Visão de Axum*, de Henry Salt (1780-1827).

Assim, parece que os arqueólogos modernos caíram em uma armadilha conhecida: confundiram a época da destruição de alguns monumentos megalíticos com o período em que foram construídos. O que os arqueólogos modernos sugerem é que esses monólitos maciços, com seus intrincados detalhes, foram erigidos durante o curto período no início do reinado de Ezana, quando dois dos três maiores obeliscos logo caíram. E, ainda mais incrível, logo depois de erguer seu próprio monólito gigante – Deus sabe como – Ezana baniu toda a prática e disse que ela era contra sua religião.

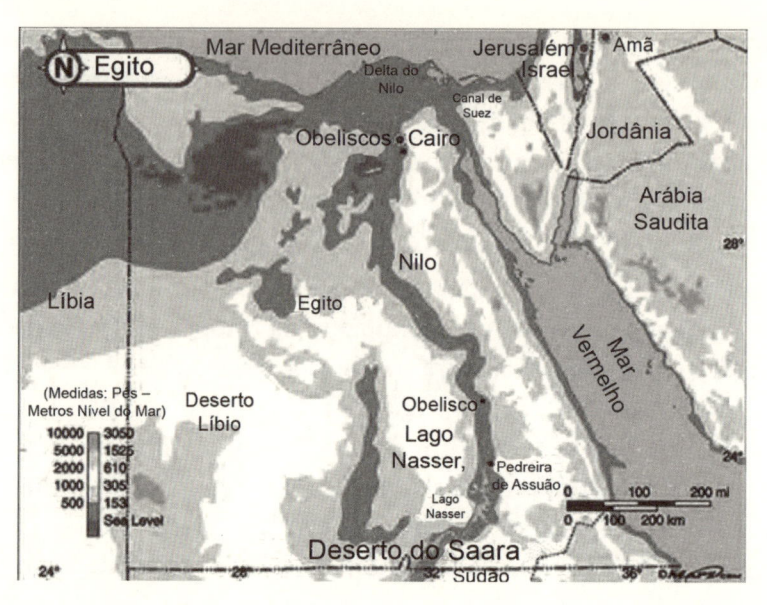

Mapa dos Obeliscos do Egito, todos menores do que o mais alto obelisco de Axum.

Para mim, é extremamente óbvio que a maior parte das estelas do parque são os megálitos mais antigos da Etiópia, e que o rei Ezana não teve nada a ver com a construção de nenhum deles. Ao contrário, ele pode ter sido responsável pela destruição de alguns. O rei Ezana emitiu certo número de moedas, mas nenhuma delas mostrava um obelisco – o que parece estranho, caso ele tenha erguido um desses gigantescos monstros de 200 toneladas. Uma façanha de engenharia tão impressionante como qualquer outra do mundo antigo.

Não há nenhum registro escrito sobre o rei Ezana erguer qualquer estela, e o *Kebra Nagast* não faz nenhuma menção sobre o levantamento de quaisquer objetos, por maior que fosse a proeza. O *Kebra Nagast* fala de todos os tipos de coisas impressionantes e inacreditáveis, como a carruagem voadora de Sião, mas não menciona o rei Ezana e seus obeliscos.

Os arqueólogos modernos admitem não saber como os obeliscos foram transportados e erguidos em seus lugares. Eles também reconhecem o esforço incrível. Teorizam milhares de trabalhadores e milhares de metros de corda, toras para rolamentos, trenós ou algo parecido. O trabalho todo, parece, foi um grande empreendimento que exigiu construir esses objetos imensos a partir de rochas, utilizando serras e cinzéis para formatá-los e gravá-los e, então, algum aparelho para movê-los por vários quilômetros até o sítio. Depois, eles teriam de ser erguidos ou por um guindaste gigante, ou puxados para cima com roldanas (que foi o que os romanos fizeram com os obeliscos egípcios que eles levaram para Roma, por volta de 200 a.C.). Ou as pessoas criaram montes, para os quais arrastaram os obeliscos e, em seguida, colocaram a ponta deles no chão e utilizaram cordas para deixá-los completamente eretos. De qualquer forma, algum andaime enorme teria de ser erguido, mesmo depois que os obeliscos estivessem de pé.

Tudo isso é uma tarefa difícil e, francamente, desconcertante. Não sabemos por que alguém passaria pelo difícil processo de extrair e erguer um obelisco, e o mesmo se pode aplicar aos obeliscos egípcios. Os egiptólogos não têm uma boa explicação do motivo dessa predileção dos egípcios das primeiras dinastias por obeliscos. Dizem que são monumentos dedicados a Rá, o deus Sol, e os típicos obeliscos de 300 toneladas representam um raio do Sol, doador de vida.

MEGÁLITOS DO OCEÂNO ÍNDICO, IGREJAS ENTALHADAS E CAVERNAS DE PEDRAS CORTADAS

O chamado Obelisco Inacabado, em Assuão, foi deixado em sua pedreira porque, durante seu processo de remoção do granito-mãe, foi descoberto que havia uma fissura natural na pedra e, portanto, o obelisco teria uma pequena rachadura. Ele foi abandonado e considerado inutilizável.

Obeliscos também foram erguidos em Carnac, na Bretanha; e o *Devil´s Arrows,* ou Flechas do Diabo, monumento em Yorkshire, consiste em uma série de três obeliscos. Obeliscos como esse foram descobertos no Marrocos e na Argélia, e alguns arqueólogos, como Pierre Honore, acreditam que Tiwanaku e Puma Panku, na Bolívia, tinham obeliscos, hoje caídos e destruídos.

Erguer obeliscos é muito complicado e fazer com que os altos fiquem em pé, de forma segura em suas bases, deve ter sido uma dificuldade de engenharia que só os mais habilidosos eram capazes de enfrentar. Os arqueólogos modernos raramente fazem experimentos com o levantamento de obeliscos. Uma equipe do canal de televisão PBS, para um programa chamado "Nova", tentou erguer um pequeno obelisco no Egito com alavancas, contrapesos e uma gaiola, mas foi incapaz de fazê-lo. Mais tarde, uma técnica diferente foi utilizada nos Estados Unidos, e um pequeno obelisco foi erguido com sucesso, depois de ser arrastado para um monte de areia, mais ou menos da metade da altura do obelisco e, então, tirando a areia debaixo da base e colocando a ponta do obelisco em um pequeno buraco no solo, conseguiram erguê-lo.

Não sabemos como os egípcios ergueram seus obeliscos. Apesar de grande quantidade de pinturas e inscrições daquela cultura, a construção de obeliscos nunca é descrita. Os etíopes acreditam que seus obeliscos foram construídos com algum tipo de poder de antigravidade da Arca da Aliança. Enquanto observava as pedras gigantes à minha volta, no parque de obeliscos de Axum, acreditei realmente que algo assim pode, de fato, ter acontecido.

Os obeliscos são um dos grandes mistérios da arqueologia, e os dois países mais conhecidos pelos seus obeliscos são o Egito e a Etiópia. Podemos pensar que os obeliscos egípcios são os maiores, mas a Grande Estela de Axum é o maior já conhecido. Mesmo que ele tivesse caído durante seu levantamento, deve ter ficado de pé por alguns momentos, longos o suficiente para que caísse de sua grande altura e quebrasse a estrutura de placa megalítica perto dele, enquanto se despedaçava em cinco peças gigantescas.

A queda desse obelisco deve ter sido uma cena impressionante! Certamente, ela enfatiza a dificuldade de erguer um obelisco e mantê-lo ereto. Os obeliscos no Egito, na França e no Reino Unido têm se mantido de pé por mais de 4 mil anos e, provavelmente, permanecerão de pé por outros 4 mil. Com sorte, os obeliscos de Axum existirão durante os próximos 4 mil anos também – se Deus quiser.

Fotografia de um dos obeliscos sendo levado para a Itália.

Duas fotografias, de 1949, do maciço edifício de pedra conhecido como Yeha.

CAPÍTULO 8

Preste João e as Três Índias

"Daquele lugar até a cidade do povo chamado axumitas são mais cinco dias de viagem; para aquele lugar todo o marfim é levado do país além do Nilo, pelo distrito chamado Cyeneum e, dali, para Adúlis."
– *Périplo do Mar Eritreu, capítulo 4*

Por alguma razão, a Etiópia foi amplamente excluída da história mundial. Apesar de ser a casa de "Lucy", um dos esqueletos "humanos" mais antigos jamais encontrados, os historiadores tradicionais afirmam que a civilização só chegou à Etiópia por volta de 700 a.C., em Yeha, a pouca distância a leste de Axum. Parece que a civilização, na Etiópia, é muito mais antiga que isso. Axum foi um centro comercial para marfim, pedras preciosas, incenso, especiarias e ouro, por muitos milhares de anos.

Provavelmente, foi na Etiópia que se domesticou o asno, um animal muito utilizado por todo o Egito, o Oriente Médio e o Mediterrâneo. Os asnos foram, na verdade, os primeiros animais de carga. Eles tinham um papel importante na vida do antigo Egito, mas são provenientes dos férteis planaltos da Etiópia, onde o burro selvagem africano ainda existe hoje em áreas remotas. Por volta de 3000 a.C., os asnos foram exportados para o Egito, a Arábia e a Índia, onde a deusa hindu Kalaratri costuma ser representada montando um asno. Sem dúvida, os asnos teriam chegado à Índia por barco, e houve, historicamente, um forte comércio e interação cultural entre os dois países, embora os historiadores modernos pareçam não reconhecer esse fato.

A Etiópia, com seu porto de Adúlis, hoje localizado a mais ou menos 48 quilômetros ao sul do moderno porto de Maçuá, no Golfo de Zula, era um importante centro comercial marítimo, e recebia navios de toda a costa da Arábia e do leste africano, assim como navios vindos diretamente da Índia. A Etiópia fazia parte do que os geógrafos chamavam de "as três Índias". Era um país verdejante e próspero, com uma população densa, agricultura intensa, templos religiosos, mercados vibrantes e muitos rebanhos de ovelhas e gado.

A Etiópia é hoje, como em tempos antigos, uma terra montanhosa com muitas aldeias, fazendas e campos. Milhões de ovelhas, cabras, asnos e gado vagueiam pela região (incluindo as ruas das aldeias), e uma grande variedade de culturas é semeada – ali é o local de origem do café. A Etiópia é uma região de incenso e especiarias, e os etíopes fazem um *curry* picante, semelhante ao indiano. As pessoas parecem e se vestem muito com os indianos, e as mulheres, em geral, usam algo parecido com o sari indiano.

Parece que a Axum de 950 a.C. controlava as importantes cidades portuárias de Adúlis, Musa (Moca), Qana e Áden, que era chamada Arábia Feliz (Eudaemon). Antigos textos sabeus podem ser encontrados em Tigré, perto de Axum. O gigantesco obelisco de Axum, quando de pé, pesava mais de 520 toneladas. Ele foi retirado de uma única peça de granito, e é tão impressionante quanto qualquer obelisco egípcio; e devem ter sido engenheiros egípcios que supervisionaram esse difícil projeto de engenharia.

Em Lalibela, há igrejas monolíticas, construídas na rocha viva, do século XIII d.C. Parece que, como os nabateus, a quem foram atribuídas as esculturas de Petra, os etíopes gostavam de entalhar esculturas em rochas sólidas. Templos semelhantes, feitos em rochas vivas, são encontrados no oeste da Índia, como os de Elora, Ajanta e Ilha de Elefanta, perto de Bombaim. Será que os técnicos indianos – com ferramentas de diamante – foram à Etiópia entalhar as igrejas monolíticas de Lalibela? As lendas etíopes do sítio afirmam que anjos vieram durante a noite e fizeram o trabalho. Esse trabalho seria cortar granito extremamente rígido a uma velocidade considerável. Parece que ferramentas elétricas foram utilizadas ali.

O porto mais próximo de Axum era Adúlis; outros portos importantes ficavam principalmente do lado árabe do Mar Vermelho que, por sua vez, se abriam para o Oceano Índico. Os marinheiros podiam continuar pela costa da atual Somália em direção a vários portos do leste africano daquela época. Ou os navios podiam velejar pela costa arábica ou pelo Mar Arábico em direção aos portos da costa oeste da Índia. Durante muitos séculos, a primeira parada na costa arábica era Eudaemon (Áden), um porto popular entre os navios indianos.

O porto de Eudaemon era um importante porto de baldeação na rede comercial do Mar Vermelho e do Oceano Índico. Essa cidade e o campo ao redor foram batizados de "Arabia Felix" (Arábia Feliz), uma região abundante em especiarias, café, carneiro e vários produtos importados, a maioria da Índia. Eudaemon (que significa "espírito bom", em grego) foi descrita pelo *Périplo do Mar Eritreu* (por volta de 85 d.C.) como uma cidade em declínio. A *Wikipédia* diz:

> Quanto a esse porto auspicioso, lemos no périplo que a "Arábia Eudaemon foi outrora uma cidade plenamente desenvolvida, quando embarcações da Índia não iam ao Egito e aquelas do Egito não se atreviam a navegar para lugares distantes, e vinham apenas até aqui". O novo desenvolvimento comercial, durante o século I da Era Cristã, evitava os intermediários de Eudaemon e faziam a corajosa travessia direta do Mar Arábico à costa da Índia.

Sabá, como uma grande região em ambos os lados do Mar Vermelho, era um centro para todos os tipos de mercadorias comerciais que vinham da África central, do chifre da África, do sul da Arábia e da Índia. Ela era uma terra de navios, portos, estradas e carroças de burros. Como mencionado, a Etiópia é um ótimo lugar para criar ovelhas e gado, e o país tem esses animais em abundância, assim como centenas de milhares de burros. Áreas de Sabá do lado arábico do Mar Vermelho teriam um número menor de animais, sendo mais como um deserto.

Sabá não conseguiu se manter e começou a se dividir em impérios separados, com o Império de Axum do lado africano. O lado arábico dividiu-se em países chamados Sabá, Qataban, Himiar e Hadramaute. Após o Primeiro Concílio de Éfeso (431 d.C.) e da conquista da Arábia pelos exércitos de Maomé em 630 a.C., a Etiópia basicamente desapareceu da história ocidental. Ela se tornou o "império oculto".

O Império Oculto

Conhecida como o Império Oculto, o nome oficial da Etiópia era até recentemente Abissínia. Sua história desaparece na névoa do tempo. Como vimos, a Etiópia devia ser um país-satélite do Egito que, mais tarde, se tornou o reino de Sabá, no chifre da África; e controlava muito do atual Iêmen, Etiópia e Somália. Em anos posteriores, enquanto a Europa, o norte da África e o Oriente Médio continuavam a fazer negócios e trocar ideias, seu comércio centrava-se no Mediterrâneo e no Mar Negro, e a Etiópia foi basicamente excluída. A maioria do comércio acontecia no Oceano Índico, centrava-se em torno da Índia, e a Etiópia fazia parte desse comércio. Por volta dessa época, o café, a bebida tradicional da Etiópia, começava a ganhar popularidade na Arábia e no Egito. O antigo porto sabeu de Musa tornou-se o centro do café conhecido como Moca, e seu nome se tornou um tipo de grão de café torrado e, mais tarde, uma bebida quente que mistura café com chocolate.

Adúlis, o principal porto da Etiópia, era um importante centro de comércio e, no entanto, ele era praticamente desconhecido pelos historiadores europeus, que mal sabiam que a Índia e a China ficavam no leste da Ásia. De fato, além da Pérsia, dizia-se que havia três Índias; elas poderiam ser alcançadas por barco pelo Mar Vermelho, mas os europeus pareciam não estar cientes desse fato – esse conhecimento se perdeu na época de Marco Polo. Em vez disso, as viagens para a Índia eram feitas quase exclusivamente em caravanas de camelos. Entretanto, na companhia de marinheiros espertos e com um bom barco, a viagem pelo mar seria preferível. Quando o grupo de Marco Polo retornou da China, eles vieram de barco, mas não pelo Mar Vermelho, que teria sido a melhor rota.

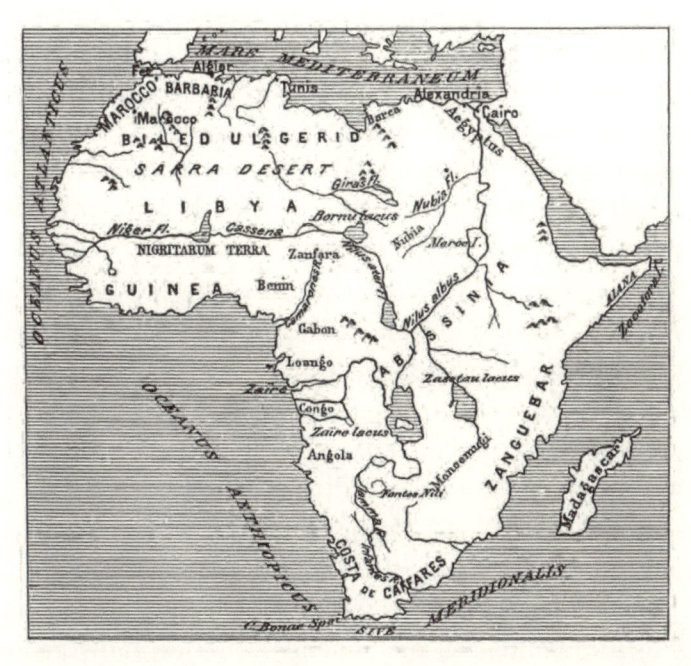

Gravura antiga da Etiópia como Abissínia, mostrando falta de conhecimento da região.

Marco Polo, acompanhado de seu pai e tio, chegou à corte de Kublai Khan por volta de 1275 d.C., e eles ofereceram óleo sagrado de Jerusalém e cartas papais ao Khan. Os três acumularam muito conhecimento e experiência em suas viagens, e foram úteis a Khan. Além disso, falavam vários idiomas e dominavam o chinês. Eles se tornaram algo como embaixadores para Khan, e embarcaram em muitas viagens imperiais para as províncias do sul da China, o extremo sul e Birmânia. Essas viagens eram feitas em navios chineses enormes, e há indícios de um dos mapas que Marco Polo levou para a Itália de que talvez tenham feito uma viagem para o Alasca.

Os Polo pediam continuamente a Khan permissão para deixar a China, mas ele não consentia. Marco diz que eles começaram a se preocupar que talvez não voltassem para casa, e se Khan morresse, eles poderiam não ter o apoio do próximo governante.

Mas, em 1292, representantes chegaram da Pérsia, onde o sobrinho neto de Kublai Khan era o governante. O soberano buscava uma esposa, e quando uma noiva apropriada foi encontrada, ficou decidido que Marco Polo e seus familiares acompanhariam o grupo na volta para a Pérsia.

Foi uma festa de casamento para 600 pessoas, incluindo os três, e a volta para a Pérsia seria feita por barco, em vez de caravanas. O grupo partiu no mesmo ano, do porto de Zaitun (atual Quanzhou), no sul da China, com uma frota composta por 14 barcos. As tripulações dos barcos somavam-se ao número total de pessoas a bordo. Com mais ou menos 80 pessoas em cada barco, esses navios deviam ser muito grandes e luxuosos para transportar os importantes passageiros.

A frota velejou ao longo da costa do Vietnã até a região de Cingapura e, então, continuou rumo ao norte, para Sumatra. Os viajantes atravessaram o Golfo de Bengala até o porto tâmil de Jafanapatão, no norte do Sri Lanka. Dali, seguiram viagem para a costa oeste da Índia. Por fim, Marco Polo, seu pai e seu tio chegaram ao Mar Arábico e atracaram no porto persa de Ormuz.

Foi uma viagem perigosa que começou em Pequim e, dos 600 passageiros que estavam a bordo, apenas 18 sobreviveram até chegar à Pérsia. Marco Polo e seus familiares estavam entre eles, assim como a noiva. Ironicamente, seu pretendente a marido morrera antes da malfadada frota partir.

Filho, pai e tio, então, viajaram por terra até Terbil, na Pérsia, e do porto de Trebizonda para o Mar Morto. Dali, embarcaram em um navio para Constantinopla e, finalmente, de volta para a Itália. Sem dúvida, eles viajaram por águas que eram bem conhecidas pelos marinheiros da Índia, do sudeste da Ásia e da Indonésia. Não atravessaram o Mar Vermelho porque o destino das frotas era o Golfo Pérsico. Mas o Mar Vermelho teria sido uma rota mais rápida para a Itália e para o Mediterrâneo. Uma pessoa que deve ter utilizado essa rota foi Tomé, "o gêmeo", um dos apóstolos de Jesus de Nazaré.

Como São Tomé viajou até a Índia?

Supostamente, cada um dos 12 apóstolos de Jesus deveria escrever um livro, e partir para o mundo e propagar o evangelho. Tomé, o apóstolo, recebeu o nome de Dídimo, no Evangelho de João, que significa "o gêmeo". Às vezes, ele é conhecido como "Tomé, o incrédulo", porque expressou dúvidas quando ouviu falar da ressurreição de Jesus. De acordo com muitos historiadores, Tomé chegou à Índia por volta do ano 52 e logo estabeleceu um ministério cristão ali. Como ele chegou à Índia?

Textos como os Atos de Tomé dizem que ele chegou pelo Mar Vermelho e pelo Oceano Índico, no porto de Muziris, estado de Querala, na costa oeste da Índia conhecida como costa Malabar. Muziris possuía uma comunidade judaica na época, e Querala ainda tem várias pequenas comunidades judaicas até hoje. Teriam também vindo pelo Mar Vermelho?

Muziris foi destruída por inundações gigantescas e alterações terrestres que modificaram as costas do sudeste indiano em 1341 d.C. Muziris ficava perto do moderno porto de Cranganor, no estado de Querala. Em 1983, um grande tesouro de moedas romanas foi descoberto em um sítio a mais ou menos 9,6 quilômetros de Cranganor, em uma pequena cidade chamada Pattanam e, hoje, pensa-se que essa cidade esteja no antigo sítio de Muziris. Escavações realizadas em Pattanam,

Gravura antiga do santuário de São Tomé em Meliapor, na Índia.

de 2007 a 2011, desvendaram mais de 20 mil artigos, incluindo objetos de cerâmica, contas, peças de ânfora, balas de canhão e outros.

Quando Tomé, o Apóstolo, chegou a Muziris, fundou um grupo que hoje é conhecido como Cristãos de São Tomé ou *nasranis*. Os Atos de Tomé identificam sua segunda missão na Índia em um reino governado pelo rei Mahadeva, um dos governantes da dinastia do século I do sul indiano. Após cumprir a segunda missão, ele faleceu, por volta de 72 d.C., em Meliapor, perto de Madras.

Os estudiosos mais antigos se perguntavam como Tomé, o Apóstolo, chegou à costa de Querala, em 52 d.C., porque eles não tinham conhecimento do comércio efervescente que havia entre o Egito, a Etiópia e a Índia. Todos os anos, os ventos da monção sopram de leste para oeste através do Oceano Índico, e podem transportar, na ida e na volta, navios do chifre da África diretamente para a costa de Malabar.

Selo de São Tomé

O comércio entre Roma e a Índia nesse período é um pedaço da história pouco compreendido, mas a descoberta de grandes tesouros de moedas romanas mostra que havia um comércio próspero, e os navios romanos zarpavam dos portos do Mar Vermelho, no Egito. Além disso, colônias judaicas prósperas eram encontradas em vários centros comerciais, fornecendo, assim, bases óbvias para o testemunho apostólico. Há relatos a respeito de colônias judaicas e cristãs na ilha de Socotorá, nesse mesmo período, e o reino árabe chamado Himiar era cristão, como a Etiópia.

Tomé, muito provavelmente, atravessou até a Índia em um navio, em porto egípcio-romano, em algum lugar perto da extremidade norte do Mar Vermelho. Seu navio continuou na direção sul, pelo Mar Vermelho, até portos como Adúlis, na Etiópia, onde ele passou algum tempo pregando o evangelho cristão. Quando partiu de Adúlis, ele foi para Socotorá ou Áden e, em seguida, quando os ventos da monção sopravam na direção correta, atravessou diretamente o Mar

Arábico até Querala. Aliás, havia um manual completo para essa viagem, descrevendo os portos ao longo de todo o Oceano Índico. Era um manual pequeno, escrito em grego, chamado Périplo do Mar Eritreu.

O Périplo do Mar Eritreu

Um Périplo era um manuscrito, tipicamente transportado por capitães de navios e navegadores, que listava os portos e os pontos de referência costeiros de determinada viagem ao longo da costa. Os portos e pontos de referência seriam discutidos conforme eram visitados e com distâncias aproximadas intercalares. Os navegadores acrescentavam várias notas ao périplo, com o passar do tempo e, às vezes, as edições eram atualizadas.

Périplo é a latinização da palavra grega *periplous*, literalmente, "navegar ao redor", e a palavra tornou-se um termo-padrão na antiga navegação de fenícios, gregos e romanos. O Périplo de Hanão, o Navegador, é um exemplo de um périplo bastante interessante, pois registra a viagem de Hanão, um cartaginense colonizador e aventureiro que explorou a costa da África no século VI ou V a.C., do atual Marrocos ao Senegal, mais para o sul.

Mapas, cartas de navegação e diários de bordo, como um périplo, eram objetos importantes nos baús de qualquer capitão desde o início da navegação. Não podemos deixar de salientar como eram importantes e valiosos os mapas e as cartas de navegação, em tempos antigos. Cada um deles tinha de ser copiado à mão e, como um livro raro, eram vendidos a um preço elevado. Com as primeiras impressões de mapas de alta qualidade na Alemanha, Holanda e Bélgica, começou uma poderosa indústria de cartografia. Impressões de vários mapas – corretas ou não – eram avidamente consumidas pelo público, começando pelos capitães de navios e governos. De muitas formas, a moda dos mapas, acompanhados de comentários, como um périplo, levou à criação dos modernos roteiros de viagens, seja um guia ou um relato pessoal, como os de Marco Polo ou de Jack Kerouac.

Para os gregos, e para os fenícios antes deles, o Mar Eritreu era o Mar Vermelho e além, incluindo o Oceano Índico e o Golfo Pérsico. Até lugares como Sumatra, Java e Bali deviam ser considerados parte do Mar Eritreu. Podemos imaginar se os marinheiros gregos, vindos principalmente de portos egípcios ptolomaicos no Mar Vermelho, velejaram até a Indonésia e talvez a Melanésia – seria uma aventura e tanto!

O Périplo do Mar Eritreu foi escrito originalmente em grego, sem o reconhecimento de nenhum autor. No início, ele fornece os portos, oportunidades de comércio e dicas de navegação para a viagem a partir de portos romanos egípcios como o de Berenice, ao longo da costa oeste do Mar Vermelho, e ao longo do chifre da África até a África Oriental. No capítulo 19, ele passa para a descrição de uma viagem ao longo do lado leste do Mar Vermelho em direção à Arábia, e dali para portos do subcontinente indiano. A data real do texto não é fornecida, mas acredita-se que ele foi escrito por volta do

Mapa antigo, de 1609, dos locais mencionados pelo Périplo do Mar Eritreu.

ano 50 d.C. Esse é o período aproximado de Tomé, o Apóstolo, e de sua viagem para a Índia.

O Périplo diz que uma rota de navegação direta do Mar Vermelho até o sul da Índia, por mar aberto, foi descoberta pelo navegador grego Hípalo (século I a.C.). Plínio, o Velho, afirmou que Hípalo não descobriu a rota, mas o vento da monção, o que era a mesma coisa. Marinheiros árabes conheciam bem os ventos da monção, que os gregos também chamavam de Hípalo (ou Hypalus).

Antes dessa descoberta feita pelos gregos, pensava-se, no Ocidente, que a costa indiana ia do Ocidente ao Oriente. Lembremo-nos de que os navios de Társis do rei Salomão fizeram a mesma viagem e conheciam a geografia. Isso mostra como a informação foi perdida entre 900 a.C. até o período de mais ou menos 100 a.C., um tipo de era das trevas no primeiro milênio a.C.

Hípalo soube da rota por outros marinheiros do Mar Vermelho e pela orientação norte-sul da costa ocidental da Índia. Ao perceber que os portos indianos da costa de Malabar que faziam o comércio de especiarias ficavam para o sul, do outro lado do mar aberto, ele poderia realizar uma viagem muito mais rápida em vez de seguir as rotas costeiras.

Essa rota rápida para o sul da Índia, que recebia navios de ilhas da Indonésia ricas em especiarias, contribuiu amplamente para a prosperidade dos portos romanos no Egito, durante o período de 100 a.C. a 300 d.C. Os romanos, após derrotarem Cartago, poderiam, enfim, fazer o que os fenícios fizeram por meio de sua aliança com o rei Salomão – velejar pelo Oceano Índico a partir de portos do Mar Vermelho, assim como cruzar o Mediterrâneo e o Atlântico. A partir dos portos do Mar Vermelho, grandes navios romanos atravessaram o Oceano Índico até os reinos do sul da Índia conhecidos como Chola, Pandia e Chera, na atual Querala, e de Tâmil Nadu.

O Périplo é composto de 66 capítulos, a maioria deles da extensão de um parágrafo longo em inglês. Nenhum capítulo possui mais do que um parágrafo, pois esse era o estilo de escritura da época. Alguns capítulos-parágrafos são muito curtos, incluindo o primeiro, cuja totalidade é a seguinte:

1. Dos portos designados do Mar Eritreu, e as cidades-mercados à sua volta, o primeiro é o porto egípcio de Mussel. Àqueles que velejam para esse local, à direita, após 1.800 estádios, surge Berenice. Os portos de ambos ficam nos limites do Egito, e são baías abertas para o Mar Eritreu.

Em muitos casos, a descrição dos lugares é suficientemente precisa para identificar suas localizações atuais, mas alguns portos permanecem misteriosos e desconhecidos. Por exemplo, um lugar chamado "Rhapta" é mencionado como sendo o porto mais ao sul da costa da África Oriental, que se chama "Azânia". Rhapta poderia ser uma entre cinco localidades compatíveis com a descrição. Indo para a outra direção, o Périplo menciona o Rio Ganges e, depois, nos capítulos finais, uma região chamada "This", que descreve a China como "a grande cidade do interior, Thina", onde se origina a seda crua.

O Périplo termina com este pequeno capítulo-parágrafo:

66. As regiões para além dessas localidades são de difícil acesso em virtude de seus invernos desmedidos ou do frio extremo, ou então não podem ser procuradas em virtude de alguma influência divina dos deuses.

Axum é mencionada no capítulo-parágrafo 4 do Périplo, estando a oito dias de viagem para o interior, saindo do porto de Adúlis, e sendo um importante mercado para o marfim e até chifres de rinocerontes, que eram exportados por todo o mundo antigo:

4. Abaixo de Tolemaide Terone, a uma distância de mais ou menos 3.000 estádios, fica Adúlis, um porto estabelecido por lei, na extremidade de uma baía que se estende na direção sul. Diante do porto fica a chamada Ilha da Montanha, a mais ou menos 200 estádios para o mar, a partir da entrada da baía, com as margens do continente próximas aos dois lados. Navios destinados a esse porto agora ancoram aqui por causa de ataques terrestres. Outrora, eles costumavam ancorar na entrada da baía, por uma ilha chamada Diodoro, perto da costa, que podia ser alcançada por terra; por onde os nativos bárbaros atacaram a ilha. Do lado oposto da Ilha da Montanha, no interior, a 20 estádios da costa, fica Adúlis, uma aldeia

de tamanho moderado, de onde se parte em uma viagem de três dias até Coloé, uma cidade interiorana e o primeiro mercado de marfim. Dali até a cidade do povo chamado axumita é uma viagem de mais cinco dias; para aquele lugar, todo o marfim é levado do país que fica além do Nilo, pelo distrito chamado Cyeneum e, dali, para Adúlis. Praticamente todos os elefantes e rinocerontes que são mortos vivem no interior, embora, a intervalos regulares, eles sejam caçados na costa, mesmo perto de Adúlis. Antes do porto dessa cidade-mercado, no mar, à direita, fica um grupo de várias pequenas ilhas chamadas Alalaei, que fornecem cascas de tartarugas, que são levados para o mercado pelos comedores de peixe.

Segundo o capítulo seguinte do Périplo, o governante de Axum (por volta de 50 d.C.) era um rei chamado Zoscales que, além de governar Axum, tinha sob sua jurisdição dois portos do Mar Vermelho, Adúlis (perto de Maçuá, na Eritreia) e Avalites (o porto de Assab). Dizem que esse rei axumita controlava a África subsaariana, desde Axum até a região berbere do sul da Argélia, e era familiarizado com a literatura grega, como sabemos pelo capítulo-parágrafo 5:

5. Esses locais, dos comedores de novilhos até o outro país berbere [Argélia-Marrocos], são governados por Zoscales; apesar de seus hábitos sovinas e de sua contumaz avidez, são povos probos e familiarizados com a literatura grega.

Outro porto, no chifre da África, que pode ter feito parte de Sabá-Axum, era o porto de Malao, localizado na atual Berbera, na costa norte da Somália. Malao é mencionado no capítulo-parágrafo 8 do Périplo:

8. Depois de Avalites, há outra cidade-mercado, melhor que esta, chamada Malao, a uma distância de 800 estádios pelo mar. O ancoradouro é uma enseada aberta, protegida por uma restinga que vinha do leste. Aqui, os nativos são mais pacíficos. São importadas para esse local as coisas já

mencionadas, e muitas túnicas, mantos de Arsínoe, revestidos e tingidos; cálices, folhas de cobre macio em pequena quantidade, ferro e moedas de ouro e de prata, não muitas. São exportados desses locais mirra, um pouco de olíbano (aquele conhecido como distante), a canela mais dura, duaca, copal e macir indiano, que são importados para a Arábia; e escravos, porém raramente.

A cidade-porto de Muziris, no reino de Chera, e Nelcinda, do Império Pandia anterior, são mencionadas pelo Périplo como sendo portos importantes para a compra de pimenta, outras especiarias, metalurgia e pedras semipreciosas. O Périplo, no capítulo-parágrafo 54, fala do intenso comércio grego com Muziris:

54. Tyndis fica no reino de Cerobotra; é uma aldeia que se avista do mar. Muziris, do mesmo reino, rica em navios enviados ali com cargas da Arábia e pelos gregos; ela fica localizada em um rio, a uma distância de 500 estádios de Tyndis, por rio e mar; e rio acima a partir da costa, são 200 estádios. De Nelcinda para Muziris, por rio ou mar, são mais ou menos 500 estádios, e fica em outro reino, o de Pandia. Esse local também se localiza em um rio, a mais ou menos 120 estádios do mar.

O Périplo do Mar Eritreu também registra que carregamentos especiais de grãos eram enviados a locais como Muziris, e historiadores sugerem que essas entregas eram destinadas aos residentes greco-romanos daqueles portos, e incluíam grandes populações judaicas. Esses greco-romanos precisavam de algo para incrementar a dieta local de arroz.

Fica claro que Axum, a Etiópia e o chifre da África eram importantes nas regiões comerciais da época, e que o comércio com a Índia era crucial. Mas logo depois de 300 d.C., o conhecimento da importância de Axum, na Etiópia, e sua afirmação de que possuía a Arca da Aliança foram esquecidos pelo mundo. A Etiópia desapareceu da história. Com o posterior advento do Islamismo, o país foi excluído do resto do mundo, e o comércio entre a Europa e a Índia foi praticamente interrompido.

O MISTERIOSO REINO DE PRESTE JOÃO

A ascensão do Islamismo, durante o século VII, fez com que a Etiópia se fechasse em si mesma e levasse sua capital de Axum para a fortaleza de Gondar, nas montanhas (talvez onde J. R. R. Tolkien buscou o nome para o reino de Gondor, de sua trilogia *O Senhor dos Anéis*). Nessa época, os etíopes cristãos começaram a perder o controle das áreas costeiras, mas os planaltos do interior eram muito acidentados para serem conquistados pelos exércitos invasores muçulmanos.

A Etiópia entrou em um longo período de isolamento, que foi bem resumido pelo historiador do século VII, Gibbon, segundo o qual, "cercados por todos os lados pelos inimigos da religião... a Etiópia adormeceu por quase mil anos, esquecida do mundo que a negligenciara".

Embora a Etiópia estivesse totalmente cercada pelos inimigos da religião, ela se apegou à fé cristã copta, uma religião que ensina a reencarnação, o carma e que Jesus e Cristo eram personalidades distintas; e que Cristo entrou no corpo de Jesus no momento em que este foi batizado por seu primo, João Batista. Essa história também é relatada no popular livro *O Evangelho Aquariano de Jesus, o Cristo*. Como os cristãos nestorianos e os cristãos gnósticos, os coptas não assinaram o Credo Niceno, no século IV d.C., e foram essencialmente banidos de outras participações nos conselhos da igreja, na época.

Essas igrejas orientais não reconheciam o papa nem a edição e a censura do Novo Testamento, que aconteciam na época sob as ordens do Imperador Constantino. Livros hereges, como o Livro de Enoch, faziam parte do cânone da igreja etíope. O que por fim surgiu do isolamento dos cristãos etíopes foi a lenda de um rei cristão que lutou contra os muçulmanos e queria libertar Jerusalém do seu domínio.

Os cruzados ouviram as lendas do rei cristão chamado Preste João, que era um descendente direto de um dos magos que visitaram Cristo quando bebê. Uma carta do bispo Hugo de Gebal (na Síria) enviada ao papa, no ano 1145 d.C., mencionava que os exércitos de Preste João derrotaram os reis muçulmanos da Pérsia e pretendiam marchar até Jerusalém, mas foram impedidos pelas dificuldades da travessia do Rio Tigre.

Muitos historiadores acreditam que a batalha a que a carta se refere é provavelmente a batalha entre o mongol Kahn Yeh-Lu Ta-shih e o exército persa muçulmano em Qatwan, na Pérsia, no ano 1141 d.C. Os historiadores pensam que o título de Yeh-Lu Ta-shih, Gur-kan, foi alterado foneticamente pelo hebraico para Yohana e, então, para o latim, Johannes, ou João. A lenda do Preste João foi estabelecida, mas acreditava-se que seu reino seria em algum lugar da Ásia Central. De fato, havia grandes comunidades cristãs nestorianas na Ásia Central e na China, nessa época.

Outros acreditam que Preste João estava na Índia. Em virtude dos textos dos Atos de Tomé, o clero tinha conhecimento acerca do Apóstolo Tomé de seu trabalho na Índia. Esse é um dos poucos textos sobre a Índia que estão disponíveis, e alguns creem que as seitas cristãs fundadas por Tomé teriam se tornado uma nação poderosa. Além do mais, era uma crença popular de que havia três Índias, e acredito que a Etiópia era uma delas.

As Três Índias

Por volta de 1165 d.C., uma carta misteriosa endereçada a Manuel Comneno, imperador de Bizâncio, começou a circular pela Europa. A carta era de um Preste João que afirmava "exceder em riquezas, virtudes e poder todas as criaturas que viviam sob o céu. Setenta e dois reis pagam tributos a mim. Sou um devoto cristão e, em todos os lugares, protejo os cristãos de nosso império... Nossa magnificência domina as Três Índias, e se estende até a Ultra-Índia, onde descansa o corpo de São Tomé, o Apóstolo. Ela segue pelo deserto, em direção ao lugar do Sol nascente, e continua pelo vale da abandonada Babilônia, perto da Torre de Babel...".

As três Índias são, em minha opinião, a Etiópia, a Índia e a Indonésia. Visitar essas áreas seria tomar, essencialmente, a mesma rota dos navios do rei Salomão. A própria Índia era uma região de muitas especiarias e produtos exóticos, mas algumas das especiarias mais populares vinham de ilhas na Indonésia. A maior parte da

Indonésia era hindu até o século VII d.C. Portos no sul da Índia são locais lógicos para começar uma viagem para Sumatra, Java e os reinos de Cham e Khmer, no Sudeste Asiático.

O pouco conhecimento que havia no Ocidente sobre a Etiópia, a Índia e a Indonésia vinha, em grande parte, de marinheiros que negociavam em portos gregos e, posteriormente, em portos romanos da extremidade norte do Mar Vermelho. Foi nesses portos do Egito, como Suez, Eilat ou Aqaba, na extremidade leste do Mar Vermelho, que os europeus souberam a respeito dos países a sul e a leste, que constituíam as três Índias, bem como das especiarias exóticas, incensos, perfumes, nozes e frutos secos, além de sedas e algodões finos que podiam ser adquiridos ali. Animais exóticos vivos, como macacos, pavões, papagaios e até animais maiores, apareciam nesses portos.

Marinheiros do norte da Europa, do Mediterrâneo e da África também tripulavam esses navios e faziam muitas viagens longas ao sul do Mar Vermelho e, então, para o Oceano Índico. Eles paravam em Adúlis, na ilha de Socotorá e em portos em Omã, ao longo do caminho, e depois atravessavam o Mar Arábico para a costa oeste da Índia. Do sul da Índia, os marinheiros podem ter tripulado outros navios que partiam para Sumatra e Java. Muitos desses marinheiros também negociavam pela costa leste da África. É evidente que havia comércio entre a Etiópia e as Índias.

Retrato de Preste João em um mapa antigo.

Os europeus ficaram muito animados com essa carta de Preste João. Eles se sentiram encorajados para combater os muçulmanos ao saberem que não estavam sozinhos nessa luta. Em um contexto histórico, é importante salientar a abrangente influência de Preste João. Sua descrição de seu reino, sendo extremamente opulento, tornou as "Índias" um destino quase lendário nas mentes dos homens medievais. As buscas pelo seu reinado foram largamente estimuladas durante a Era das Explorações, realizadas pelos europeus, e muito importantes para o desenvolvimento de Portugal como uma potência naval e soberana no comércio de especiarias. Os reis católicos daquele país investiram grandes quantias da receita pública em expedições em torno da ponta da África para assegurar a hegemonia do comércio de especiarias. Mas também em busca do rei católico que ajudasse a deter a propagação do Islã.

A busca por Preste João

A busca pelo reino de Preste João estava em curso; no entanto, o conhecimento dos europeus sobre geografia era tão pobre que eles mal sabiam por onde começar. Muitos acreditavam, erroneamente, que o reino de Preste João ficava na Ásia Central, embora a carta diga que ele é governante de pelo menos uma das Três Índias. Até Marco Polo esperava encontrar o reino cristão de Preste João na Ásia Central.

Michael E. Books, em sua dissertação de doutorado sobre Preste João para a Universidade de Toledo, destaca que a grande riqueza em ouro dos reinos subsaarianos, como Gana e Mali, atraiu a atenção da Europa, no século XIV. Quando os europeus começaram a observar com mais atenção a África, foi natural se concentrar no reino cristão da Etiópia. Brooks diz:

> Fica claro que, no final do século XIV, desenvolvia-se a crença entre os europeus de que a localização do reino de Preste João centrava-se na região da Índia Próxima ou Abissínia. As raízes históricas da localização etíope do sacerdote-rei podem ser rastreadas até 1306, quando 30 emissários etíopes pararam em Gênova depois de visitar Avinhão e Roma.

O propósito declarado de sua viagem era o estabelecimento de uma aliança entre o imperador da Etiópia e os governantes dos reinos de Castela e Aragão. O monarca etíope ouvira falar das batalhas ibéricas contra as forças do Islã e acreditava que algum tipo de ligação poderia oferecer possibilidades benéficas mútuas. Não se sabe se essa missão chegou aos soberanos espanhóis, mas existem provas documentais de que o papa Clemente V recebeu os emissários. De qualquer forma, a visita de distantes delegados cristãos certamente impressionou quem estava ciente da missão e de seu intuito.

Os europeus chamavam o rei da Etiópia de "Preste João" mesmo depois que os embaixadores etíopes, enviados pelo imperador Zara Yaqob, participaram do Concílio de Florença, em 1441, e disseram aos outros membros que eles nunca chamavam o imperador por aquele nome. No entanto, o nome pegou. João era muito mais fácil de dizer do que os nomes etíopes. Os imperadores etíopes realmente tinham vários nomes; como vimos, Menelique I mudou seu nome para Davi, quando retornou de Jerusalém com a Arca da Aliança, de acordo com o *Kebra Nagast*.

Finalmente, os portugueses chegaram à Etiópia por volta de 1490. Os exploradores Afonso de Paiva e Pêro da Covilhã foram contratados pelo rei D. João II para descobrir onde a canela e outras especiarias poderiam ser encontradas, e também para encontrar Preste João. Covilhã foi para a Índia, enquanto Paiva foi para a Etiópia; ele morreu antes que os dois pudessem se encontrar, como planejado, no Cairo. Ao saber da morte de Paiva, Covilhã decidiu ir à Etiópia. Ele foi recebido pelo imperador Eskender, em 1492 ou 1493, porém, não lhe deixaram partir. Ele morreu ali, em 1526. Escreveu cartas para Portugal descrevendo a Etiópia, mas foi apenas em 1520 que a primeira expedição portuguesa finalmente chegou. Embora os etíopes nunca tivessem ouvido falar em Preste João, os portugueses ficaram contentes ao descobrir seu reino lendário, e provavelmente estavam certos.

A CARTA DE PRESTE JOÃO

A carta que dizem ter sido enviada por Preste João a vários líderes de Estado europeus é um trabalho e tanto de literatura, repleto de grandiosidade e pompa. Observe que ela menciona o Apóstolo

Tomé, confirmando, assim, a associação entre a Etiópia e a Índia como a terra de Preste João. Diz a longa carta:

> João, sacerdote pela onipotência de Deus e pelo poder de nosso Senhor Jesus Cristo, rei dos Reis e Senhor dos Senhores, ao seu amigo Emanuel, príncipe de Constantinopla, dá saudações, desejando-lhe saúde, prosperidade e a continuação do favor divino.
>
> Nossa Majestade foi informada de que você tem nossa Excelência em amor, e relata que nossa grandeza chegou até você. Além do mais, ouvimos falar, por meio de nosso tesoureiro, que você graciosamente nos enviou alguns objetos de arte e interesse e, desse modo, nosso Exaltado será grato. Sendo humano, recebi de bom grado, e nós pedimos ao nosso tesoureiro que lhe envie alguns de nossos artigos em retribuição...
>
> Caso você deseje saber da grandeza e excelência de nosso Exaltado e da terra submetida ao nosso cetro, então ouça e creia: Eu, Presbítero Johannes, o Senhor dos Senhores, excedo, em virtude, em riquezas e em poder, tudo sob o céu; 72 reis nos pagam tributos... Nas Três Índias, reina nossa Magnificência, e nossa terra se estende para além da Índia, onde descansa o corpo do santo apóstolo Tomé; ela vai até onde o Sol nasce, depois dos locais desabitados, e evolui em direção à deserta Babilônia, perto da Torre de Babel. Setenta e duas províncias, das quais apenas algumas são cristãs, nos servem.
>
> Nossa terra é o lar de elefantes, dromedários, camelos, crocodilos, metagalináceos, cameteternos, tinsiretas, burros selvagens, leões brancos e vermelhos, ursos brancos, melros brancos, cigarras, grifos, tigres, lâmias, hienas, cavalos selvagens, bois selvagens e homens selvagens – homens com chifres, homens com apenas um olho, homens com olhos à frente e atrás, centauros, faunos, sátiros, pigmeus, mais de 40 gigantes, ciclopes e mulheres semelhantes. Lá também vive a fênix e quase todos os animais vivos.
>
> Alguns povos se submetem a nós, e se alimentam da carne de homens e de animais nascidos prematuramente, e que nunca temem a morte. Quando qualquer uma dessas pessoas

morre, seus amigos e parentes o comem vorazmente, pois eles veem como um dever importante devorar carne humana. Seus nomes são Gog, Magog, Amic, Agic, Azenar, Fontineperi, Defar, Conei, Samantae, Agrimandi, Vintefolei, Casbei e Analei. Essas e outras nações semelhantes foram fechadas por trás de montanhas elevadas por Alexandre, o Grande, na direção norte. Nós as conduzimos ao nosso dispor contra nossos inimigos, e nenhum homem ou animal foi deixado sem ser devorado, se nossa Majestade desse a permissão necessária. E quando todos os inimigos foram devorados, então retornamos, com nossas hostes, para casa.

Essas 15 nações amaldiçoadas romperão, dos quatro cantos da terra, no fim do mundo, no tempo do Anticristo e invadirão todas as moradas dos santos assim como a grande cidade de Roma, que, por acaso, estamos preparados para oferecer ao nosso filho que nascerá, junto com toda a Itália, Germânia, as duas Gales, Grã-Bretanha e Escócia. Também daremos a ele a Espanha e toda a terra, até os mares gelados.

As nações a que me refiro, de acordo com as palavras do profeta, não passarão por julgamento por causa de suas práticas ofensivas, mas serão consumidas até as cinzas por um fogo que cairá dos céus sobre elas.

Nossa terra flui em mel e transborda leite. Em nossa região não crescem rebanhos venenosos, nem a queixosa rã grasna aqui; não existe escorpião, nem a serpente desliza sobre a relva, nem qualquer animal venenoso pode existir aqui ou ferir alguém.

Entre os pagãos flui, através de certa província, um Rio Indo. Envolvendo o Paraíso, ele abre seus braços em inúmeros caminhos por toda a província. Aqui são encontradas esmeraldas, safiras, carbúnculos, topázios, crisólitos, ônix, berilos, sárdios e outras pedras caras. Aqui cresce a erva assídio que, quando usada por alguém, protege a pessoa do espírito do mal, forçando-o a dizer seu nome e o que pretende – consequentemente, os espíritos obscenos ficam fora do caminho. Em determinada terra sob nosso jugo, todos os tipos de pimentas são colhidos e trocados por milho e pão, couro e tecido...

Nos pés do Monte Olimpo, brota uma fonte que muda de sabor de hora em hora, noite e dia, e a fonte fica a escassos três dias de viagem do Paraíso, do qual Adão foi expulso. Se alguém provar três vezes da fonte, a partir daquele dia não sentirá cansaço, mas será, enquanto viver, como um homem de 30 anos. Aqui são encontradas as pequenas pedras chamadas nudiosi que, se tocarem o corpo, evitam que a visão fique fraca e a restabelece quando perdida. Quanto mais se olhar para a pedra, mais aguçada fica a visão.

Em nosso território há certo mar sem água que consiste em vagas de areias rolantes que nunca descansam. Ninguém atravessou esse mar – ele carece de água por toda sua extensão; no entanto, peixes de vários tipos surgem na praia, muito saborosos, que não são vistos em nenhum outro lugar.

Após três dias de viagem por esse mar, ficam montanhas das quais flui um rio pedregoso sem águas que se abre para o mar de areia. Assim que a corrente chega ao mar, suas pedras desaparecem nele e nunca mais são vistas. Enquanto o rio estiver em movimento, não pode ser atravessado; apenas em quatro dias na semana sua travessia é possível.

Entre o mar de areia e as ditas montanhas, em uma planície, fica uma fonte de virtude singular que purifica cristãos e supostos cristãos de todas as transgressões. A água chega a dez centímetros de altura em uma pedra oca em forma de concha de mexilhão. Dois anciãos santos guardam a fonte e perguntam aos iniciantes se são cristãos ou se estão prestes a se tornarem cristãos. E se desejam a cura com todo o seu coração. Se eles responderam bem, são ordenados a deixar suas roupas de lado e entrar no mexilhão. Se disseram a verdade, então a água começa a jorrar por suas cabeças. A água sobe assim três vezes, e todos que entraram no mexilhão saem curados de todos os males.

Próximo ao deserto goteja, entre montanhas áridas, um regato subterrâneo, que só pode ser alcançado por acaso, pois apenas ocasionalmente a terra se abre, e aquele que descer, deve fazê-lo com grande precipitação, antes que a terra se feche novamente. Tudo que está por baixo daquele solo são gemas e pedras preciosas. O riacho deságua em outro rio, e os habitantes da vizinhança tiram dali pedras preciosas em abundância. No entanto, eles nunca se atrevem a vendê-las sem primeiro oferecê-las a nós para nosso uso pessoal. Se recusarmos, eles têm a liberdade para se desfazer delas com estranhos. Lá, os meninos são treinados para permanecer três ou quatro dias por baixo da água, mergulhando em busca das pedras.

Além do rio de pedra estão as dez tribos de Israel que, embora sujeitas aos seus próprios reis, são, acima de tudo, tributárias de nossa Majestade.

Em uma de nossas terras, a Zona Alta, ficam os vermes chamados de salamandras. Esses vermes só podem viver no fogo, e eles constroem casulos como os dos bichos-da-seda, que são desenrolados pelas damas de nosso palácio e costurados em tecidos e vestimentas que são usados pelo nosso Exaltado. Essas vestimentas, com o intuito de serem limpas e lavadas, são atiradas nas chamas...

Quando vamos para a guerra, levamos 14 cruzes de ouro e joalharia à nossa frente, em vez de bandeiras. Cada uma dessas cruzes é seguida por 10 mil cavaleiros e 100 mil soldados a pé, totalmente armados, sem contar aqueles encarregados das bagagens e das provisões.

Quando cavalgamos no exterior, levamos uma cruz de madeira, sem adornos, sem ouro ou pedras preciosas, diante de nós para que possamos meditar sobre os sofrimentos de nosso Senhor Jesus Cristo. Uma tigela dourada também é preenchida com terra para nos lembrar de onde viemos e para onde retornaremos, mas além dela, há uma tigela fina cheia de ouro como uma lembrança de que somos do Senhor dos Senhores.

Todas as riquezas que existem no mundo, nossa Magnificência possui em grande abundância. Conosco, ninguém mente, pois aquele que mente é dali em diante tido como morto – não é mais lembrado ou honrado por nós. Não toleramos nenhum vício. Todos os anos, realizamos uma peregrinação, com comitiva de guerra, até o corpo do santo profeta

Daniel, que está próximo do sítio desolado da Babilônia. Em nosso reino, são pescados peixes cujo sangue tinge de púrpura. As amazonas e os brâmanes são subjugados a nós.

O palácio onde nossa Supereminência reside é construído de acordo com o padrão do castelo edificado pelo apóstolo Tomé para o rei indiano Gondoforo. As vigas de tetos e as arquitraves são de madeira de cedro, o teto de ébano, que nunca pega fogo. Sobre a cumeeira do palácio ficam, nas extremidades, duas maçãs douradas, e em cada uma delas estão dois carbúnculos, para que o ouro brilhe durante o dia e os carbúnculos durante a noite. Os portões principais do palácio são de sárdio com o chifre da serpente forjado de tal forma que ninguém poderá entrar com veneno. Os outros portais são de ébano; as janelas são de cristal, as mesas são parte de ouro, parte de ametista; as colunas que sustentam as mesas são parte de marfim, parte de ametista. O pátio onde assistimos aos combates é forrado com ônix para incrementar a coragem dos combatentes. No palácio, à noite, nada é queimado para fornecer luz, e pavios são fornecidos com bálsamo...

Diante de nosso palácio fica um espelho, cuja acesso é por meio de 25 degraus de pórfiro e serpentina... Esse espelho é guardado, dia e noite, por 3 mil homens. Nós olhamos em seu interior e vemos tudo o que acontece em cada província e região sujeitas ao nosso cetro.

Sete reis aguardam por nós todos os meses, em turnos, com 62 duques, 256 condes e marqueses. Doze arcebispos sentam-se à mesa conosco à nossa direita, e 20 bispos à esquerda, além do patriarca de São Tomé, além do Protopapa Sármatas, e o Arcepapa de Susa...

O guardião de nosso senhor é um primata e rei, nosso camareiro é um bispo e rei, e nosso marechal é um rei e abade.

[A carta, supostamente, termina com uma descrição da igreja de Preste João, as pedras com as quais ela foi construída, e a virtude dessas pedras.]

Enquanto alguns estudiosos acreditam que toda a história de Preste João seja um mal-entendido que envolve uma carta falsa, outros têm poucas dúvidas de que a carta se referia à Índia e à Etiópia, e que ela foi escrita por algum monge peregrino que tinha conhecimento acerca da Etiópia e de Tomé, na Índia. Não há dúvidas de que partes da carta foram completamente inventadas, mas há algumas ligações com o mundo real, e a Etiópia é sua origem. A carta menciona os Três Reis Magos do Novo Testamento. Dizem que um dos Três Reis Magos era etíope; quando os três são retratados, um deles é tradicionalmente apresentado com pele escura. Parte do mito diz que Preste João era descendente dos magos.

A Etiópia e as colônias judaico-cristãs na Índia podem ter inventado algum reino conjunto que pertencia a Preste João na mitologia que cresceu em torno desse personagem, mas me parece que os rumores iniciais que criaram Preste João falavam de um grande "reino oculto" cristão da Etiópia. A Etiópia ainda era um país poderoso e abundante com fortes ligações com a Índia, mas fora excluído do mundo ocidental por mil anos. Muitas coisas maravilhosas podiam ser encontradas nesse país recluso e montanhoso. Será que a Arca da Aliança foi mantida em segredo, ali, por milhares de anos? É uma ideia fantástica!

CAPÍTULO 9

A Arca da Aliança Está na Etiópia?

"Dama do Céu,
Ela coloca a vestimenta do céu;
Ela ascende, corajosamente, em direção ao céu.
Sobre todas as regiões habitadas, ela voa em seu MU..."
– *Hino a Ishtar*

Então, para recapitular, a rainha de Sabá, por volta do ano 950 a.C., conforme registrado pelo *Kebra Nagast*, deixou Axum, na época a capital de Sabá, e viajou para o porto axumita de Adúlis. Dali, ela viajou de barco pelo Mar Vermelho até o atual Iêmen e, em seguida, em uma caravana de camelos ao longo da costa oeste da Arábia Saudita até Jerusalém, onde conheceu o rei Salomão.

Na volta para Axum, o livro diz que ela deu à luz o filho de Salomão, Menelique, que, mais tarde, quando jovem, visitou o pai em Jerusalém. Na sua partida, Menelique e alguns jovens nobres israelitas retiraram a Arca da Aliança do Santo dos Santos, no interior do templo, e voltaram para Axum com a importante relíquia.

Menelique era filho do rei Salomão e foi o primeiro rei da dinastia salomônica que, até hoje, é importante na Etiópia. A linhagem de reis salomônicos seguiu ininterrupta por 3 mil anos, até a morte do Imperador Haile Selassie, em 1975. Haile Selassie foi o 225º governante salomônico da Etiópia e morreu em prisão domiciliar, em agosto de 1975, após um golpe militar no país. Antes de adotar seu nome imperial, ele era conhecido como Ras Tafari, e é desse nome que o "culto" jamaicano, o Movimento Rastafári, toma sua designação.

A grande questão é se a Arca etíope é uma cópia da Arca da Aliança ou a verdadeira. O *Kebra Nagast* nos fornece a história genuína ou ele é um documento criado para conferir legitimidade à linhagem real de reis etíopes – uma linhagem inventada? Mesmo que o *Kebra Nagast* seja, em grande parte, um documento verídico, teria a Arca verdadeira permanecido no templo em Jerusalém e uma réplica da Arca, de fato, foi levada para Axum?

Talvez a Arca etíope tenha sido levada para o Lago Tana e para Axum, em um período posterior, possivelmente 600 a.C., pela comunidade judaica da Ilha de Elefantina, no Egito, como Graham Hancock sugere em seu livro *The Sign and the Seal*.[75] No livro, Hancock conclui que a Arca etíope pode ser a genuína Arca da Aliança, mas ela não foi levada para a Etiópia por Menelique.

Até hoje, milhões de etíopes acreditam que a Arca da Aliança está guardada na pequena capela – uma igreja que tem um único sacerdote como seu cuidador – conhecida como Capela da Tábua, denominada também Capela da Arca, ao lado da igreja original de Santa Maria de Sião, perto dos famosos obeliscos de Axum. A Arca é cuidadosamente mantida por trás de uma série de paredes e barreiras, e os etíopes provavelmente dirão que ela é o objeto mais valioso em todo o país – e, sim, muitos querem roubá-la.

O nosso guia nos disse em Axum, em outubro de 2014, que mais cedo, naquele ano, dois alemães subitamente correram até o portão de ferro da igreja e tentaram subir e penetrar no santuário sagrado interior. Provavelmente queriam roubar a Arca. Eles foram presos e a

---

75. Ver *The Sign and The Seal: The Quest for the Lost Ark of the Covenante*, de Graham Hancock, *op. cit.*

história foi publicada em todos os jornais da Etiópia, onde a grande maioria das pessoas está ciente de que a Arca da Aliança reside na igreja.

Segundo seu próprio relato, uma das poucas pessoas que viu a Arca etíope foi o Dr. J. O. Kinnaman, que organizou o Museu Nacional da Etiópia a pedido de Haile Selassie, nos anos 1950. Como mostra de especial respeito e apreço, o Dr. Kinnaman afirmou que lhe foi permitido passar muitas horas na presença imediata da Arca, no pequeno santuário, em Axum. Seu pedido para fotografar a Arca foi negado, mas ele diz que lhe foi permitido tirar as medidas exatas e desenhar os detalhes dela. Nós imaginamos que lhe foi consentido ver e medir um baú de madeira com ornamentos em ouro. Parece que ele não viu o que estava dentro do baú, que seria, provavelmente, "a Tábua".

Somente aos homens é permitido entrar na Antiga Catedral de Santa Maria. A nova Igreja de Santa Maria de Sião fica perto da antiga, e foi construída para cumprir a promessa do imperador Haile Selassie de honrar a Nossa Senhora de Sião pela liberação da Etiópia da ocupação italiana, sob comando do ditador fascista Mussolini.

Essa igreja tem um estilo neobizantino. Os trabalhos na nova catedral começaram em 1955 e levaram dez anos. Essa igreja permite a entrada de mulheres. O imperador Haile Selassie interrompeu, em 1965, a visita de estado da rainha Elizabete II, proibindo-a que viajasse a Axum para participar da entrega da nova catedral. Alguns dias mais tarde, Elizabete II chegou a Axum e visitou a catedral com Selassie. Entre as duas catedrais fica a Capela da Tábua, que foi construída ao mesmo tempo.

A esposa do imperador Haile Selassie, a imperatriz Menen, pagou pela construção da Capela da Tábua com seus próprios recursos. A entrada na capela é proibida a todos, exceto o único monge guardião que reside ali. A entrada é proibida até ao patriarca da Igreja Ortodoxa e ao governante da Etiópia. As duas catedrais, e a Capela da Arca, são o destino de peregrinações e consideradas os locais mais sagrados da Etiópia para os membros da Igreja Ortodoxa.

Dizem que a catedral original foi construída pelo rei Ezana (que, alegadamente, ergueu os obeliscos, mas deixou de mencionar essa proeza incrível em todas as suas inscrições ou documentos). Conta-se que a igreja original, construída em 340 d.C., era uma estrutura maciça com 12 naves. Essa igreja foi queimada pela guerreira e rainha judia Gudit, de Beta Israel, por volta do ano 960 d.C. (mais sobre ela a seguir).

A igreja foi, então, reconstruída e destruída novamente durante as guerras muçulmanas de Gragn, nos anos 1500. Ela foi, mais uma vez, reconstruída pelo imperador Gelawdewos (e terminada por seu irmão e sucessor, o imperador Minas). Finalmente, o imperador Fasilidas substituiu aquela estrutura pela atual, em 1665.

Uma das destruidoras da primeira Igreja de Nossa Senhora de Sião foi a guerreira e rainha etíope chamada Gudit (Judite no idioma Ge'ez). Gudit era uma rainha lendária e anticristã, da megatribo judaica etíope conhecida como Beta Israel (Casa de Israel). Seus feitos são basicamente registrados pelas tradições orais, e dizem que ela matou o imperador de Beta Israel e, em seguida, reinou por 40 anos. A rainha Gudit tirou seu exército judaico de Gondar e da área do Lago Tana, por volta do ano 960 d.C., com o objetivo de devastar Axum e seus campos. Gudit estava determinada a exterminar todos os membros da dinastia axumita e destruir palácios, igrejas e monumentos em toda a antiga região de Tigré. Relatos de seus crimes violentos ainda são comentados entre os camponeses do norte da Etiópia de um modo geral, quando apontam para pedras erguidas e outras grandes ruínas que são sinais da destruição causada por Gudit. Mas quem povoou essa poderosa megatribo judaica chamada Beta Israel? Como eles chegaram à Etiópia?

A COMUNIDADE BETA ISRAEL E A ARCA

Beta Israel abrangia comunidades judaicas localizadas durante séculos em mais de 500 aldeias em uma área grande em torno do Lago Tana e nas regiões de Amara e Tigré, no noroeste da Etiópia. Com o tempo, muitos se converteram ao Cristianismo ou foram mortos em várias guerras. A maioria dos remanescentes da população de Beta Israel mudou-se para Israel.

O governo israelita decidiu, em março de 1977, que sua lei chamada Lei do Retorno se aplicava à comunidade Beta Israel da Etiópia. Os israelitas, ajudados pelo governo americano, montaram uma série de operações de ponte aérea para levar o povo Beta Israel da Etiópia para Israel. Essas pontes aéreas para Israel incluíam operações chamadas Moisés, Josué, Salomão e outros.

A operação Salomão aconteceu em 1991 e consistiu em voos diretos de 35 aeronaves israelitas para transportar 14.325 judeus etíopes para Israel. Concluída em apenas 36 horas, os assentos de todos os aviões foram retirados e até 1.122 passageiros embarcaram em um único avião. Muitos dos imigrantes chegaram com nada, exceto suas roupas e instrumentos de cozinha, e muitas mulheres grávidas deram à luz nas aeronaves.

A população atual da comunidade Beta Israel na Etiópia é de 25 mil pessoas, embora, um dia, chegasse a um milhão de pessoas e, em diversas ocasiões, controlava boa parte do país. Como a Etiópia tinha uma comunidade judaica tão grande? A comunidade Beta Israel chegou à Etiópia com a Arca da Aliança?

Curiosamente, parece não haver uma tradição antiga sobre a origem da comunidade Beta Israel, também conhecida como Falasha (que significa andarilho ou sem terra – considerado um termo pejorativo pela comunidade Beta Israel). A crença comum na Etiópia é que esses etíopes judeus eram descendentes do rei Salomão, de Sabá e de Menelique, além dos jovens aristocratas judeus de Israel que foram obrigados a partir com Menelique, como relatou o *Kebra Nagast*.

Não temos motivos para duvidar dessa parte do *Kebra Nagast*, pois foi registrado pelo Antigo Testamento que a rainha de Sabá visitou o rei Salomão por volta de 950 a.C. Também há tradições judaicas que dizem que Moisés foi o rei da Etiópia em determinado momento. De acordo com a jewishencyclopedia.com, uma das lendas de Moisés diz que ele partiu do Egito para a Etiópia depois de matar o feitor de escravos:

> O fugitivo Moisés foi para o acampamento do rei Nicanor, da Etiópia, que, na época, cercava sua própria capital, que fora confiscada de forma traiçoeira por Balaão e seus filhos, que a tornaram inexpugnável por meio de magia. Moisés juntou-se ao exército de Nicanor, e o rei e todos os seus generais gostaram dele, porque ele era corajoso como um leão e seu rosto brilhava como o Sol. Após Moisés passar nove anos com

o exército, o rei Nicanor morreu, e o judeu tornou-se general. Ele tomou a cidade, expulsou Balaão e seus filhos Janes e Jambres, e foi proclamado rei pelos etíopes. Respeitando os desejos do povo, ele foi obrigado a casar-se com a viúva de Nicanor, Adônia (comparar Num. XII) com quem ele, no entanto, não conviveu.

Definitivamente, Moisés teve uma esposa etíope, e tais lendas demonstram que a Etiópia foi um país poderoso em 1200 a.C., e cidades como Axum e Adúlis já eram, provavelmente, centros comerciais importantes. Que o norte da Etiópia, possivelmente em algum momento governada por Moisés, se tornasse um dos primeiros estados judaicos não é surpreendente, e essa é uma das histórias da comunidade de Beta Israel.

Há, no entanto, outras tradições que dizem que os antepassados dos Beta Israel vieram do Egito em um período posterior ao de Moisés ou de Menelique. Na época da destruição do Primeiro Templo pelos babilônios, em 586 a.C., um grupo de israelitas foi levado para um lugar seguro por um sacerdote hebreu cujo nome era On. Eles permaneceram no exílio no Egito por algumas centenas de anos, até o reinado de Cleópatra.

Gravura antiga de fazendeiros Beta Israel no Lago Tana.

Esses judeus egípcios tinham uma comunidade na Ilha Elefantina, na importante cidade de Assuã, no Nilo, sul do Egito. Os judeus egípcios apoiaram Cleópatra em sua guerra contra Augusto César, mas quando ela foi derrotada, tornou-se perigoso para esses judeus permanecerem no Egito. Dizem que eles migraram para a Etiópia pela Núbia (Sudão), por volta de 39 a.C. Esses judeus egípcios se estabeleceram no norte da Etiópia e alguns foram para o Iêmen. Mas já havia muitos judeus vivendo na Etiópia? Parece que sim.

Os Beta Israel afirmam que havia várias migrações para a Etiópia, e seu início remonta à época de Moisés. Eles dizem que parte da Tribo de Dã se separou dos outros judeus logo depois do Êxodo, e foi para o sul, até a Etiópia. Conta-se que os remanescentes da Tribo de Dã chegaram depois.

No século IX d.C., um rabino andarilho etíope chamado Eldad ha-Dani (Eldade, o danita) começou a mostrar-se nas comunidades judaicas do Cairo e da Espanha. Eldade era um homem de pele escura que, um dia, chegou ao Cairo e criou uma grande agitação na comunidade judaica egípcia da cidade, com afirmações de que ele viera de um reino judaico de pecuaristas bem distante dali, no sul. O único idioma que ele falava era um dialeto do hebraico até então desconhecido. Levava livros hebraicos consigo que sustentavam suas explicações da Halacá, ou Leis Judaicas, e era capaz de citar antigas autoridades das tradições sábias de seu próprio povo.

Ele dizia que os judeus de todos os reinos vinham da Tribo de Dã, que se reinstalou no Egito depois de fugir da guerra civil em Israel entre o filho de Salomão, Roboão, e Jeroboão, filho de Nebate. Dali, eles foram para o sul, subindo o Nilo até a Etiópia. Os Beta Israel dizem que histórias sobre Eldade, o danita, confirmam que eles descendem da tribo dos danitas. Os danitas eram conhecidos como grandes marinheiros e guerreiros – o herói bíblico Sansão era danita, por exemplo. Entre as muitas tribos israelitas, eles parecem os mais dispostos a tomar o caminho aventureiro da migração de Israel para a Etiópia. Os danistas também constituíam um grupo muito grande de pessoas, e muitas delas eram guerreiras.

Dã, o patriarca, era filho da serva de Jacó e Raquel, Bila (Gênesis 30:1-9), porque Raquel queria filhos, mas era incapaz de conceber. O Gênesis diz que Dã era um jovem impetuoso e se multiplicou grandemente durante a estadia dos israelitas no Egito (Êxodo 1:7-9, 12).

Quando Moisés liderou os filhos de Israel na fuga do Egito, dizem que a tribo de Dã continha por volta de 62.700 homens adultos o suficiente para entrar em guerras (Números 1:38-39).

No Livro de Juízes, sabemos que a tribo de Dã é uma tribo de navegadores, como os fenícios. Na canção Débora e Baraque, durante o tempo dos Juízes, a música pergunta: "Por que Dã permaneceu nos navios"? (Juízes 5:17).

Essencialmente, a tribo de Dã era uma tribo de navegadores, aliada dos fenícios, que executava viagens pelo Mediterrâneo e Atlântico. Eram eles que iam até Ofir, nas viagens de três anos, para o rei Salomão. Emprestaram seu nome para a Dinamarca e para os dinamarqueses, assim como ao lendário Tuatha Dé Dannan, da Irlanda. Em muitos casos, como o de Tuatha Dé Dannan, sempre que o nome Dã surge na antiga geografia, ele é relacionado a essa "tribo perdida" de Israel. Aparentemente, como os fenícios, eles se espalharam por todo o mundo.

A viagem ao longo do Nilo, ou do Mar Vermelho, era, em geral, feita em navios de tábuas egípcias menores, ou navios de juncos, e esse mesmo ofício era utilizado na região central de Beta Israel – o Lago Tana, na Etiópia – que é como um mar em terra. Esses danitas construíram uma frota de navios para esse rio e, também, ocuparam as ilhas do lago. Diz a lenda que a Arca etíope foi guardada em várias ilhas ali durante séculos.

Eldade afirmava que seu país seria encontrado "na outra margem do rio de Kush", onde viviam os B'nai Moshe (tribo de Moisés). Ele dizia que os B'nai Moshe viviam em belas casas, e nenhum animal impuro é visto em suas terras. Seu gado e ovelhas, assim como os seus campos, produzem duas vezes por ano. Nenhum filho morre enquanto os pais estiverem vivos, e estes vivem para conhecer a terceira e a quarta gerações. Dizia que não trancavam as casas durante a noite, pois não há roubo ou maldade entre eles. Falam hebraico e nunca blasfemam contra o nome de Deus. De fato, Eldade parece descrever a terra da Etiópia muito bem.

Eldade menciona que começara sua viagem deixando a Etiópia em navio, indo para o Iêmen e para o Golfo Arábico, com um homem da tribo de Aser. O navio deles naufragou durante uma grande tempestade, mas Eldade e seu companheiro foram milagrosamente "salvos por Deus", que lhes concedeu uma grande tábua de madeira para se agarrarem até chegarem à costa. Ali, eles foram capturados por canibais que comeram o companheiro de Eldade, mas acharam que Eldade era muito magro para ser comido.

Então, uma tribo que venerava o Sol atacou esse povo, e Eldade foi levado por ela como prisioneiro. Ele permaneceu cativo por quatro anos e foi levado, por barco, a vários locais em torno do Mar Arábico, sendo forçado a trabalhar como marinheiro. Supostamente, ele chegou a uma comunidade judaica na Índia, onde sua liberdade foi comprada por um comerciante judeu por 32 peças de ouro.

De novo um homem livre, foi para o Nepal ou alguma região do noroeste da Índia e viajou com a tribo de Issacar. Eles viviam nas altas montanhas, perto de Média e da Pérsia, e "Eles estão em paz com tudo, e toda a sua energia é dedicada ao estudo da Lei; sua única arma é a faca para matar animais". Essa faca soa como a faca kukri do Nepal, que ficou famosa pelos soldados Gurkhas daquele país.

A tribo de Issacar era uma das 12 tribos de Israel, e se tornou uma das dez tribos "perdidas", depois de os assírios conquistarem essa região, em 722 a.C. Elas desapareceram da história, mas Eldade diz, essencialmente, que as comunidades judaicas ao longo da Costa Malabar de Querala eram as tribos de Issacar.

Por fim, Eldade foi da Índia para Bizâncio, e para o Cairo, de onde partiu para a Espanha. Acadêmicos registraram os impressionantes relatos de suas viagens e de sua vida pacífica e pródiga na pátria judaica. Vários livros foram escritos sobre Eldade por historiadores europeus do século XIX.

Eldade indica que houve, pelo menos, três ondas de imigração judaica para essa região, criando outras tribos e reinos judaicos, incluindo a onda mais antiga, que se estabeleceu no remoto reino da "tribo de Moisés". Sua tribo de danitas chegou mais tarde e, além disso, havia outros grupos de judeus, incluindo alguns do Iêmen que, nessa época, era a nação judaico-cristã Himiar. Eldade pintou a Etiópia como sendo o mais forte e o mais seguro reino judaico que jamais existiu, com aldeias agrícolas, cidades, muitos animais domesticados e grande fortuna.

Parece que as fortes comunidades judaicas etíopes existiram em torno do Lago Tana e do norte da Etiópia – incluindo Axum – desde os tempos de Moisés, que certamente passou algum tempo naquele país verde e pastoril. Quando Makeda, a rainha de Sabá, se converteu ao Judaísmo, abandonando a religião sabeia que venerava o Sol e a Lua, a maior parte da Etiópia e do Iêmen se converteu ao Judaísmo. O Hinduísmo, o Zoroastrismo e o Sabeísmo continuaram a ser influentes na parte leste da Arábia, em lugares como Omã e as monarquias do Golfo.

Posteriormente, conforme a Etiópia se tornava cristã, houve um conflito entre os Beta Israel e os reis cristãos sediados em Gondar ou Axum.

Os Beta Israel viveram uma espécie de Era do Ouro entre os anos 858 e 1270 d.C., quando o reino judaico floresceu pela última vez. Durante esse período, o mundo judeu ouviu, pela primeira vez, as histórias de Eldade, o danita, e os impressionantes relatos de seu reino de pecuaristas. Marco Polo menciona um reino judaico etíope independente em seus escritos daquele período, embora ele não tenha visitado a África em suas viagens.

As regiões antigas dos Beta Israel em torno do Lago Tana.

Esse período chegou ao fim após a ascensão da nova dinastia salomônica-cristã. Em 1270 d.C., a linhagem descrita pelo *Kebra Nagast* foi "restaurada", após a coroação de um monarca que afirmava ser descendente do único príncipe real que conseguiu escapar da rebelião da rainha Gudit. Durante os três séculos seguintes, os imperadores da dinastia salomônica conduziram uma série de longos confrontos armados com o reino judaico.

A INVASÃO MUÇULMANA DA ETIÓPIA

Durante o reinado do imperador salomônico Yeshaq (1414--1429), o reino judaico de Beta Israel foi invadido por forças cristãs e anexado. Yeshaq dividiu os territórios ocupados do reino judaico em três províncias que eram controladas por comissários indicados por ele. Reduziu o estatuto social dos judeus para abaixo daquele dos cristãos, e tentou forçar os judeus a se converterem com a ameaça de que perderiam suas terras caso recusassem. Yeshaq decretou: "aquele que é batizado segundo a religião cristã, herdará a terra de seu pai; caso contrário, que ele se torne um Falasi", ou Falasha, como eles eram chamados.

No entanto, por volta do ano 1450 d.C., o reino judaico conseguiu recuperar sua independência e começou a preparar um exército para invadir Axum. As forças Beta Israel atacaram os cristãos no ano 1462 d.C., mas perderam a campanha e seu exército foi dizimado.

Enquanto isso, iniciando por volta de 1450 d.C., o sultanato muçulmano de Adal propaga-se no chifre da África. Centrado na cidade-porto de Zeila, perto da atual Djibouti, e das cidades fortalezas de Harar e Dakar, o Sultanato de Adal controlava grande parte do norte da Somália, de Djibouti e da Etiópia, em determinado momento.

Iniciando no ano 1529 e continuando até 1543, os exércitos muçulmanos do Sultanato de Adal, com ajuda das forças do Império Otomano, invadiram e lutaram contra os impérios escondidos nas altas montanhas, incluindo os Beta Israel, em torno do Lago Tana.

Essas forças muçulmanas foram lideradas por Ahmad ibn Ibrahim al-Ghazi (por volta de 1506-21 de fevereiro de 1543), conhecido popularmente na Etiópia como Ahmed Gragn (o canhoto); ele era um imã somali, general do Sultanato de Adal. Várias vezes, Ahmed Gragn deixou sua cidade florestal de Harar e marchou com seu exército muçulmano até o norte, onde derrotou vários imperadores abissínios, e até ocupou ilhas no Lago Tana, por um breve período.

Os líderes do reino de Beta Israel viam os exércitos muçulmanos como um aliado potencial em suas lutas contra os cristãos, e passaram a apoiar Ahmed Gragn e o Sultanato de Adal. No entanto, os exércitos do Sultanato de Adal sentiram que eles não necessitavam desse apoio e o recusaram. Os exércitos muçulmanos conquistaram diferentes regiões do reino e saquearam-nas em busca de gado e comida.

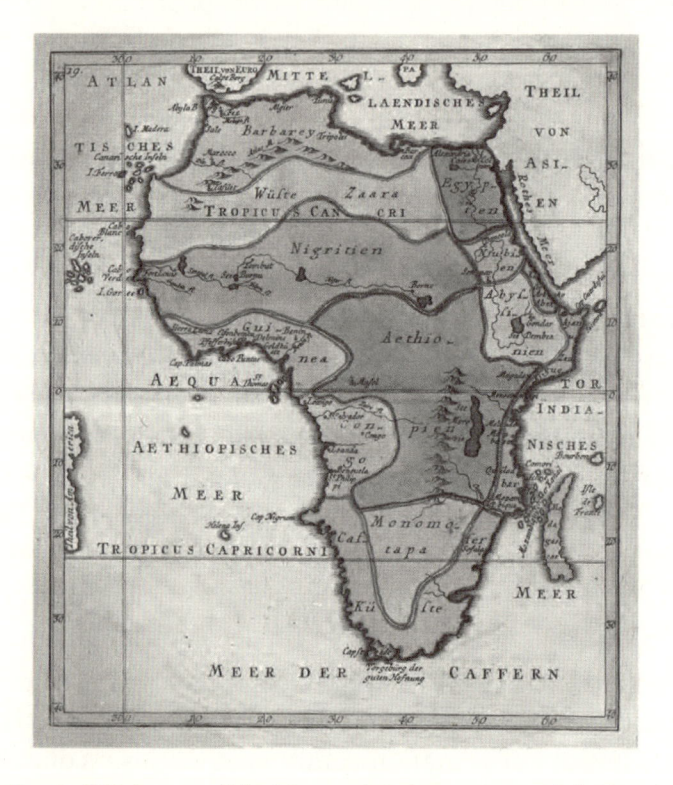

Mapa antigo da Etiópia como Abissínia, mostrando, com proeminência, o Lago Tana.

No fim, as forças do império etíope tiveram sucesso na conquista contra os muçulmanos e libertaram a Etiópia de Ahmed Gragn, mas não antes que mais batalhas fossem travadas.

Em 28 de outubro de 1531, Ahmed Gragn derrotou o imperador cristão Lebna Dengel na Batalha de Amba Sel. Em seguida, o exército marchou na direção norte para saquear o monastério na ilha do Lago Hayq e as igrejas de pedra de Lalibela.

Logo depois, o exército muçulmano chegou a Axum, onde Ahmed Gragn destruiu a Igreja de Santa Maria de Sião. Presumivelmente, a Arca etíope foi retirada da igreja antes dessa época e escondida até que a igreja fosse reconstruída.

Nesse momento, o imperador cristão salomônico Gelawdewos pediu ajuda militar aos portugueses. Conselheiros militares portugueses com canhões e mosquetes atracaram no porto de Maçuá, em 10 de fevereiro de 1541. Essa força portuguesa foi liderada por Cristóvão da Gama e incluía 400 mosqueteiros, assim como um número de artesãos e outros civis.

As forças de Gama encontraram o exército de Ahmed Gragn em 1º de abril de 1542, em um local chamado Jarte. Sabendo que a vitória residia no número de armas de fogo que um exército possuísse, Ahmed Gragn pediu ajuda aos seus companheiros muçulmanos e recebeu 2 mil mosqueteiros vindos da Arábia, além de artilharia e 900 soldados otomanos.

As forças de Gama foram reduzidas a 300 mosqueteiros, mas eles estavam determinados a lutar contra as forças maiores de Ahmed Gragn. No final das chuvas sazonais, o imã Ahmad atacou o acampamento português e, com uma grande quantidade de homens, matou todos, exceto 140 das tropas de Gama. Este ficou gravemente ferido e foi capturado com dez de seus homens. De volta ao acampamento de Gragn, eles recusaram a oferta de terem suas vidas poupadas caso se convertessem ao Islamismo. Ahmed Gragn ordenou que fossem executados.

Os sobreviventes das forças portuguesas conseguiram se reunir com as forças do imperador Gelawdewos e atacaram Ahmed Gragn em 21 de fevereiro de 1543, na Batalha de Wayna Daga. Nessa importante batalha, Ahmed Gragn foi morto a tiro por um mosqueteiro português, que ficou mortalmente ferido ao se vingar da morte de Gama. O campo de batalha ficou desestruturado, e as 9 mil tropas etíopes e portuguesas conseguiram derrotar os 15 mil soldados muçulmanos.

Após a vitória contra Ahmed Gragn, em 1543, o império etíope cristão decidiu declarar guerra contra o reino judaico, dando como justificativa as mudanças de posições dos líderes judeus durante a guerra da Etiópia com Adal.

Com o auxílio das forças portuguesas da Ordem dos Jesuítas, o império etíope, sob o comando do imperador Gelawdewos, invadiu o reino judaico e executou seu rei, cujo nome era Jorão. Os Beta Israel conseguiram certa autonomia, mas o reino continuou a diminuir e os judeus das fronteiras do reino começaram a se converter ao Cristianismo.

Finalmente, por volta de 1620, a autonomia da comunidade Beta Israel, na Etiópia, terminou. O imperador Susanyos I confiscou a maioria das terras e batizou ou escravizou as pessoas à força. Grande parte da cultura judaica tradicional etíope foi alterada ou perdida.

A comunidade Beta Israel não foi inteiramente exterminada e parece até ter continuado a prosperar. A capital da Etiópia na época, Gondar, era cercada por terras Beta Israel, e esses judeus etíopes trabalharam como artesãos, pedreiros e carpinteiros. Eles também continuaram a cultivar. Começando por volta de 1630 d.C., os imperadores utilizaram esses artesãos extensivamente, e tais ofícios eram evitados pela maioria dos etíopes, sendo considerados humildes e menos honrosos que o cultivo.

De acordo com relatos contemporâneos de diplomatas e comerciantes portugueses, franceses e britânicos, a comunidade Beta Israel tinha por volta de um milhão de pessoas, no século XVII. Mesmo depois da ponte aérea que levou dezenas de milhares de judeus da Etiópia para Israel, muitos ainda vivem nas montanhas em torno de Gondar, e os turistas geralmente são levados às suas vilas para comprar imagens esculpidas de Salomão e da rainha de Sabá, Leões de Sião e outros artesanatos.

A Arca da Aliança na Etiópia?

Parece que a Etiópia é, de fato, a pátria de pelo menos algumas das tribos perdidas de Israel, incluindo algumas de danitas e outras. Mas teriam trazido consigo a Arca da Aliança, como afirma o *Kebra Nagast*?

Talvez tenha sido um grande jogo entre judeus e cristãos da antiga Etiópia em torno de quem era o verdadeiro herdeiro salomônico de seu primeiro reinado na Etiópia, uma terra extensa e fértil, com poucos conflitos, exceto períodos ocasionais de guerra, geralmente causados por diferenças religiosas. É interessante que o *Kebra Nagast* indique que a Etiópia travou uma guerra com a Índia, um curioso "fato" histórico que parece não constar dos registros históricos. Com a destruição de tantos livros antigos, isso não é surpresa.

Vimos a forte ligação entre a Etiópia e a Índia que, na verdade, não foi reconhecida pelos historiadores. Vemos também as relações entre o antigo Egito e a Índia – por meio da Etiópia – e as muitas facetas do mundo hindu, incluindo a reencarnação, o carma, os mestres, os especialistas e todos os tipos de divindades que eram conhecidas pelos egípcios, israelitas e etíopes.

Os edifícios em Axum são impressionantes, e como muitas estruturas antigas, seu modo de construção nos intriga. Como no Egito, uma equipe sofisticada de engenheiros, pedreiros e arquitetos trabalhou na antiga Axum, desenhando, extraindo pedras e erguendo obeliscos enormes e outras estruturas. Claro que isso não foi feito por uma equipe de etíopes inexperientes que decidiu erguer obeliscos que pesavam 520 toneladas para impressionar seus amigos e parentes. Quem sonharia com uma tarefa tão imensa e, então, a realizaria?

Talvez quem construiu os obeliscos na antiguidade tenha aprendido com os verdadeiros mestres da construção megalítica. Em uma encosta, a pouca distância do sítio dos obeliscos, ficam as ruínas de duas estruturas que, para quem viu algo semelhante antes, diz ser o "verdadeiro" trabalho de uma raça antiga que construía estruturas megalíticas impossíveis por todo o mundo, com pedras gigantescas cortadas perfeitamente para encaixar em um quebra-cabeça padronizado. Os etíopes chamavam essas estruturas de Tumbas do rei Calebe e do rei Gebre Meskel, embora eles concordem que os reis nunca foram sepultados ali. Foram reis do século VI d.C., e há registros históricos de suas vidas e mortes. O guia Lonely Planet diz o seguinte acerca desses edifícios:

> A tumba de Gebre Meskel (sul) é a mais refinada. A precisão da junção entre as pedras é de um nível nunca visto em qualquer outro lugar de Axum. A tumba consiste em uma câmara e cinco salas, com uma delas ostentando um portal finamente entalhado que conduz até ela. Dentro dessa sala, há três sarcófagos, um adornado com uma cruz semelhante às cruzes cristãs encontradas nas moedas axumitas. Esse trabalho indica uma era por volta do século VI que, como raramente acontece, corresponde com a tradição local, embora o resto da história afirme que Meskel foi sepultado em Debre Damo.

Assim como a sepultura de Meskel, a do rei Calebe é alcançada por meio de um longo e estreito corredor. No interior, observa-se que as pedras são maiores, mais angulares e unidas de forma menos precisa. Entre aqueles que atribuem a construção da tumba a Calebe, poucos aceitam que ele foi mesmo sepultado ali. A teoria comum é que seu corpo esteja no Mosteiro de Abba Pentalewon, onde ele viveu após abdicar do trono. A estátua inacabada da tumba condiz com a teoria. Segundo rumores locais, há um túnel secreto que vai da tumba ao Mar Vermelho.

Não será surpresa para os meus leitores se eu disser que, em minha opinião, essas estruturas nada têm a ver com os reis do século VI e, por outro lado, seriam a construção mais antiga da área, provavelmente anterior ao império axumita. Teriam os axumitas, ou seus precursores, aprendido com esses mestres da construção?

Mais uma vez, penso na curiosa pedra megalítica de 360 toneladas que cobria o que se chama a tumba de Nefas Mawcha. Que idade tem essa "tumba" e quem a construiu? Quando o Grande Obelisco caiu, ele se quebrou em pedaços enquanto desabava sobre a câmara central da tumba, partindo os enormes suportes do teto.

Lembremo-nos do que o guia *Lonely Planet* diz a esse respeito:

> A tumba é incomum para seu grande tamanho, a sofisticação da estrutura e dimensão das pedras utilizadas para sua construção (a pedra que cobre a câmara central mede 17,3 metros por 6,4 metros, e pesa algumas 360 toneladas!).
>
> [...] Os moradores locais acreditam que por baixo dessa tumba existe uma "máquina mágica", o instrumento original que os axumitas utilizavam para derreter as pedras e construir as estelas e as tumbas. O mesmo tipo de máquina teria sido utilizada para criar algumas das igrejas de Tigré, feitas em pedras talhadas.

Sem dúvida, os etíopes acreditam que a máquina mágica – como a Arca da Aliança – se encontra por baixo dessa grande placa de pedra. Então, talvez a verdadeira Arca da Aliança esteja por baixo dessa gigantesca placa de pedra, em vez de estar na Capela da Arca.

A história da máquina mágica é semelhante àquela contada a Graham Hancock em 1983 pelo sumo sacerdote da igreja que abriga a Arca. Ele disse que foi o poder da Arca da Aliança que moveu e ergueu as grandes pedras, com o "fogo celestial". Esse sacerdote acreditava que a Arca tinha esse poder, e sim, poderes especiais seriam necessários para erguer obeliscos tão excepcionais.

Então, Axum é um local especial e sua antiguidade deve remontar a muitos milhares de anos, a uma época anterior ao próprio Moisés. Mas a questão premente é: a Etiópia possui a Arca da Aliança genuína, original, ou uma cópia?

Enquanto estive na Etiópia, em 2014, li o livro de Graham Hancock, de 1992, *The Sign and the Seal*. Esse livro permanece controverso até hoje, mas não na Etiópia, onde ele é extremamente popular.

O livro narra os esforços do autor em busca da Arca da Aliança enquanto ele trabalhava para o opressivo governo comunista etíope, em meados dos anos 1980. O governo comunista foi derrubado em 1991 e substituído por um governo pró-ocidente, com fortes vínculos com a Europa e os Estados Unidos.

A pequena Capela da Tábua, em Axum, a qual dizem abrigar a Arca da Aliança.

No livro, Hancock propõe a teoria de que a Arca foi levada para o Templo de Salomão, em Jerusalém, pelos sacerdotes do templo, durante o reinado do perverso rei Manassés de Judá, por volta de 650 a.C. Em seguida, ela passou cerca de 200 anos em um templo construído com o propósito de abrigá-la em Elefantina, no Egito, antes de a Arca ser levada, por volta de 470 a.C., para a Etiópia, através dos afluentes do Rio Nilo.

Por fim, ela foi levada para o Lago Tana, onde ficou guardada na ilha judaica de Tana Cherqos, por mais ou menos outros 800 anos, como o centro de uma forte comunidade judaica da área. Finalmente, ela chegou às mãos da jovem Igreja Ortodoxa Etíope no século V d.C., foi levada para a capital, Axum, e colocada na Igreja de Santa Maria de Sião. Assim, segundo a teoria de Hancock, a Arca não foi levada para Axum por Menelique, mas ela chegou ali posteriormente.

A *Wikipédia* diz:

> A Igreja Ortodoxa Etíope afirma possuir a Arca da Aliança, ou *Tabot*, em Axum. Atualmente, o objeto é mantido sob vigilância em uma catacumba perto da Igreja de Santa Maria de Sião. Réplicas do *Tabot* de Axum são mantidas em todas as igrejas etíopes, cada uma com sua própria dedicatória a um santo em particular; os mais populares entre eles incluem Maria, Jorge e Miguel.
>
> O *Kebra Nagast*, composto para legitimar a nova dinastia governante na Etiópia desde seu estabelecimento em 1270, narra como a verdadeira Arca da Aliança foi levada para a Etiópia, por Menelique I, com a ajuda divina, enquanto uma imitação era deixada no Tempo de Jerusalém. Embora o *Kebra Nagast* seja o relato mais conhecido dessa crença, esta antecede o documento. Abu al-Makarim, que escreveu no último quarto do século XII, faz uma referência inicial a essa noção de que eles possuíam a Arca. "Os abissínios também possuem a Arca da Aliança", ele escreveu e, após uma descrição do objeto, narra a forma como a liturgia é celebrada sobre a Arca quatro vezes por ano, "na celebração da grande natividade, na celebração do Batismo glorioso, na celebração da santa Ressurreição e na celebração da Cruz iluminada".
>
> [...] No dia 25 de junho de 2009, o patriarca da Igreja Ortodoxa Etíope, Abune Paulos, disse que anunciaria ao mundo, no dia seguinte, a revelação da Arca da Aliança, que segundo ele se encontrava em segurança na igreja de Axum, na Etiópia.
>
> Em 26 de junho de 2009, o patriarca anunciou que, afinal, ele não revelaria a Arca, mas que, por outro lado, garantia que sua presença na igreja era um fato.

A Arca etíope continua a ser notícia, até notícia falsa, como aquela sobre a Arca ter sido roubada em novembro de 2014. Mas a sagrada Arca da Aliança realmente está em uma pequena igreja nas montanhas do norte da Etiópia?

A Arca de Axum é uma réplica?

Embora a sorte de Axum tenha sempre oscilado, para mim é claro que a cidade foi importante desde o início da era egípcia. No entanto, a Arca guardada hoje em Axum é, provavelmente, uma réplica, talvez levada primeiro por Menelique a Axum, por volta de 920 a.C. Talvez a réplica tenha sido feita muito mais tarde. A réplica – que é utilizada quatro vezes por ano, em festivais – parece ser a estátua dos querubins dourados, dos dois anjos segurando o cálice entre eles, como descrito no Êxodo. Porém, quando retirada da igreja, ela foi envolta em um pano, e a Arca por baixo dele não pôde ser vista pelos presentes.

Como mencionado, a Arca apenas pode ser vista pelos monges que foram designados como seus cuidadores. O *website* crisismagazine.com diz em um artigo de 24 de janeiro de 2012:

> [...] Esteja ciente de que enquanto os etíopes dizem que a Arca está lá, ninguém, realmente, tem permissão para vê-la. Ninguém, exceto o sumo sacerdote de Axum, um monge idoso que está encarregado de proteger a Arca, e espera-se que ele não faça mais nada em sua vida. De fato, ele não pode fazer mais nada, pois é confinado à capela que abriga a Arca e a um pequeno pátio exterior.
>
> Em seu leito de morte, ele deve designar seu próprio sucessor, que pode ser perdoado por encarar o dever como uma bênção dúbia: os etíopes lembram-se e levam muito a sério todas as proibições do Antigo Testamento em relação a tocar a Arca e os relatos em torno de seu temível poder santo. Um explorador britânico que tentou conseguir permissão para ver a Arca recontou o que os monges lhe disseram. Parece muito o roteiro do próximo filme de Indiana Jones:
>
>> Se me aproximasse da Arca, seria punido. A teoria é que ela se tornaria invisível e lançaria sobre mim seus terríveis poderes. Eu seria morto na hora, provavelmente incinerado.

Como vimos, a verdadeira Arca poderia fazer isso, mas me parece que aquela guardada em Axum deve ser a réplica. Talvez essa réplica da Arca tenha vindo, como Graham Hancock sugere, de uma comunidade judaica na Ilha de Elefantina, no século VI a.C. O Lago Tana é uma parte importante da história inicial da Arca da Etiópia, mas o *Kebra Nagast* nos faz crer que a Arca partiu primeiramente para Axum (cerca de 920 a.C.) e, em seguida, para o Lago Tana para ser mantida em segurança durante os vários momentos turbulentos de Axum e, finalmente, levada de volta para Axum, na época do rei Ezana (cerca de 321-cerca de 360 d.C.).

Talvez a réplica tenha sido feita durante a época do rei Ezana, como muitos estudiosos estrangeiros supõem. De fato, quando a Arca é exposta todos os anos, em festivais, pode ser apenas uma réplica de segunda geração da arca etíope original – porque a arca etíope original (ela mesma uma réplica) deteriorou-se bastante ou é somente muito sagrada e frágil para ser levada para o exterior de seu atual santuário, na pequena capela protegida.

Quase todas as igrejas na Etiópia, que são milhares, possuem sua própria réplica da Arca da Aliança. Essa réplica é uma caixa de madeira com adornos em ouro e vários tecidos. A quantidade de ouro utilizada na fabricação do elaborado baú depende da riqueza daquela igreja em particular e, sem dúvida, muitas réplicas da Arca não possuem nenhum ouro, ou muito pouco.

Podemos afirmar seguramente que a Arca da Aliança é o artefato mais copiado já produzido. O simples fato de que existem milhares de cópias só na Etiópia lhe concede essa distinção. Outras cópias da Arca podem ser encontradas no *Ebay* e em outras lojas na internet. Algumas cópias são feitas em plástico barato, enquanto outras são elaboradas e adornadas com ouro. Mas há apenas uma Arca da Aliança verdadeira.

Assim, nossa busca pela Arca da Aliança, na Etiópia, chega ao fim. Não podemos dizer com certeza, mas parece provável que a Arca etíope, atualmente em Axum, é uma réplica e não possui o poder impressionante da Arca descrita pela Bíblia. Fora da Etiópia, estudiosos judaicos duvidam, em grande parte, de que a Arca etíope seja a Arca verdadeira. A comunidade Beta Israel também não parece considerá-la a Arca original.

Que aparência teria a Arca verdadeira? A máquina que causou morte e devastação pode ter sido removida do baú há milhares de anos, mas a estátua dourada e o baú permaneceram.

Essa relíquia valiosa pode existir, ainda hoje, em alguma parte de Jerusalém, ou em outro lugar do Oriente Médio ou da Europa. Estátuas e outras coisas feitas de ouro são praticamente indestrutíveis, como já mencionamos. Se a Arca genuína não está na Etiópia, então, onde ela poderá ser encontrada?

CAPÍTULO 10

Os Esconderijos da Arca

"No fim dos tempos, a Arca, com algumas tábuas,
ressuscitará primeiro: ela sairá de uma rocha
e será colocada no Monte Sinai. Lá, os santos
se reunirão para receber o senhor."
– *As Vidas dos Profetas 2:15*

Hoje, provavelmente, não há nenhum artefato mais valioso ou importante no mundo do que a Arca da Aliança. Onde está esse objeto sagrado? Se a Arca não foi levada para a Etiópia, então, onde ela se encontra neste momento? Ela ainda está em Jerusalém? Estará em algum outro local na África?

A TRIBO LEMBA, DO ZIMBABWE, E A ARCA

A tribo Lemba do Zimbabwe e sua relação com a Arca da Aliança foi o tema de um livro, escrito em 2008, pelo pesquisador britânico Tudor Parfitt,[76] segundo o qual Lemba é uma das tribos perdidas de Israel. Os indivíduos dessa tribo disseram a Parfitt que migraram da Arábia para o sul da África, e trouxeram com eles um objeto chamado *ngoma*, que Parfitt deduz ser a Arca da Aliança.

---

76. *The Lost Ark of the Covenant*, Tudor Parfitt. New York: Harper Collins, 2008.

A *Wikipédia* diz a respeito de Parfitt:

> Seu interesse em grupos judaicos negligenciados levou-o, em 1990, a estudar a tribo Lemba do sul da África, que afirmava ter descendência masculina parcial de antepassados judaicos ancestrais do atual Iêmen. Isso, juntamente com programas de TV sobre as descobertas, e importantes coberturas de imprensa, trouxeram-lhe atenção internacional (o que lhe valeu o apelido de Indiana Jones britânico). Em busca de mais informações, ele ajudou a organizar estudos de DNA "Y" nos membros masculinos da tribo de Lemba, em 1996 e posteriormente. Esses estudos descobriram uma grande proporção de ascendência semítica, o DNA comum a árabes e a judeus do Oriente Médio. O trabalho confirmou que a linhagem masculina descende de antepassados provenientes da Arábia Saudita.
>
> Uma tradição dos integrantes da tribo Lemba diz que eles portavam um tambor, ou *ngoma*, que acreditavam ter vindo do Oriente Médio há séculos. Parfitt menciona que a descrição acerca do *ngoma* era semelhante à da Arca da Aliança bíblica. Parfitt observou que, de acordo com fontes rabínicas, havia duas Arcas da Aliança – uma Arca cerimonial, coberta de ouro, que foi, por fim, colocada no Santo dos Santos do Templo; a outra era a Arca de Guerra, entalhada em madeira por Moisés e era um objeto relativamente simples.

Parfitt propôs que a Arca de Guerra pode ter sido levada pelos judeus através do Rio Jordão e, citando fontes islâmicas, acrescenta que eles migraram da Arábia para o sul. O sul da Arábia era conhecido, na antiguidade, como Arábia Feliz, e hoje se chama Iêmen. A tribo Lemba afirma ter trazido sua arca/*ngoma* da Arábia para o Zimbabwe em algum momento posterior.

O livro de Parfitt de 2008, *The Lost Ark of the Covenant: Solving the 2,500 Year Old Mystery of the Fabled Biblical Ark*, registrou suas descobertas na Arábia e na África. Há documentários sobre Parfitt feitos pelo *History Channel*, nos Estados Unidos, e pelo *Channel Four*, na Inglaterra. Em 2010, Parfitt foi convidado para participar de um simpósio sobre o assunto em Harare. Os participantes incluíam o gabinete do governo e o vice-presidente John Nkomo.

A tribo Lemba afirma que sua réplica, que possui 700 anos, foi criada a partir da madeira principal da verdadeira Arca da Aliança. Tradicionalmente, ela é transportada em varas, e o contato com o objeto sagrado é evitado. No entanto, ela parece não possuir nenhum tipo de carga elétrica. Sendo totalmente feita de madeira, fica claro que não se trata de algum tipo de arma divina, mas apenas de uma caixa de madeira feita para guardar artefatos sagrados, semelhante à Arca encontrada na tumba do rei Tut.

A busca de Parfitt pela Arca assinala a dificuldade para se encontrar o verdadeiro artefato quando há tantas histórias e lendas em torno dele. Foi levado para um lado e para o outro, deixando histórias e pistas e, por fim, entrou na literatura rabínica, que alega ter havido duas Arcas da Aliança! Penso que isso reflete a confusão, mesmo entre os primeiros estudiosos, em torno da Arca. Eles sugerem que havia a Arca de Guerra, uma caixa simples, de madeira, construída por Moisés para ser transportada diante das tropas; e a Arca da Aliança seria a caixa cerimonial, altamente decorada, que devia abrigar as tábuas sagradas dos dez Mandamentos, a Vara de Aarão e o cálice de maná dos dias passados no deserto (e um dispositivo elétrico?).

Acredito que essa confusão seja derivada das muitas réplicas de arcas existentes. Já mencionamos que muitos exércitos da Antiguidade ostentavam uma arca diante de suas tropas. E também dissemos que todas as igrejas etíopes possuem uma réplica da Arca da Aliança. Toda sinagoga judaica também possui uma Arca Sagrada, na qual é guardada uma cópia dos pergaminhos da Torá daquela congregação. O livro de Parfitt, na verdade, trata dos muitos baús sagrados que foram utilizados pelos judeus e por outros e, no final, em vez de resolver o mistério da Arca, torna-o ainda maior. Parfitt, porém, acreditava que a tribo Lemba de fato possuía um fragmento da Arca, e faz um comentário interessante a respeito dessa descoberta:

> "Há poucas dúvidas de que aquilo que descobri em Harare seja o último pedaço, na Terra, com descendência direta da Arca da Aliança. Agora que ele foi descoberto, devemos esperar que sua influência seja benigna".(*Daily Mail*, 22 fev. 2008).

Os autores do livro publicado em 1999, *The Ark of the Covenant*, Roderick Grierson e Stuart Munro-Hay,[77] acreditam que a Arca da Aliança tenha sido levada para a Etiópia através da Arábia, na época do rei axumita Calebe, que reinou por volta de 520 d.C. Eles sugerem que o baú contém um meteorito como aquele venerado em Caaba, Meca.

Eles teorizam que Calebe recebeu essa Arca e o meteorito de uma tribo árabe chamada Jurhum que, um dia, controlou Meca e Caaba. De acordo com relatos árabes, a tribo de Jurhum ofereceu proteção à esposa de Abraão, Hagar, e a seu filho Ismael, e participava da veneração em Caaba, Meca. Caaba é o santuário sagrado reconstruído por Ismael e Abraão, e é reverenciada como sítio de peregrinação, mesmo antes do Islamismo.

A tribo Jurhum ficou com a Arca quando os Filhos de Israel atacaram Meca (nenhuma data é fornecida, mas podemos deduzir que seja por volta de 800 a.C., quando Israel e Judá ainda eram países relativamente jovens). Eles foram derrotados por Jurhum, e a Arca foi capturada. O rei Calebe, então, levou-a para Axum após atacar Meca, por volta de 520 d.C., mais de mil anos depois, dizem Grierson e Munro-Hay.

Eles ignoram a teoria de Graham Hancock de que a Arca viera pelo Egito, mas por alguma razão, pensam que a Arca etíope seja a verdadeira Arca da Aliança. Para Grierson e Munro-Hay, a Arca é uma caixa de madeira com uma pedra das Tábuas de Moisés e, possivelmente, um meteorito; talvez um "irmão" daquele ainda venerado pelos muçulmanos na Caaba. Agora, ela está em Axum, na Capela da Tábua, eles presumem.

Parece um pouco exagerado que a verdadeira Arca da Aliança se perdeu no curso de uma batalha em Meca e foi guardada ali por mais de mil anos. Mas, como vimos, muitas das histórias a respeito da Arca da Aliança são bastante fantásticas. Mesmo assim, parece que se a Arca da Aliança foi perdida pelos israelitas em uma batalha em Meca, tal fato seria mencionado na Bíblia ou em outros textos, e não há essa menção.

---

77. *The Ark of the Covenant*, Roderick Grierson e Stuart Munro-Hay. London: Weidenfield and Nicholson, 1999.

A maioria das teorias em torno de a Arca da Aliança ter sido levada para algum lugar fora de Jerusalém se baseia nos saques babilônicos feitos em Jerusalém, primeiro em 598 a.C. e, em seguida, novamente em 586 a.C. Durante esse período, a Arca parece ter desaparecido do Tempo de Salomão, e a Bíblia simplesmente para de mencioná-la.

A conquista babilônica e a Arca perdida

O ouro é indestrutível e, assim, todo o ouro de tempos ancestrais ainda existe hoje. Seja na forma de uma estátua ou de uma máscara, como é o ouro da máscara da Tutancâmon, ele existirá por milhares de anos, sem deterioração ou oxidação. Tais objetos são, essencialmente, eternos.

No entanto, uma máscara de ouro ou uma estátua, tais como as estátuas dos querubins na tampa da Arca, podem ser transformadas em lingotes de ouro ou outros objetos. Esse é um destino possível para a Arca, um destino aceito por muitos historiadores: que ela foi capturada e derretida pelos babilônios. Porém, não há registro disso.

Em 598 a.C., os babilônios atacaram Jerusalém e o Templo de Salomão pela primeira vez. Eles tentavam estabelecer a hegemonia na região e reprimir as rebeliões dos judeus. O jovem rei Jeconias de Judá foi levado como prisioneiro por Nabucodonosor. 2 Reis 24:12--14 diz:

> No oitavo ano do reinado do rei da Babilônia, ele prendeu Jeconias. Como o Senhor declarou, Nabucodonosor retirou os tesouros do templo do Senhor e do palácio real, e cortou em pedaços os artigos de ouro que Salomão, rei de Israel, fizera para o Templo do Senhor. Ele levou toda Jerusalém para o exílio: todos os oficiais e guerreiros, e todos os trabalhadores qualificados e os artesãos – um total de 10 mil. Apenas as pessoas mais humildes da terra foram abandonadas.

Depois disso, não há registro do que aconteceu com a Arca nos Livros dos Reis e nas Crônicas. Não é especificamente mencionado se ela foi levada, e acreditamos que um artefato tão importante seria comentado. Talvez Nabucodonosor a tenha confiscado; ou, talvez, ela fora escondida pelo sacerdote de algum templo, a fim de preservá-la.

Após esse ataque, Nabucodonosor estabeleceu um rei fantoche, Zedequias, mas este também se rebelou contra o domínio babilônico. Em 587 a.C., Nabucodonosor voltou a Jerusalém e cercou a cidade, mas teve de partir para lutar contra os aliados egípcios do local. Ao ganhar esse conflito, o imenso exército babilônico retornou a Jerusalém e, finalmente, rompeu as muralhas da cidade, em 586 a.C., depois de meses de insistência. Dessa vez, a cidade e o templo foram destruídos e queimados por completo pelos soldados babilônios. Teriam, enfim, se apoderado da Arca? Novamente, isso parece improvável, pois tão venerado tesouro, como a Arca, seria mencionado como parte do espólio, e não foi – e havia uma lista exaustiva dos espólios. Lemos em Jeremias 52:17-19:

> Os babilônios partiram as colunas de bronze, os pedestais móveis e o mar de ferro fundido, que ficavam no Templo do Senhor, e eles levaram todo o bronze para a Babilônia. Eles também levaram os potes, as pás, os acendedores, tigelas para aspergir, pratos e todos os artigos de bronze utilizados na assistência ao templo. O comandante da guarda imperial levou os lavatórios, os incensários, as tigelas para aspergir, potes, candelabros, pratos e tigelas utilizados em libações – tudo que era feito de puro ouro ou prata.

Mas o livro grego de Esdras sugere que a Arca ainda estava por perto. Os babilônios levaram os recipientes da Arca de Deus, mas, novamente, não se menciona se a própria Arca foi levada. 1 Esdras 1:54 afirma:

> E eles levaram todos os recipientes sagrados do Senhor, grandes e pequenos, com os recipientes da Arca de Deus, e os tesouros do rei, e os transportaram para a Babilônia.

Nessa época, os habitantes de Jerusalém foram conduzidos para o cativeiro, na Babilônia. No entanto, os judeus foram autorizados a voltar para Jerusalém em 538 a.C., após algumas décadas cativos. Naquele ano, o rei persa Ciro, que derrotara o império babilônico, expediu um decreto que concedia aos judeus o direito de venerar seu Deus, em Jerusalém. Supostamente, por volta de 50 mil judeus retornaram a Jerusalém e à terra de Israel, mas, de fato, a maioria permaneceu na Babilônia. Depois de 100 anos, houve um segundo retorno de deportados a Judá e, juntos, esses acontecimentos são conhecidos como o "retorno de Sião".

O templo foi reconstruído após os israelitas retornarem a Jerusalém de seu cativeiro na Babilônia, que começou em 538 a.C. Contudo, parece que não havia Arca da Aliança para colocar no Santo dos Santos. Então, uma parte do solo se ergueu um pouco para indicar o local onde a Arca ficava antigamente. Alguns cristãos acreditam, no entanto, que a Arca foi recolocada no Santo dos Santos e, depois, desapareceu na crucificação de Cristo – e a Arca retornará com a volta de Cristo.

A maioria dos estudiosos acredita que a Arca desapareceu antes da construção do Segundo Templo. Na literatura rabínica, a disposição final da Arca é controversa. Alguns rabinos afirmam que ela foi levada para a Babilônia, enquanto outros dizem que foi escondida dos invasores. Um trabalho rabínico do final do século II, conhecido como Tosefta, documenta as opiniões desses rabinos quanto ao paradeiro da Arca.[78]

O Tosefta afirma, de forma anônima, que durante seu reinado, Josias, um rei de Judá, guardou a Arca junto com os seguintes objetos: um jarro de maná, e um jarro contendo o sagrado óleo de unção, a vara de Aarão, que floresceu, e um baú oferecido a Israel pelos filisteus. Josias se tornou rei de Judá com 8 anos de idade, após o assassinato de seu pai, o rei Amom, e reinou por 31 anos, de 640 a.C. a aproximadamente 609 a.C. Assim, Josias teria feito isso pelo menos dez anos antes do primeiro ataque a Jerusalém.

Dizem que esconder a Arca, com os objetos dentro, seria uma atitude para evitar que ela fosse levada para a Babilônia – contudo, os ataques vindos da Babilônia, na verdade, não aconteceram durante o reinado de Josias. Por fim, a Babilônia se libertou do jugo do domínio assírio em 625 a.C., quando o pai de Nabucodonosor fundou o Império Neobabilônico; portanto, talvez a ameaça da agressão fosse maior durante a época de Josias. Os rabinos Eliezer e Shimon, na mesma obra rabínica, alegam que a Arca foi, de fato, levada para a Babilônia.

---

78. *Treasures of the Lost Races*, Rene Noorbergen. New York: Bobbs-Merrill Co. 1982.

O rabino Yehuda, discordando, diz que a Arca foi mantida em seu próprio local, ou seja, em algum lugar do Monte do Templo.[79]

No livro apócrifo 2 Macabeus 2:4-7, lemos que Jeremias, o profeta, pode ter escondido a Arca no Monte Nebo:

> [...] o profeta [Jeremias], sendo advertido pelo Senhor, ordenou que o tabernáculo e a Arca fossem com ele, quando ele se dirigiu para a montanha, onde Moisés subiu [Monte Nebo], e viu a herança de Deus. E quando Jeremias chegou ali, encontrou uma caverna vazia, onde ele deixou o tabernáculo e a Arca, e o altar de incensos, e assim fechou a entrada. E alguns daqueles que o seguiram vieram para marcar o caminho, mas eles não conseguiram se lembrar. E quando Jeremias percebeu, culpou-os dizendo: "E quanto ao lugar, ele permanecerá desconhecido até o momento em que Deus reunir seu povo e o receber em misericórdia".

Esse livro diz que Jeremias leva a Arca para o Monte Nebo (hoje na Jordânia, na extremidade nordeste do Mar Morto), que era o pico de onde Moisés avistou a Terra Prometida antes de morrer. Jeremias escondeu a Arca em uma caverna e, em seguida, escondeu a entrada. Voltaremos ao Monte Nebo mais adiante, neste capítulo.

Como mencionado, alguns estudiosos acreditam que a Arca foi escondida em Jerusalém, em cavernas secretas por baixo do próprio Monte do Templo. Outros creem que ela foi levada para o Egito e, então, para a Europa. E muitos irlandeses e escoceses acreditam que a princesa egípcia judia chamada Scota fugiu para a Irlanda com a Arca logo depois do cerco babilônico, em 586 a.C.

A Arca na Irlanda e na Escócia

Uma tradição irlandesa diz que Arca da Aliança foi levada para a Irlanda pelo próprio Jeremias. Ele fugiu do Egito quando os babilônios invadiram Israel e, em seguida, foi para a Irlanda, com a rainha Tamar Tephi (conhecida como Tea e também chamada Scota), que se casou com o rei Eocaide da Irlanda. Ela morreu logo depois de seu casamento, e foi sepultada no condado de Meath, em Tara, no norte

---

79. *Idem, ibidem.*

de Dublin. Com ela foi sepultado um grande baú que diziam conter relíquias da Palestina. Alguns acreditam que esse baú era a Arca da Aliança!

Tea/Tamar Tephi é conhecida como Senhora do Destino, e é listada no *website* ancestry.com como uma princesa irlandesa judia sob o nome de Tea Tephi, filha de Zedequias, o último rei de Judá. O *website* ancestry.com diz:

Tea Tephi, rainha da Irlanda, filha de Zedequias, o último rei de Judá, nasceu na Espanha e morreu em Odhbha, Meath, Leinster, Irlanda.

As Crônicas dizem: Tephi nasceu na Casa do Elevado, Princesa de Sião, amada do Senhor, Casa da Casa de seu Deus, filha de Davi, pastor de Judá, Tribo do Leão, rainha sobre Betel e Dã, onde foram dispersos.

Embora esse *website* diga que Tea nasceu na Espanha, o mais provável é que ela tenha nascido em Jerusalém e passado algum tempo, mais tarde, na Espanha. De qualquer forma, como uma princesa de Jerusalém foi parar na Irlanda? Na época da invasão babilônica, em 586 a.C., Jeremias foi preso porque suas profecias repletas de desgraças desanimavam as tropas judaicas. Quando capturaram Jerusalém, os babilônios libertaram Jeremias da prisão e manifestaram grande bondade, permitindo a ele escolher o local de sua residência, de acordo com um documento babilônico.

Jeremias foi para a cidade de Mispá, no país conhecido como Benjamin, a norte de Jerusalém, com um homem chamado Gedalias, que fora nomeado governador da Judeia pelos babilônios. Jerusalém também fazia parte da nação de Benjamin, uma parte pequena, porém central das 12 tribos – 12 nações que constituíam um Israel unido. Imediatamente a oeste de Benjamin ficava a nação de Dã, que possuía o importante Porto de Jaffa. Para o sul de Benjamin e Jerusalém ficava a nação de Judá, com a nação de Simeão abaixo dela, estendendo-se ao sul do Deserto do Negev.

Na direção norte de Jerusalém ficava a nação de Efraim e, a leste da Jordânia, ficavam as nações de Rúben, Gade e Manassés. Manassés era um amplo território, que abrangia os dois lados da Jordânia, e possuía uma parte considerável ao longo da costa leste do Mediterrâneo. As nações de Simeão, Judá, Benjamin, Gade e Rúben eram todas sem litoral. Para o norte de Manassés ficavam também as nações sem praia de Issacar, de Zebulom e Naftali. A tribo mais ao norte, entre as 12 tribos, era a de Aser, que abrangia os importantes portos fenícios de Tiro e Sidon, que na época faziam parte de Israel.

As 12 tribos nações de Israel já começaram a desmoronar centenas de anos antes da época de Jeremias, mas seus portos significativos sobreviveram, incluindo o Porto de Jaffa, uma cidade importante habitada pelos leais israelitas, que também comercializavam com todos os navios que passavam pelo Mediterrâneo naquela época. Isso incluiria os navios vindos dos portos atlânticos da Europa.

Jeremias recebeu autorização dos babilônios para acompanhar o novo governador, Gedalias, que agora deveria governar a Judeia e Jerusalém, e ambos partiram para Mispá. Contudo, logo depois de chegarem, Gedalias foi assassinado por Ismael, um príncipe da Judeia, por trabalhar com os babilônios. Joanã, filho de Careá, e seus oficiais do exército, foram com ele em perseguição de Ismael, sabendo que trariam ainda mais problemas em um momento já tumultuado. Joanã, desse modo, se tornou o líder do exército e do restante da população do Reino de Judá, e decidiu levá-los para o Egito, por segurança. Jeremias, no entanto, advertiu Joanã quanto à ida para o Egito, e era totalmente contra esse plano, mas Joanã e seus homens decidiram ir de qualquer maneira.

Assim, temendo a retaliação babilônica pela morte de Gedalias, Joanã fugiu para o Egito, levando com ele Jeremias e o escriba Baruque, além da filha do rei, um pequeno exército de tropas judaicas que sobreviveram à guerra devastadora com os babilônios e os judeus remanescentes. Jeremias 43:4-7 nos conta:

> E Joanã, filho de Careá, e todos os oficiais do exército, e todo o povo desobedeceram ao comando do Senhor de ficar na terra de Judá. Em vez disso, Joanã, filho de Careá, e todos os oficiais do exército lideraram todos os remanescentes de Judá que retornaram para viver na terra de Judá, de todas as nações pelas quais eles se espalharam. Eles também conduziram todos aqueles que Nabucodonosor, comandante da guarda imperial, deixara com Gedalias, filho de Aicão, filho

de Safã – os homens, as mulheres, os seus filhos e as filhas do rei. E levaram Jeremias, o profeta, e Baruque, filho de Nerias, junto com eles. E entraram no Egito desobedecendo ao Senhor, para depois seguirem até Tânis.

Com a exceção de uma presença considerável de judeus em torno de Tânis, no delta do Nilo, pouco diz a Bíblia a respeito de Jeremias e dos judeus que viviam no Egito. A *Wikipédia* informa:

Ali, o profeta provavelmente passou o restante de sua vida, ainda tentando, em vão, orientar as pessoas para Deus, com quem elas se revoltaram há tanto tempo. Não há registro autêntico de sua morte.

Então, o que realmente aconteceu com Jeremias após ir para o Egito? A Bíblia não nos fornece uma pista, embora ele tenha escrito algumas cartas aos reis de países estrangeiros, como foi registrado no final de Jeremias. Alguns dos judeus da tribo de Dã estavam com ele? A Bíblia não diz como eles chegaram em Tahpanes – usaram navios?

Realmente, Tânis era uma cidade-porto. Tânis (conhecida pelos gregos antigos como Dafne) ficava localizada no Lago Manzala, na ramificação tanítica do Nilo, perto da costa mediterrânica do Egito. O sítio arqueológico, que inclui docas e calçadas de tijolos, hoje fica no Canal de Suez. Quando o sítio foi "descoberto" por *sir* Wiliam Matthew Flinders Petrie, em 1886, ele era conhecido pelos habitantes locais como o "Castelo da Filha do Judeu".

A cidade de Jaffa era o porto principal para a tribo de Dã, cujo território ficava ao longo da costa mediterrânica, diretamente a oeste de Jerusalém. Hoje, a importante cidade de Telavive fica no sítio onde era Jaffa (que é um subúrbio). Teriam Jeremias e outros deixado Jaffa em navios da tribo de Dã e realizado uma viagem de dois ou três dias até o porto mediterrânico de Tânis, no Nilo? Parece lógico. Mais tarde, Jeremias e seu grupo de seguidores fizeram a viagem mais ousada, mas por fim bem-sucedida, até a Irlanda, para fundar ali uma nova família real. Textos antigos irlandeses dizem que Jeremias deixou Tânis com sua pequena frota de navios e, orientado pela tribo de Dã – os marinheiros fenícios de Israel –, eles foram para o oeste, pelo Mediterrâneo, até a Espanha, e dali seguiram para a Escócia e, finalmente, para o nordeste da Irlanda. A parte da Espanha onde eles atracaram foi provavelmente a Catalunha, região de Barcelona, com a próxima Perpignan, na região francesa de Languedoc. Essa área era um porto comercial fenício, assim como Cádiz, no sudoeste da Espanha. Perpignan fica perto de Rennes-le-Château, que também foi mencionada como a localização de um grande tesouro que dizem ser do Templo do rei Salomão. Jeremias levou a Arca para a Catalunha? Ele a levou para a Irlanda, como afirmam as lendas irlandesas? Tudo isso será analisado em breve.

Por isso, muitas lendas irlandesas dizem que Jeremias viajou para o exterior com a Arca da Aliança, com um séquito de nobres egípcios e judeus. É interessante observar que, de acordo com as lendas irlandesas, Jeremias está sepultado na Ilha Devenish, no Lago Erne, no sudoeste da Irlanda do Norte, Reino Unido. A Ilha Devenish também possui monumentos megalíticos antigos, ruínas monásticas e uma das misteriosas torres circulares da Irlanda.

Crônicas irlandesas também falam da chegada de Tuatha Dé Danann, que dizem ter vindo do Egito e de Israel com a Pedra do Destino. A versão irlandesa dessa história pode ser encontrada no antigo livro irlandês, *Crônicas de Eri*, que diz que em algum momento, por volta de 580 a.C., um navio atracou no Ulster, e a bordo estavam o profeta Ollom Fotla, a princesa Tara e um escriba chamado Simon Brech. Esses três deviam ser o profeta Jeremias, a princesa Tea e o escriba Baruque.[80]

Os objetos mágicos que dizem que Tuatha Dé Danann possuía eram provavelmente vários itens de dispositivos de maquinaria e elétrica que ainda existiam, naqueles dias, no Egito e no Oriente Médio, mas eram desconhecidos nos países do norte. Um dispositivo simples, mas eficiente, como a besta, ou mesmo um foguete que funciona com pólvora, como fogos de artifício, pareciam "lanças mágicas" para as pessoas que nunca viram uma besta e, da mesma forma, um dispositivo elétrico, como a Arca da Aliança, pareceria mágico diante de qualquer observador primitivo.

Pensava-se que o Tuatha Dé Danann – a tribo de Dã – trouxera a Arca para a Colina de Tara e ela foi enterrada ali. Essa crença

---

80. *The Search for the Stone of Destiny*, Pat Gerber. Edinburgh: Cannongate Press, 1992.

se tornou tão forte que, durante a virada do século XX, israelitas britânicos executaram algumas escavações em Tara (Torá?), em busca da Arca da Aliança. A *Royal Society of Antiquaries*, da Irlanda, fez uma campanha bem-sucedida para detê-los antes que destruíssem a colina.[81]

Um manuscrito medieval chamado *Scotichronicon*, ou Crônicas dos Escoceses, escrito em 1435 d.C. por um monge chamado Walter Bower, conta a seguinte lenda sobre a origem dos escoceses:

> Em tempos antigos, Scota, a filha do faraó, deixou o Egito com seu marido, chamado Catelo, e grande séquito. Pois eles ouviram falar dos desastres que acometeriam o Egito e, assim, seguindo as instruções dos deuses, fugiram de certas pragas iminentes. Foram para o mar, confiando na orientação dos deuses. Após velejar dessa maneira por muitos dias sobre o mar, com a mente perturbada, eles ficaram, por fim, felizes por atracar seus barcos em determinada costa por causa do mau tempo.[82]

Bower parece não entender que esse grupo que fugia do Egito vinha da Judeia, e a princesa é filha de um rei da Judeia, não de um faraó. De qualquer forma, o manuscrito continua e diz que os egípcios se estabeleceram onde é, hoje, o oeste da Escócia, mas logo mudaram para a Irlanda do Norte, por causa dos conflitos com a população local (provavelmente os pictos). Esse grupo egípcio, então, se misturou com uma tribo irlandesa e se tornou conhecido como os Scoti. Eles se tornaram os sumos reis da Irlanda, e por ser um grupo de marinheiros, acabaram invadindo a Escócia de novo e a reconquistaram. Por isso, ela mantém seu nome e o da princesa judaico-egípcia Scota. Em seguida, eles fundaram sua capital na Colina de Tara, hoje próximo do Rio Boyne, no Condado de Meath, República da Irlanda.

---

81. *Tara and the Ark of the Covenant: A Search for the Ark of the Covenant by British Israelites on the Hill of Tara, 1899-1902*, Mairead Carew. Royal Irish Academy, 2003.
82. *Kingdom of the Ark*, Lorraine Evans. London: Simon and Schuster, 2000.

A Colina de Tara e a Arca da Aliança

Hoje, a Colina de Tara é uma colina alta coberta de pasto verdejante, com ovelhas pastando. No entanto, dela se tem uma vista enorme dos campos, nas quatro direções. E em tempos antigos, as pessoas vinham de toda a Irlanda para Tara, a fim de participar de cerimônias, coroações ou, simplesmente, peregrinações. No topo da colina fica uma coluna de pedra chamada *Lia Fáil* irlandesa (Pedra do Destino, não confundir com a Pedra do Destino conhecida como Pedra da Coroação, que discutiremos a seguir). Sobre essa pedra, os reis da Irlanda eram coroados; as lendas sugerem que a pedra deveria rugir três vezes se o escolhido fosse um verdadeiro rei. Essa pedra, parecida com um menir, é uma das últimas coisas que permanecem de pé em Tara, que hoje é basicamente uma colina relvada. Desde o tempo de Patrício da Irlanda, o significado de Tara diminuiu ao ponto de haver muito pouco para ser visto na região.

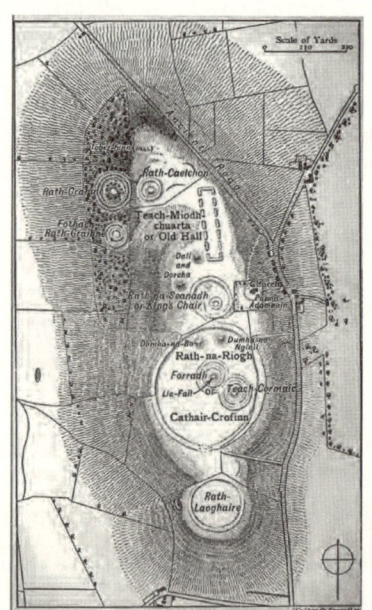

Gravura antiga da planta de Tara, na Irlanda.

Tara, há 2.500 anos, tinha um palácio enorme com uma grande torre de madeira e uma escola druídica. James Bonwick, em seu livro de 1894, *Irish Druids and Old Irish Religions*,[83] diz:

---
83. *Iris Druids and Irish Religions*, James Bonwick, 1894, reimpresso por Dorset Press, 1986.

O palácio de Teamair, ou Tara, era mantido pelo Tuaha. A escola principal dos druidas ficava em Tara. Em Tara, realizava-se a convenção nacional de Teamorian Fes. Ela era associada com os desportos de casamento dos Jogos Tailtean. Sua fundação é atribuída ao sábio Ollom Fotla.

A história de Tara remonta à Princesa Tea/Tamar Tephi e ao seu casamento com o rei irlandês local, Eocaide, o Érimón, que formaram o reino de Tuatha Dé Danann. Seu reinado não durou muito, pois os Tuatha Dé Danann lutaram com os Fir Bolg pelo controle da Irlanda. Os Tuatha Dé Danann derrotaram os Fir Bolg, mas Nuada, o primeiro rei Tuatha Dé Danann, perdeu uma mão na batalha. Já que os reis tinham de ser fisicamente perfeitos, em um gesto grandioso de reconciliação, ele abdicou em favor de Bress, filho do rei fomoriano.[84]

A Pedra do Destino

Bonwick cita vários historiadores irlandeses, e conta que a obra irlandesa *Csalacronica*, datada de 1355, tinha o seguinte a dizer sobre o escriba de Jeremias, Simon Brech:

> [Ele] trouxe consigo uma pedra sobre a qual os reis da Espanha tinham o hábito de ser coroados, e colocou-a no local soberano mais bonito da Irlanda, chamado até hoje de Lugar Real; e Fergus, filho de Ferchar, levou a Pedra Real, recebida anteriormente, e colocou-a onde ela se encontra hoje, no Palácio de Scone.

A Pedra do Destino irlandesa, em Tara, praticamente a única estrutura ainda visível no sítio.

---

84. *Idem, ibidem.*

Assim, temos a Pedra da Coroação. Bonwick cita outra versão do século XIV, de Baldred Bisset:

> A pedra, que inicialmente serviu de travesseiro para Jacó, foi depois transportada para a Espanha, onde ela era utilizada como sede de justiça para Gathalus, contemporâneo de Moisés.

Em seguida, Bonwick diz que o historiador Boece declarou que Gathalus era filho de Cécrope de Atenas, e desposou "Scota, filha do faraó".[85] Como acontece com todos os estudos de história que remontam às brumas do tempo, as coisas podem ficar muito confusas. Se Gathalus era contemporâneo de Moisés, isso o coloca em torno de 1200 a.C. Se ele era filho de Cécrope, o mítico rei grego que, segundo se diz, fundou Atenas, ele teria de voltar pelo menos para o ano 3000 a.C. Os outros contos irlandeses em torno de Scota relacionados aqui a localizam nas costas do Eire, por volta de 580 a.C. e, nesse caso, ela não poderia ser casada com Gathalus.

Mas os reis da Espanha e de Tartesso também foram coroados, durante um período, na Pedra do Destino? A princesa Tea, ou Scota, provavelmente chegou à Irlanda passando pela Espanha, e pode ter permanecido ali por vários anos. Também é possível que seu futuro marido irlandês tenha vivido na Espanha por algum tempo. Aparentemente, a Irlanda sempre teve uma relação muito próxima com a Espanha e o norte da África. A Espanha, é claro, seria um ponto de parada natural para qualquer navio vindo do leste do Mediterrâneo em direção à Irlanda.

Em um capítulo sobre Tara, Bonwick diz:

> Outras histórias relacionadas com o pregador de Tara são narradas em outras partes deste trabalho, e dizem respeito ao período subsequente à instituição da escola de Ollom Fotla em Tara [...] Héber, filho de Héber, o Trovador, é hebreu para eles. Tara é o nome para Terá (Torá). Jeremias fugiu após o cerco de Jerusalém, levando os tesouros do templo: a Arca, o cetro de Davi, o Urim e o Tumim, e outros. Hoje, algumas pessoas acreditam que, na colina de Tara, possam ainda ser

---

85. *Idem, ibidem.*

encontrados esses memoriais do Judaísmo, e esperam recuperar ali a harpa de Davi, levada para a Irlanda por Jeremias e pela princesa Scota, filha do faraó.

Bonwick também menciona o reverendo graduado F. R. A. Glover, que diz que a Pedra do Destino foi tirada do santuário em 588 a.C. e "levada para lá pelos homens hebreus em um navio de Dã, cerca de 584".[86]

O reverendo Glover afirma também que o travesseiro de Jacó foi levado para Tara. "Na Irlanda, nos recintos reais de Tara, por volta de 582-3, havia um sistema hebraico e uma Jerusalém transplantada..."

A ideia de as antigas Irlanda e Escócia serem uma região de egípcios refugiados e marinheiros da tribo de Dã é um pensamento fascinante. Talvez a tribo de Dã também fosse herdeira de uma rota ancestral que passava por Orkney, pelas Ilhas Shetland e ia até a América do Norte e à passagem marítima de Lourenço de Huesca.

A Irlanda, a Escócia, o País de Gales e a Ilha de Man poderiam ter ligações com o Egito que remontam a 1500 a.C. e até antes. Navios egípcios e fenícios seguiam continuamente as rotas navais do leste mediterrânico até a Península Ibérica e portos do norte da Europa. Que essas terras verdejantes no extremo da Europa – acessíveis apenas por barco – fossem portos seguros para a realeza egípcia e judaica (que, em geral, estavam em harmonia) não seria surpreendente. Que um grande tesouro (além de princesas e sacerdotes) fosse embarcado em uma pequena frota de navios e levado para o leste mediterrânico, para uma colônia remota ou posto comercial, parece apenas natural.

Mas, a Arca da Aliança foi realmente levada para a Escócia e, em seguida, para a Irlanda? Nesse caso, essa Arca estaria deteriorada ao ponto de quase inexistir, e sua estátua dourada estaria perdida; tudo o que restou foi a Pedra da Coroação dos reis do Reino Unido. Hoje, ela é mantida no Castelo de Edimburgo, e está em exposição para que os turistas vejam e fotografem. Será que um dia essa pedra esteve dentro da Arca da Aliança?

---

86. *Idem, ibidem.*

A ARCA NA FRANÇA?

Há outras histórias sobre a Arca da Aliança ser levada para enclaves judaico-fenícios na Espanha e no sul da França, que parecem estar relacionadas com histórias a respeito da Arca na Irlanda e na Escócia. Talvez uma cópia da Arca original tenha sido feita na Catalunha e, então, levada para a Irlanda.

A teoria é que a Arca da Aliança foi levada para a Catalunha onde enclaves fenícios e, depois, essênios existiam nas montanhas dos Pirineus, entre a França e a Espanha. Nessa região, não distante de muitos portos mediterrânicos, fica a pequena vila de Rennes-le-Château, que possui uma igreja dedicada à Santa Maria Madalena, e é a suposta localização de um lendário tesouro que pode ter contido a Arca da Aliança.

Rennes-le-Château é uma pequena vila francesa no topo de uma colina que recebe dezenas de milhares de visitantes por ano. Ela é o ponto central de várias teorias que incluem: (1) Maria Madalena casada com Jesus e tendo seus filhos nas proximidades; e (2) ser a localização de tesouros enterrados que foram descobertos por um padre do século XIX chamado Bérenger Saunière.

A igreja da vila, dedicada a Santa Maria Madalena, foi reconstruída várias vezes por Saunière, e considera-se que ele descobriu um tesouro fantástico em catacumbas profundas, embaixo da igreja, com milhares de anos de idade. De fato, parece que a igreja foi construída sobre um sistema de caverna natural também trabalhado pelo homem. Embora ninguém, em tempos recentes, tenha visto essas cavernas, uma lenda diz que a Arca da Aliança é mantida ali.

A igreja mais antiga do sítio, da qual se têm evidências, pode ser do século VIII d.C. Essa igreja devia estar em ruínas no século XI, quando outra igreja foi construída no sítio. E ela sobreviveu até o século XIX, quando necessitava desesperadamente de restauração.

Bérenger Saunière.

Essa restauração era feita pelo padre local, Bérenger Saunière, quando ele teria se deparado com um tesouro. Ele passou a se deslocar até Paris para vender objetos de ouro e, por fim, tinha uma conta bancária bem significativa, com a qual pagava restaurações suntuosas na pequena igreja. Recibos remanescentes e livros de contabilidade existentes que pertenceram a Saunière revelam que as renovações da igreja, incluindo trabalhos no presbitério e no cemitério, custaram 11.605 francos, durante um período de dez anos, entre 1887 e 1897.

Saunière acrescentou a inscrição em latim *Terribilis est locus iste*, acima das portas de entrada: "Este é um local de reverência", enquanto o restante da dedicatória, nos arcos da igreja, diz: "esta é a casa de Deus, o portão do céu, e deverá ser chamado pátio real de Deus". Depois das renovações e redecorações de Saunière, a igreja recebeu nova dedicatória, em 1897, por parte de seu bispo, Monsenhor Billiard.

Outros livros de contabilidade que pertenceram a Saunière revelam que a construção de sua propriedade, que incluía uma torre e uma casa, além da compra de terra local entre 1898 e 1905, custou ao padre 26.417 francos. Ele também levou uma vida bastante luxuosa, jantava e bebia com estrelas de ópera e outros. Em 1910-1911, Saunière foi convocado pela diocese para comparecer diante de um julgamento eclesiástico por causa das acusações de "traficar em missas". A igreja católica permite que os padres recolham dinheiro por rezar missas privadas dedicadas aos entes queridos do doador, mas foi apurado que Saunière publicitava e coletava dinheiro para mais missas do que aquelas que ele poderia realizar. Foi considerado culpado e suspenso do sacerdócio.

A casa de Bérenger Saunière em Rennes-le-Château.

Quando lhe foi exigido que apresentasse seus livros de contabilidade, ele se recusou a comparecer ao julgamento. O padre morreu em 1917.

Começaram a surgir livros na França acerca da estranha igreja de Maria Madalena e seu tesouro misterioso, e também a respeito da ideia de que Maria Madalena fora esposa de Jesus e mãe de seus filhos. Essa linhagem de Jesus era o verdadeiro segredo por trás do "Santo Graal". Nos anos 1970 e 1980, a história serviu de base para vários documentários no Reino Unido, e livros como *Holy Blood, Holy Grail*, de Michael Baigent, Richard Leigh e Henry Lincoln.[87, 88] Muitos elementos dessas teorias foram posteriormente utilizados por Dan Brown em seu romance *best-seller* de 2003, *O Código da Vinci*, no qual o personagem fictício, Jacques Saunière, tem o mesmo nome do padre.

Diz a *Wikipédia* a respeito de Rennes:

> Toda a área à volta de Rennes-le-Château se tornou o foco de afirmações sensacionalistas durante os anos 1950 e 1960, e envolviam Blanche de Castile, os Merovíngios, a Ordem dos Templários, os cátaros, os tesouros do Templo de Salomão, que eram os espólios dos visigodos e incluíam a Arca da Aliança e a Menorá (o candelabro de sete braços do Tempo de Jerusalém). A partir de 1970, as histórias se estenderam ao Priorado de Sião, ao Rex Deus, ao Santo Graal, às linhas de ley, aos alinhamentos de geometria sagrada, aos restos mortais de Jesus Cristo e a supostas referências a Maria Madalena estabelecendo-se no sul da França, e até discos voadores. Escritores franceses famosos, como Jules Verne e Maurice Leblanc, são suspeitos de deixarem pistas em seus livros a respeito de seu conhecimento do "mistério" de Rennes-le-Château.

Embora permaneça apenas um mistério, há uma forte crença – incluída em dezenas de livros – de que a Arca da Aliança se encontre em meio a um tesouro fabuloso por baixo da igreja de Rennes-le-Château. Saunière pode ter transformado algo desse tesouro em francos franceses em suas contas bancárias, mas a maior parte dele ainda deve estar nas

---

87. *Holy Blood, Holy Grail*, Michael Baigent, Richard Leigh e Henry Lincoln. London and New York: Random House, 1982.
88. N.E.: Sugerimos a leitura de *A Linhagem do Santo Graal*, de Laurence Gardner, Madras Editora.

catacumbas sob a igreja. Esse tesouro incluía a Arca da Aliança? Caso ela esteja nessa pequena vila, na França, provavelmente chegou ali com Jeremias, por volta de 580 a.C., e ele deve ter escondido a Arca em cavernas naturais.

Próximo dali, no lado espanhol das montanhas dos Pirineus, fica o Mosteiro de Montserrat, localizado a pouca distância, fora de Barcelona. Há uma tradição obscura que diz que a Arca da Aliança é guardada ali, em uma caverna secreta. De fato, um símbolo do mosteiro consiste em três picos de montanha com uma caixa no topo do pico central. Seria a Arca da Aliança? Montserrat é um local de turismo muito popular até hoje, também está associado com o Santo Graal e é mencionado no poema da busca pelo graal chamado *Parzival*, escrito no início dos anos 1200.

Histórias segundo as quais a Arca da Aliança está no sul da França ou na Catalunha são intrigantes. Também há a teoria do escritor francês Louis Charpentier, que afirmou em seu livro, *The Mysteries of Chartres Cathedral*,[89] que a Arca da Aliança foi levada para uma câmara secreta por baixo do Templo de Salomão, pela Ordem dos Templários. Os Templários, então, voltaram à França com a Arca e a guardaram em uma sala secreta sob a Catedral de Chartres, que fica a oeste de Paris.

Em uma história semelhante, o escritor britânico Graham Phillips diz, em seu livro *The Templars and the Ark of the Covenant: The Discovery of the Treasure of Solomon*,[90] que os Templários descobriram um tesouro, incluindo a Arca, em uma montanha em Petra, na Jordânia. Phillips conjetura que a Arca foi levada para Jebel al-Madhbah, acima de Petra, no Vale de Edom, pelos macabeus por volta de 1180 d.C., quando Ralph de Sudeley, um líder dos Templários na época, descobriu o tesouro em Jebel al-Madhbah enquanto acampava em Petra. Phillips e outros acreditam que Jebel al-Madhbah seja o verdadeiro Monte Sinai da Bíblia.

---

89. *The Mysteries of Chartres Cathedral*, Louis Charpentier. New York: Avon Books, 1980.

90. *The Templars and the Ark of the Covenant: The Discovery of the Treasure of Solomon*, Graham Phillips. Rochester, (VT): Bear & Company, 2003.

Sudeley voltou para casa, sua propriedade em Herdewyke, Warwickshire, na Inglaterra, e Phillips acredita que ele levou o tesouro consigo. Saudeley morreu em 1192 d.C. e, posteriormente, suas propriedades templárias foram confiscadas pela coroa inglesa. Phillips diz que se Sudeley realmente tinha a Arca, então ele foi a última pessoa conhecida a possuir a relíquia.

De forma semelhante, há uma lenda que diz que uma pequena sala por baixo da Capela de Rosslyn, na Escócia, foi construída para abrigar a Arca da Aliança. Se Sudeley tinha a Arca da Aliança na Inglaterra, talvez ela tenha sido enviada para a Capela de Rosslyn.

Se seguirmos essa ligação entre os Templários e a Arca da Aliança, podemos até mesmo deduzir que a Arca foi transportada através do Atlântico por *sir* Henry Sinclair de Rosslyn. Célebre marinheiro que possuía uma frota baseada nas Ilhas Orkney, ele teria construído um pequeno castelo em Oak Island, na Nova Escócia, e, então, construiu o famoso "poço do dinheiro", na ilha, para esconder a Arca. A família Sinclair, com seus amigos templários, acreditava que eles construiriam a Nova Jerusalém nesse Novo Mundo que tentavam colonizar, e a Arca da Aliança estaria segura nessa terra distante. O estranho poço, cavado profundamente em Oak Island, continua a fascinar as pessoas até hoje, e é uma ideia fantástica que a Arca da Aliança esteja no fundo de um poço.

A Arca escondida por baixo do Monte do Templo

Historicamente, a busca pela Arca da Aliança foi centrada, em grande parte, em um objeto que estaria dentro de uma sala secreta, em algum lugar, por baixo do Monte do Templo ou perto dele. Essa sala secreta seria alcançada por um túnel também secreto ou uma série de túneis. Posteriormente, os túneis e entradas foram fechados, de propósito ou acidentalmente.

O escritor mouro Maimônides, também chamado Rambam, um judeu estudioso da Torá que viveu em Córdoba, na Espanha, de 1135 a 1204, durante o período do governo mouro, cita um judeu erudito anterior a ele, chamado Baraita, que diz:

[...] quando Salomão construiu o templo, ele previu sua destruição e construiu uma caverna secreta profunda, onde Josias ordenou que a Arca fosse escondida.[91]

A Ordem dos Templários foi o primeiro grupo a ter acesso ao sítio do Templo de Salomão (em 1120), e sabe-se que eles realizaram algumas escavações no local. Louis Charpentier sugere que os Templários realmente encontraram a Arca da Aliança naquela época e a levaram para a Europa.

No entanto, uma vez que a Arca nunca veio à tona, muitos caçadores de Arca tentaram encontrá-la onde outros não conseguiram. A mais conhecida dessas buscas, em geral mal concebidas, foi a infame Expedição Parker, de 1909.

A Expedição Parker em busca da Arca

A chamada Expedição Parker começou no museu/livraria Topkapi, em Istambul, em 1908, onde certo estudioso bíblico sueco, chamado Valter H. Juvelius, encontrou por acaso um código sagrado em um livro de Ezequiel, quando o estudava no formato de manuscrito antigo. Esse código, ele afirmava, descrevia a localização exata dos tesouros, há tanto tempo perdidos, que estavam escondidos dentro de um sistema de túneis por baixo do monte do templo.

Juvelius juntou-se ao capitão Montague Parker, que conseguiu que a duquesa de Marlborough, entre outros patrocinadores, investisse 125 mil dólares na busca do tesouro elusivo. Eles subornaram os burocratas do Império Otomano e trabalharam por baixo da cidade de Jerusalém, começando em 1909. Entraram por túneis subterrâneos e, de fato, descobriram passagens secretas, mas sua busca foi subitamente interrompida em 17 de abril de 1911, quando o capitão Parker e seus homens tentaram penetrar uma caverna natural que eles descobriram sob a superfície da Cúpula da Rocha, no próprio Monte do Templo.

A Cúpula da Rocha é o local onde Abraão deveria oferecer seu filho Isaac a Deus, e onde dizem que Maomé ascendeu ao céu em

---

91. *Treaseures of the Lost Races*, Rene Noorbergen. New York: Boobs- Merrill Co., 1982.

seu cavalo, Buraque. A tradição local diz que os maus espíritos dessa caverna guardavam uma catacumba com um tesouro antigo.[92]

O capitão Parker e sua equipe desceram até as cavernas e começaram a partir as pedras que selavam a entrada do túnel ancestral. Mas, infelizmente, um dos criados do templo decidiu passar a noite no Monte do Templo e ouviu os ruídos da expedição. Ele seguiu o barulho até a Cúpula da Rocha, um dos locais mais sagrados em todo o Islã e, para seu completo horror, encontrou o santuário sagrado ocupado por um grupo de estrangeiros vestidos de forma estranha!

Com gritos loucos, ele fugiu da cidade, espalhando a notícia de que o templo fora profanado. No prazo de uma hora, toda a cidade estava em tumulto. Houve rebeliões nas ruas conforme os rumores se espalhavam de que os ingleses descobriram e roubaram a coroa e o anel mágico de Salomão, a Arca da Aliança e a espada de Maomé! Por esse crime, eles deveriam pagar com suas vidas! Parker e seus homens fugiram da cidade em direção ao Porto de Jaffa, na costa mediterrânica, e de lá escaparam no barco de Parker. Ele foi proibido de entrar novamente em Jerusalém, e o governador local turco e seus comissários foram substituídos.[93]

Antonia Futterer e a Arca no Monte Nebo

Aqueles "caçadores de Arca" escaparam por pouco, mas a exploração não parou ali, embora ela tomasse um rumo diferente. Nos anos 1920, um explorador americano chamado Antonia Frederick Futterer procurou a Arca no Monte Nebo, na Jordânia (então Transjordânia), onde se dizia que Jeremias escondera a Arca há mais de 2.500 anos. Futterer publicou um panfleto, em 1927, intitulado *Search is on for Lost Ark of the Covenant* (Los Angeles, 1927). Nesse panfleto, afirmava que no Monte Nebo ou em algum lugar próximo, na Cordilheira de Pisga, ele se comprimiu para entrar em uma caverna que levava a uma grande catacumba ou corredor, com "hieróglifos" nas paredes. No final do corredor ele encontrou duas portas fechadas. Futterer desenhou os hieróglifos e, quando voltou a Jerusalém,

---

92. *Idem, ibidem.*
93. *Idem, ibidem.*

"um judeu erudito" decifrou seus sinais "numericamente". O valor numérico dos sinais totalizava 1.927, afirmava Futterer. Se há alguma verdade nisso, então os sinais estavam em hebraico antigo (que, de fato, possui valores numéricos, assim como significados fonéticos) em vez de hieróglifos no sentido egípcio.

A interpretação de Futterer era que ele descobriria a Arca da Aliança em 1927. Após descobrir a Arca, ele planejou "a construção de uma Estância Turística ali, com aquelas pedras já preparadas, nas antigas ruínas". Seu panfleto solicitava fundos para o projeto, perguntando: "O que você daria para ver a Arca perdida de volta a Jerusalém? Você nos nos ajudaria com alguma verba?"[94]

O que aconteceu com os fundos que Futterer recolheu, nós não sabemos. O fato é que a estância turística nunca foi construída.

No entanto, em sua defesa podemos dizer que Futterer nunca afirmou ter realmente descoberto a Arca, embora, em seu segundo livro, intitulado *Palestine Speaks*, publicado em 1931, ele declare ainda acreditar que a Arca seria encontrada ali.

Um amigo próximo de Futterer, um ministro chamado Clinton Locy, tornou-se herdeiro de seus escritos. Em 1981, um morador de Kansas, chamado Tom Crotser, visitou o idoso reverendo Locy e conseguiu uma cópia da inscrição que Futterer levara da muralha do Monte Nebo. De acordo com Crotser, a inscrição dizia: "Aqui jaz a Arca da Aliança".

Por intermédio do reverendo Locy, Crotser também obteve um desenho que Futterer fizera e que mostrava onde ficava a caverna.

TOM CROTSER E A ARCA

Croster e três companheiros seguiram para a Jordânia a fim de descobrir por si mesmos a Arca da Aliança, talvez a relíquia mais preciosa no mundo. A história completa é contada no artigo publicado pela *Biblical Archaeology Review* (*BAR*), que viu com muito maus olhos toda a empreitada. O artigo relata que, em outubro de 1981, Crotser e seus companheiros passaram quatro dias na região do Monte Nebo, passando a noite em sacos de dormir. No Monte Pisga,

---

94. *Biblical Archaeoly Review,* maio-jun. 1983.

descobriram uma depressão, ou fissura, que julgaram ser a abertura da caverna identificada no desenho de Futterer. Sem qualquer permissão do governo da Jordânia, os "Caçadores de Arca" removeram a placa de estanho que cobria a abertura e entraram em um corredor, às 2 horas do dia 31 de outubro de 1981, a terceira noite de sua estada.

Crotser calcula que o corredor inicial possuía 182 metros de comprimento, entre 1.200 e 1.600 metros de largura e por volta de 2 mil metros de altura. O corredor conduzia a várias ampliações, parecidas com salas, com várias entradas de tumbas, em ambos os lados, que continham dois ou três níveis de tumbas. No decorrer de sua exploração, Crotser e seus acompanhantes quebraram, ilegalmente, duas paredes, que eram feitas de uma mistura de barro e pedras, como o cimento, segundo ele. Crotser acreditava que alguém estivera ali há não muito tempo, e obstruiu os corredores.

No final desses corredores, Crotser e seus amigos encontraram uma terceira parede, mais substancial do que aquelas que quebraram. Eles não acharam nenhuma inscrição, como Futterer descrevera, mas demoliram a parede, de qualquer forma, com picaretas. Fizeram uma abertura de 1,2 por 1,2 metro na parede, que os levou a uma câmara de pedra talhada que media por volta de 2,1 por 2,1 metros. Crotser calculava que essa câmara ficasse diretamente abaixo de uma antiga igreja bizantina que fica bem no topo da montanha, e estava ligada à igreja por um eixo vertical.

Foi aqui, nessa câmara, que Crotser afirma ter visto a Arca da Aliança. Ele a descreveu como uma caixa retangular coberta de ouro, medindo 1,5 metro de comprimento, 90 centímetros de largura e 90 centímetros de altura. De forma prudente, eles não tocaram na caixa, embora tirassem fotografias, medidas e fizessem anotações.

Os querubins dourados eram visíveis na tampa, como foram, em geral, representados. Nos cantos, havia pacotes cobertos com gaze que Crotser pensou ser as estátuas douradas dos anjos. Ele não tocou os pacotes, por isso foi incapaz de confirmar sua suspeita. Também notou que as varas para transportar a Arca estavam por baixo dela, e as argolas de ouro para segurar as varas estavam atadas nos lados.[95]

---

95. *Idem, ibidem.*

Então, Crotser e seus companheiros partiram para Amã, onde tentaram, sem sucesso, despertar o interesse das autoridades jordanianas acerca de suas importantes descobertas. Em seguida, voltaram para o Kansas e reportaram suas descobertas.

O escritório da *United Press International (UPI)*, em Kansas, ficou bastante interessado no comunicado incomum de Crotser de que ele havia descoberto a Arca da Aliança, e o publicou em jornais mundiais no dia seguinte, criando um escândalo imediato. Crotser mostrou suas fotografias a repórteres, mas se recusou a permitir que elas fossem impressas, ou divulgadas, por razões que veremos em breve. Porém, mais tarde, ele publicou as fotografias em um livro chamado *Elijah, Rothschilds and the Ark of the Covenant*.[96] Elas também foram reimpressas neste livro.

Uma pessoa que viu as fotografias de Crotser da suposta Arca da Aliança foi o conhecido arqueólogo Siegfried H. Horn, a quem foi pedido, por parte de vários grupos interessados, que verificasse as afirmações de Crotser. Apenas um dos *slides* era claro o suficiente para que Horn visse a caixa.

De memória, Horn desenhou uma descrição da caixa feita a partir do *slide* e salientou alguns detalhes reveladores. Horn determinou que a caixa do *slide* de Crotser era bastante moderna, observando detalhes como as cabeças dos pregos e a regularidade das faixas decorativas produzidas pela máquina. O Sr. Horn disse: "Tenho certeza de que o objeto que ele encontrou é uma caixa comparativamente moderna coberta com faixas e folhas de metal".[97]

As ramificações da tempestuosa expedição de Crotser em busca da Arca da Aliança foram muito abrangentes. Para começar, o governo da Jordânia cancelou todas as expedições arqueológicas para aquele país como resultado direto da revelação de Crotser. Em seguida, um membro da equipe da *Biblical Archaeology Review* pediu demissão porque o artigo publicado pela revista, segundo ele, tinha cunho jornalístico pobre e difamava a Jordânia, por causa da recusa daquele país em permitir quaisquer outras expedições arqueológicas.

---

96. *Elijah, Rothschilds and the Ark of the Covenant*, Tom Crotser e Jeremiah Patrick. Frankston, (TX): Restoration Press, 1983.
97. Ver *Biblical Archaelogy Review, op.cit.*

E o mais importante são as afirmações de Crotser: o que ele realmente descobriu? É muito provável que Crotser tenha inventado toda a história, assim como a "Arca moderna", da qual ele tirou as fotografias. Essa possibilidade nem é cogitada pela *Biblical Archaeology Review* (*BAR*), talvez por respeito e delicadeza em relação a Crotser. O artigo da *BAR* simplesmente pergunta: o que foi que Crotser e seus amigos fotografaram na sala selada na qual eles entraram ilegalmente na noite de 31 de outubro de 1981?

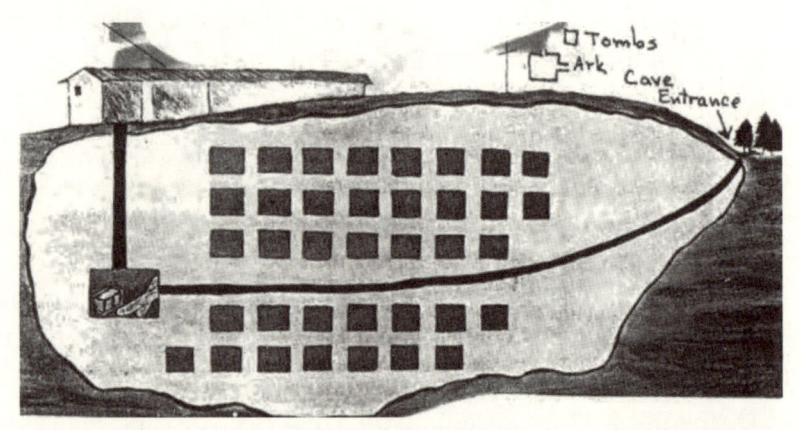

Mapa de Tom Crotser do sistema de caverna por baixo do mosteiro do Monte Pisga.

Imagem de Tom Crotser da Arca que ele fotografou em uma caverna da Jordânia.

Ninguém sabe, mas podemos suspeitar de que, qualquer que seja a resposta, ela era conhecida pela Igreja Bizantina que fica diretamente acima do local. Tratava-se de uma cópia da Arca ou uma caixa que continha outras relíquias sagradas? Talvez nunca saibamos. Se realmente havia algo de muito importante naquela câmara, podemos apostar que o governo da Jordânia agora o possui. Pode ter sido algo mais do que constrangimento que fez com que esse governo cancelasse todas as expedições arqueológicas naquele país.

Se o governo da Jordânia possuísse a Arca da Aliança, ele admitiria esse fato? Provavelmente não, por razões políticas. Os israelitas se beneficiariam muito com a descoberta, podemos presumir. E a instabilidade geral no Oriente Médio pode ser uma razão para guardar esse segredo se, por uma remota possibilidade, o governo da Jordânia agora possui a Arca.

A história de Crotser fica ainda mais estranha quando ele afirma que Deus lhe pediu que divulgasse as fotografias da Arca ao banqueiro londrino David Rothschild. Crotser afirma que Rothschild é um descendente direto de Jesus, e deve reconstruir o Templo de Salomão.[98] A Arca seria, então, colocada no templo restaurado de Rothschild.

Rothschild, integrante da dinastia de banqueiros judaico-franco-britânicos que controlou a riqueza monetária da Europa por centenas de anos, não tem nada a ver com Crotser.[99] Seria interessante salientar aqui que a família Rothschild é um elemento-chave em praticamente todos os livros sobre conspirações bancárias já escritos, e tem fortes ligações com os chamados *Illuminati*.

Também vale a pena destacar que, de acordo com o livro do Apocalipse do Novo Testamento, a batalha mundial final, chamada Armagedom, acontecerá depois da construção do Terceiro Templo, que é exatamente o que Crotser afirma que Rothschild deve fazer. Com o passar do tempo, porém, mesmo após as afirmações iniciais de Crotser, a Arca não veio à tona, nem a família Rothschild financiou a construção do Terceiro Templo. Muitos acreditam que as afirmações de Crotser são uma farsa,

---

98. Ver *Bliblical Archaeology Review* e *Elijah, Rothschilds and the Ark...*, de Tom Crotse e Jeremiah Patrick, op. cit.
99. Ver *Biblical Archaelogy Review*, op. cit.

provavelmente para levantar fundos para sua autodenominada igreja e suas expedições.

Um caçador de Arca semelhante foi Ron Wyatt (1933-1999), originalmente atraído por outra Arca – nesse caso, a Arca de Noé – que ele acreditava ser uma estrutura grande, em formato de barco, e que identificou no sítio em Durupinar, perto do Monte Ararat, no nordeste da Turquia.

Ao "descobrir" a arca, Wyatt começou a busca pela Arca da Aliança, que ele acreditava estar em câmaras seladas perto do Monte do Templo.

Wyatt era um devoto da Igreja Adventista do Sétimo Dia que conquistou seguidores entre alguns cristãos fundamentalistas, mas não era considerado um arqueólogo profissional, e os estudiosos da Bíblia menosprezam grande parte de suas várias expedições e afirmações. Além da Arca de Noé, Wyatt afirmava ter descoberto a sepultura de Noé e de sua esposa, o sítio da Torre de Babel, a localização de Sodoma e Gomorra, as bolas de enxofre de sua destruição e o sítio da crucificação de Jesus.

Por fim, Wyatt cavou um poço na Tumba do Jardim, em Jerusalém, porque acreditava que ali havia uma ligação com um labirinto de túneis que ficava abaixo do Monte do Templo, onde existiam vários tesouros do Templo de Salomão, incluindo a Arca da Aliança. De acordo com a *Wikipédia*, a Associação da Tumba do Jardim, em Jerusalém, afirma em uma carta que ela fornece, mediante pedido dos visitantes:

> O Conselho da Associação da Tumba do Jardim (Londres) refuta totalmente a afirmação do Sr. Wyatt de ter descoberto a verdadeira Arca da Aliança, ou qualquer outro artefato bíblico, dentro dos limites da área conhecida como Tumba do Jardim, em Jerusalém. Embora o Sr. Wyatt tenha sido autorizado a escavar dentro desse jardim particular em várias ocasiões (a última delas durante o verão de 1991), membros da Associação constataram seu progresso e penetraram no poço que ele escavou. Tanto quanto sabemos, nada foi descoberto para sustentar suas afirmações, nem vimos nenhuma evidência de artefatos bíblicos ou tesouros do templo.

Os esforços de Wyatt não produziram uma entrada para seu teórico sistema de túneis por baixo do Monte do Templo, e ele morreu de câncer em 1999, em Mênfis, no Tennessee, sem provar nenhuma de suas importantes teorias.

Outros relatos de descobertas da Arca da Aliança

Larry Blaser, um adventista do sétimo dia de Englewood, Colorado, também acreditava ter descoberto o lugar de repouso da Arca da Aliança. Blaser concluiu que o Livro dos Macabeus, um dos Apócrifos, segundo o qual Jeremias escondeu a Arca no Monte Nebo, não está correto. Para Blaser, a Arca não poderia estar escondida ali, porque o Monte Nebo ficava muito longe de Jerusalém, para além das fronteiras com Judá, depois do Rio Jordão. Ele acreditava que a Arca fora escondida perto do Mar Morto, na "Caverna de Adulão", onde Davi se escondera do rei Saul e de seu exército, com seus 600 soldados.

Próximo a Ein Gedi, um antigo retiro essênio no Mar Morto, fica uma caverna chamada localmente de "Caverna de Adulão", mas Blaser acreditava que essa não poderia ser a verdadeira caverna em que Davi e seu exército se esconderam. Ela era muito pequena e oferecia pouca proteção ou abrigo. Portanto, a verdadeira caverna ainda deveria ser descoberta em algum lugar nas colinas e, dentro dela, Blaser presumia, estaria a Arca da Aliança.[100]

Após uma primeira viagem de reconhecimento, em 1976, Blaser voltou em 1977 com Frank Ruskey, engenheiro geofísico, e Richard Budick, técnico de engenharia de geologia, com o objetivo de realizar uma investigação geofísica minuciosa para encontrar a caverna secreta na reserva natural de Ein Gedi. Com o trabalho de resistividade e o levantamento sísmico, aliados às observações visuais da área, os cientistas concluíram que realmente havia uma cavidade, como uma caverna, talvez com seis metros de altura, 4,5 a seis metros de largura, e várias dezenas de metros de profundidade, com túneis se expandindo como forquilhas duplas. Investigações visuais adicionais

---

100. Ver *Treasures of the Lost Races*, de Rene Noobergen, e *Biblical Archaelogy Review*, jul-ago-1983.

confirmaram a impressão inicial de que a caverna tinha duas entradas possíveis – ambas bloqueadas – de 10 a 15 metros de distância.[101]

De fato, é uma caverna grande. Nela, descobriu-se uma parede que parece artificial. Obras realizadas dentro da caverna incluem um sistema feito para desviar escoamento de águas sazonais para a entrada da caverna, escondendo-a, e ao mesmo tempo bloqueando sua entrada. Blaser, Ruskey e Burdick retornaram em 1979, com o escritor Rene Noorbergen, e arqueólogos como o Dr. James F. Strange, da Universidade do Sul da Flórida, para tentar abrir a caverna. O Dr. Strange não acreditava que a Arca seria encontrada na caverna, mas sentia que qualquer caverna da região merecia ser explorada, especialmente dada a importância das descobertas dos "Manuscritos do Mar Morto" essênios, em cavernas próximas, entre 1947 e 1956.

Infelizmente, foi impossível entrar na caverna. Um enorme pedregulho bloqueava a entrada do sistema de cavernas. Sem o uso de dinamite, expressamente proibido pelas autoridades israelenses, já que a área era uma reserva natural, não havia como entrar no sistema de cavernas, que mais sondagens indicavam estar exatamente ali. A expedição retornou aos Estados Unidos de mãos vazias e outro grupo de "Caçadores da Arca" se tornou história.[102]

O que é interessante nas histórias daqueles que seriam "Caçadores da Arca Perdida", no periódico acadêmico *Biblical Archeology Review* (que publicava vários artigos do gênero), é o desdém que os estudiosos acadêmicos parecem ter por tais buscas. É fato que a busca de Crotser pela Arca levou a Jordânia a cancelar todas as pesquisas arqueológicas estrangeiras no país. No entanto, por qual razão específica? A própria *BAR* afirma:

> É um fato notório, todavia, que os jordanianos não querem descobertas bíblicas realizadas na Jordânia.

Eles também salientam que nenhuma menção sobre a descoberta da Arca foi fornecida às autoridades israelenses por Blaser quando seu grupo pediu permissão para entrar na caverna de Ein Gedi.

---

101. Ver *Treasures of the Lost Races,* de Rene Noobergen, *op. cit.*
102. Ver *Treasures of the Lost Races,* de Rene Noobergen, e *Biblical Archaelogy Review, op.cit.*

O que parece óbvio aqui, a *BAR* menciona, é que qualquer um que pedisse permissão para escavar em busca da Arca da Aliança nunca a conseguiria, seja do governo israelita ou do governo da Jordânia. Portanto, apenas "Caçadores" seriam capazes de procurar pela Arca. Uma tentativa legítima estaria condenada a trâmites burocráticos.

Afinal, a Arca da Aliança está no interior desse estranho sistema de cavernas perto de Ein Gedi? Talvez nunca saibamos. Pode haver outra entrada, ainda muito bem escondida. A *BAR* diz que nenhuma pessoa – nem mesmo animais – jamais entrou nessas cavernas. Como eles sabem?

Uma história estranha da Segunda Guerra Mundial

Rene Noorbergen, que acompanhou Blaser em sua expedição nas cavernas em 1979, conta uma história fascinante em seu livro *Treasures of the Lost Races*. Em 1944, diz Noorbergen, parte da *Afrika Corps*, comandada pelo marechal Rommel, separou-se do exército de Rommel conforme ele se desintegrava. Os soldados desbravaram o nordeste em uma tentativa de chegar aos estados balcânicos contornando Jerusalém, a leste, e passando pela Síria e Turquia. Ciente de seus planos, as Forças Expedicionárias Aliadas enviaram unidades blindadas itinerantes para a região a leste de Jerusalém, para interceptá-los.

Certa noite, uma pequena unidade americana estava acampada em um vale estreito a leste de Jerusalém quando foi atacada por um bombardeiro de mergulho alemão. Quando um dos explosivos atingiu o flanco de uma colina, abriu um pequeno buraco na rocha, revelando uma caverna. Procurando por abrigo, vários homens abriram, com as mãos, a entrada da caverna. Conforme seus olhos se acostumaram com a escuridão, eles viram "um caixão com o que pareciam dois anjos, com as asas abertas, em cima. Estava coberto com um tecido que se desintegrou, só sobrando fiapos dependurados, como teias de aranhas rasgadas..."[103]

---

103. Ver *Treasures of the Lost Races*, de Rene Noobergen, *op. cit.*

Ao investigar a narrativa, Noorbergen descobriu que um capelão do exército, chamado capitão Diefenbach, relatara a mesma história; ele foi designado pelo 28º Hospital de Acampamento na Palestina, em 1944. Noorbergen tentou encontrar Diefenbach durante sua pesquisa sobre a Arca, nos anos 1970, mas, infelizmente, soube que o capitão morrera no dia 10 de junho de 1957. Não havia outra informação a respeito dele, nem mesmo uma lista de parentes. Até seus registros do exército foram acidentalmente destruídos durante um incêndio. A busca de Noorbergen pela Arca, por meio de Diefenbach, teve de ser interrompida.

A Arca da Aliança e a reconstrução do Templo

A maioria dos autodenominados Caçadores de Arcas são cristãos fundamentalistas que acreditam que a Arca da Aliança ainda esteja em algum lugar do Oriente Médio, provavelmente escondida dentro de túneis por baixo do Monte do Templo e do Muro das Lamentações, onde muitos judeus ortodoxos rezam.

Uma busca, nesses moldes, foi apresentada em um livro intitulado *In Search of Temple Treasures*.[104] O autor, Randall Price, é um pastor de Austin, Texas, claramente fascinado por profecias do fim dos tempos, a reconstrução do Templo de Salomão e a Arca da Aliança.

Assim como o pastor da Igreja Batista, Vendyl Jones (1930-
-2010), Price acreditava que o Antigo Testamento previra que a Arca da Aliança seria redescoberta e, então, os judeus reconstruiriam o templo e colocariam a Arca em uma nova câmara, especialmente edificada para isso, chamada, como na Antiguidade, de Santo dos Santos. O Messias e profeta Elias entrariam, então, no templo pelo portão oriental, cujas ruínas, hoje, estão muradas. Price salienta que um cemitério muçulmano existe atualmente diante desse portão oriental murado, com o intuito de impedir que Elias passe pelo portão; atravessar um cemitério o profanaria, já que ele é um sacerdote.

---

104. *In Search of Temple Treasures*, Randall Price. Eugene, (OR): Harvest House, 1994.

Price e Jones se apegaram em parte a essa crença a partir de um breve parágrafo de um suposto livro epigráfico chamado *The Lives of the Prophets*.[105] Trata-se de um texto antigo que alega ser contemporâneo em relação às pessoas que ele descreve, mas, na verdade, foi escrito posteriormente. No capítulo 2, versículo 15, lemos:

Vendyl Jones

No final dos tempos, a Arca, com as tábuas de pedra, ressuscitará primeiro: ela sairá da rocha e será colocada no Monte Sinai. Ali, os santos se reunirão para receber o senhor.

De acordo com sua página na *Wikipédia*, Price trabalhou como diretor de escavações no Platô Qumran, em Israel (sítio da comunidade que preservava os Manuscritos do Mar Morto), desde 2002, e escavou em outros sítios de Israel, desde 1990. Ele é autor de mais de 20 livros e DVDs, e *In Search of Temple Treasures* foi publicado em 1994.

Em seu livro, ele afirma acreditar que a Arca foi originalmente guardada nas cavernas de Qumran por Jeremias, pouco antes da destruição do templo pelos babilônios. Ele e o Dr. Gary Collet, que

---

105. *The Lives of the Prophets*, from *The Old Testamente Pseudepigraph*, traduzido por D. R. A. Hare. New York: Doubleday, Co., 1985.

fazia escavações em Qumran no início dos anos 1990, acreditam que a Arca foi, então, retirada das cavernas e colocada em uma câmara secreta debaixo do Monte do Templo.

Price descreve-se como cristão sionista, e é presidente da *World of the Bible Ministries*, Inc., no Texas. Essa é uma "organização sem fins lucrativos que faz pesquisas em terras bíblicas e educa o público em temas sobre arqueologia, Bíblia e o conflito no Oriente Médio por meio de livros, mídia e conferências".

Desde a publicação de seu livro, em 1994, Price continuou o trabalho arqueológico em Qumran, e segundo sua publicação na *Wikipédia* (aparentemente escrita por ele mesmo), em 2009, ele chamou a atenção da mídia por causa da sua expedição à Turquia, em busca da Arca de Noé. Ele retornou à Turquia em 2010, onde acusou uma equipe de pesquisa concorrente – que afirmou ter descoberto a Arca de Noé – de fraude e de falsificação de provas. A outra equipe acusou Price de fraude, e os ataques verbais ainda não terminaram.

O fato de ele ainda não ter encontrado a Arca da Aliança parece não atenuar as crenças cristãs sionistas de Price, embora, talvez, ele não acredite que a volta do Messias seja tão iminente como afirmou nos anos 1990.

Como Price, Vendyl Jones passou décadas em Israel e na Jordânia, em busca dos tesouros do templo listados pelo Manuscrito de Cobre, que era um dos Manuscritos do Mar Morto descobertos em Qumran, em 1952. O obituário de Jones na *Bible News Daily* (18 de abril de 2011), dizia:

> Vendyl Jones, um pastor da Igreja Batista que se tornou arqueólogo amador e fez carreira em Israel em busca da Arca da Aliança, faleceu em dezembro. Ele tinha 80 anos.
>
> Geralmente mencionado como o foco da inspiração para Indiana Jones, "Vendy" Jones passou mais de quatro décadas vasculhando o deserto da Judeia em busca da Arca, assim como dos inestimáveis tesouros listados pelo famoso Manuscrito de Cobre, que muitos acreditam registrar as localizações dos tesouros escondidos no Templo de Jerusalém.

Jones não encontrou nem a Arca nem as toneladas de ouro e prata mencionados pelo Manuscrito de Cobre, mas conseguiu descobrir mais de 272 quilos de um singular pó avermelhado em uma caverna no deserto da Judeia, uma substância que ele diz ser o *qetoret* (ou incenso) utilizado durante os rituais do Templo e observâncias. Durante outra expedição, seus voluntários ajudaram os arqueólogos Joseph Patrich e Benny Arubas a descobrir um pequeno jarro do século I d.C. que continha um líquido oleoso que alguns, incluindo Jones, especularam que seria um óleo para ungir os sacerdotes e reis da antiga Jerusalém.

Apesar de sua formação na Igreja Batista, Jones, por fim, se converteu às Sete Leis de Noé, uma tradição judaica que diz que todos os não judeus (ou seja, toda a humanidade), como descendentes de Noé, são obrigados a obedecer às sete leis dadas por Deus a Noé depois do dilúvio. As sete leis, cuja maioria é semelhante aos Dez Mandamentos, são encontradas no Talmude.

De acordo com a *Wikipédia*, Jones realizou oito escavações na localização dos Manuscritos do Mar Morto, em Qumran. E também:

Jones acreditava que sua arqueologia possuía um significado escatológico, e que quando encontrasse os antigos objetos religiosos que ele procurava, Deus se revelaria ao mundo, todos os judeus retornariam a Israel e haveria paz no Oriente Médio. Também, a democracia israelita seria substituída pelo Sinédrio, não diferente do grupo formado por vários rabinos israelitas em 2004, com quem Jones tinha relações estreitas. Em maio de 2005, foi relatado que ele consultou cabalistas, e que acreditava que encontraria a Arca da Aliança até 14 de agosto de 2005, dia do jubileu da destruição do Templo de Jerusalém. No entanto, com a passagem da data e a não descoberta, ele afirmou que tal citação lhe fora falsamente atribuída. Ele esperava, enfim, que uma perfuração revelaria a localização da Arca em setembro, mas foi impedido de continuar por causa da falta de verbas e da necessidade de outro estudo ambiental exigido pelo governo.

Jones morreu em 2011 e seu sonho de encontrar a Arca nunca se realizou. Como vimos, algumas pessoas deduziram que Vendyl Jones foi a inspiração para o personagem do filme de Indiana Jones, mas de acordo com a *Wikipédia*, George Lucas surgiu com o nome por meio de uma combinação do nome do seu malamute do Alasca, Indiana, com o do personagem de Steve McQueen no filme *Nevada Smith*. Steven Spielberg mudou o nome de Indiana Smith para Indiana Jones.

A ÚLTIMA MISSÃO

Os relatos acerca da Arca da Aliança perdida são muitos e contraditórios. Como sabemos, no filme *Os Caçadores da Arca Perdida*, a Arca é levada pelos egípcios e colocada na cidade de Tânis, que foi, então, coberta por uma tempestade de areia, até ser descoberta pelos nazistas e por Indiana Jones. Isso é apenas uma narrativa fantástica. Mas, há alguma verdade na história, já que os nazistas estavam, de fato, atrás de algumas relíquias antigas e místicas, e a Arca da Aliança devia ser uma delas.

Os historiadores sabem (embora raramente falem disso em histórias mais comuns sobre o Terceiro Reich) que os nazistas buscavam a Lança do Destino (e, de fato, conseguiram, e hoje ela se encontra no Museu Nacional de Viena), a Pedra Chintamani, levada para o Tibete por Nicholas Roerich (veja meu livro *Lost Cities of China, Central Asia & India*[106]) e outras relíquias sagradas renomadas por possuírem poderes mágicos. A tentavia de Hitler de controlar o poder sobrenatural para dominar o mundo passa um pouco dos limites, mas é emblemática a eterna busca da humanidade pelo eterno, e nossa busca para conhecer o poder e a magia do divino.

A Arca da Aliança sobreviveria até hoje? Parece improvável que uma estátua de ouro tão bela fosse derretida em lingotes. A menos que esteja perdida em alguma caverna ou câmara selada, ou de posse de algum governo ou sociedade secreta. Ela estaria no depósito de algum governo ou em alguma coleção particular fabulosa? Talvez esteja trancada em alguma igreja monástica remota? Poderia ser encontrada nas

---

106. *Lost Cities of China*, Central Asia & India, David Hatcher Childress. Kempton (IL): AUP, 1985.

proximidades de Jerusalém? Ou foi levada, na Antiguidade, para a Etiópia, França, Irlanda ou Escócia?

Muitas Arcas – uma Arca de Deus

Há muitas arcas que foram caixas utilizadas por egípcios, hititas, babilônios e outros para abrigar deuses ou divindades que seriam levadas para batalhas com grandes exércitos. O deus eleito, em um de seus aspectos, seria personificado em uma estátua de ouro que reuniria os soldados em direção à vitória, sabendo que o poder desse deus estava do seu lado e que eles não falhariam. Os exércitos egípcios eram famosos por conduzir uma arca com seu deus, em geral Ámon ou Hórus, para as batalhas, como uma insígnia e ponto de focagem. As mascotes atuais são os últimos vestígios dessa prática antiga.

Todos os anos, no Festival *Timkat*, na Etiópia, que é a celebração ortodoxa etíope do batismo de Jesus, milhares de arcas são retiradas das igrejas. Ele é celebrado no dia 19 de janeiro, anualmente, que corresponde ao décimo dia de Terr, segundo o calendário egípcio. Durante as cerimônias de *Timkat*, o *Tabot*, um modelo da Arca da Aliança, que está presente em todas as igrejas etíopes, é envolto em um tecido suntuoso e levado em procissão e, em seguida, devolvido à igreja.

Mas havia apenas uma Arca da Aliança – um poderoso dispositivo elétrico que era temido por amigos e inimigos. Com as armas sofisticadas de hoje, somos capazes de eletrocutar pessoas a partir de grandes distâncias, e guerras eletrônicas estão na vanguarda das despesas militares. Essa Arca da Aliança, que parece ter poderes semelhantes, não era um objeto que deveria ser desconsiderado, e parece que foi confiado a um sacerdócio secreto há muitos milhares de anos, que, ainda hoje, pode estar cuidando dele. Mas onde ficaria essa residência especial? É interessante observar como a obsessão pela Arca da Aliança se estendeu não apenas por séculos, mas também por milênios, e continua até hoje.

O Novo Testamento, em Hebreus, descreve uma época em que a necessidade para o tabernáculo e suas surpresas físicas, que inclui a Arca da Aliança, e a necessidade para um sacerdócio humano deixarão de existir. Sob uma "nova aliança", as pessoas saberão por si mesmas a verdade da matéria espiritual sem inspirações exteriores ou a utilização de sinais "miraculosos". Hebreus 8:8-12 diz:

Veja, os dias se aproximam – é o Senhor que fala – em que estabelecerei uma nova aliança com a Casa de Israel e a Casa de

Judá, mas não uma aliança como aquela que fiz com seus ancestrais no dia que os peguei pela mão para trazê-los para a região do Egito. Eles abandonaram minha aliança, e eu, de minha parte, os abandonei. Não, essa é a aliança que farei com a Casa de Israel quando esses dias chegarem. Colocarei minhas leis em suas mentes e as escreverei em seus corações. Então, serei o Deus deles e eles serão o meu povo. Não haverá mais necessidade de um vizinho tentar ensinar outro vizinho, ou um irmão dizer a outro irmão: "Aprendam, para conhecer o Senhor". Não, eles todos me conhecerão, o menor não menos que o maior, já que perdoarei as iniquidades e nunca me lembrarei de seus pecados.